本书由南华大学资助出版
湖南省哲学社会科学基金项目“城市化、经济集聚与湖南省城乡收入差距研究”（编号：15YBA326）的研究成果

城市化、经济集聚与城乡收入差距

——来自中国地级数据的证据

URBANIZATION, AGGLOMERATION AND URBAN-RURAL INCOME GAP
—EVIDENCE FROM CHINA'S PREFECTURE LEVEL DATA

蔡武 李峻◎著

经济管理出版社
ECONOMY & MANAGEMENT PUBLISHING HOUSE

图书在版编目（CIP）数据

城市化、经济集聚与城乡收入差距/蔡武，李峻著．—北京：经济管理出版社，2018.10

ISBN 978－7－5096－5784－3

Ⅰ.①城…　Ⅱ.①蔡…　②李…　Ⅲ.①居民收入—城乡差别—研究—中国　Ⅳ.①F126.2

中国版本图书馆 CIP 数据核字(2018)第 091969 号

组稿编辑：杜　菲
责任编辑：杜　菲
责任印制：黄章平
责任校对：陈　颖

出版发行：经济管理出版社
（北京市海淀区北蜂窝 8 号中雅大厦 A 座 11 层　100038）
网　　址：www.E－mp.com.cn
电　　话：（010）51915602
印　　刷：北京玺诚印务有限公司
经　　销：新华书店
开　　本：720mm×1000mm/16
印　　张：14.5
字　　数：228 千字
版　　次：2018 年 10 月第 1 版　　2018 年 10 月第 1 次印刷
书　　号：ISBN 978－7－5096－5784－3
定　　价：68.00 元

前　言

改革开放以来，特别是20世纪90年代中期以来，随着中国市场化和工业化的发展，要素流动权利不断扩大，城乡经济联系更紧密，大量生产要素从农村流向城市非农产业，增进了城市地区的经济聚集水平，使城市化进程不断加速。这促进了国民经济高速增长和居民收入水平迅速提高，然而目前城乡收入差距却从20世纪80年代中期开始整体上持续拉大。无论是从相对指标还是绝对指标来看，城乡收入差距过大和扩大已成为当前迫切需要解决的问题之一。那么该如何清楚地解释我国城乡收入差距持续扩大的内在成因呢?

现有国内外文献主要侧重从一系列显性的城乡非均衡的政策和制度等外生性因素来寻求城乡收入差距扩大的成因，但这些因素毕竟只是影响收入创造的外部环境，只是间接性的影响因素。近年来，空间经济学（新经济地理学，NEG）和空间计量经济学的新发展，为产业集聚与地区增长（差距）的研究提供了新的视角和方法路径。空间经济学认为经济集聚是基于微观主体的行为选择，其核心—边缘模型（C－P模型）揭示了区域内部经济活动空间布局的内生机制，这对解释我国城乡收入差距和城乡协调发展问题很有启示。

城乡作为同一区域内两个不同形态的地域，在要素禀赋和经济条件等方面存在较大差异，城市具有农村难以比拟的非农经济活动的空间集聚性和随之产生的规模效益、外部效益的广泛性，居于区域内城乡发展的中心地位。城市地区对区域内生产要素和经济活动具有很强的吸引力和集聚功能，同时能将财富运用、传输于周边农村地区，产生扩散与溢出效应，辐射带动农村地区发展，缩小城乡收入差距。城市地区通过对其周边农村地区集聚效应和扩散效应强度的交替变化、此消彼长，影响区域内城乡经济发展和城镇、农村居民收入水平进而对城乡收入差距产生影响。

与以往多数文献不同，本书认为，从长期来看，生产方式决定分配方式，收入水平取决于经济增长，城乡收入差距主要应源自城乡经济增长源泉即城乡生产函数或生产效率的差异。资源要素是产生财富的基础，因此，城市地区资源要素集聚产生的经济效应是决定城乡收入差距的重要因素。

本书从城乡收入差距成因研究的新古典增长理论和发展经济学视角拓展到规模报酬递增和垄断竞争的空间经济学领域内，借鉴空间经济学集聚经济的相关理论，基于我国地级层面的空间尺度，尝试从城市经济集聚的视角来重新解读我国城乡收入差距持续扩大的成因，为缩小区域城乡收入差距、加快城乡统筹发展提供空间经济方面的理论参考和决策思路。而且，由于城市化过程本质上就是一个资源、人口及产业等生产要素和经济活动不断由农村向城市集聚的动态过程，我们将城市发展、城市化与城乡收入差距纳入同一分析框架。本书的研究思路和核心内容如下：

第一部分，城市化进程中的城乡收入差距研究。首先，选取合适的相对指标和绝对指标对转型期我国城乡收入差距的变化情况进行阶段性考察；其次，采用恰当的经济收敛发散检验方法对城乡收入差距的长期变化趋势做进一步推断，判断城乡收入差距长期内是否有收敛的趋势；最后，实证分析城市化进程中各标志性因素（人口、土地、劳动力、产业等集聚指标）对城乡收入差距变动的系统影响。

第二部分，城市经济集聚影响城乡收入差距的微、宏观机理。从微观驱动基础与宏观效应角度分析城市地区经济的聚散对城乡收入差距影响的空间途径与机理。首先，从新经济地理学微观主体最优决策出发，从聚集力和分散力相互权衡的视角分析城市经济聚散驱动的微观基础，通过数理模型分析三大效应，即本地市场效应、价格指数效应和市场拥挤效应的具体作用机理。利用新经济地理学的核心—边缘模型，通过劳动力和企业等经济活动从农村向城市集聚所产生的上述三大效应来分析其对城乡收入分配差距的影响机制。其次，从空间集聚效应、扩散效应与溢出效应及其作用的阶段特征分析区域内部空间经济结构的演变。最后，分析伴随着城市地区经济集聚边际效益的阶段性变动，城市通过其对周边农村地区经济的空间溢出效应（扩散效应与集聚效应的差值）的动态变化，进而对城乡收入差距产生影响的具体宏观作用途径。

第三部分，城市经济集聚与城乡收入差距：模型构建与实证检验。鉴于城市相比农村分散经济具有明显的经济集聚优势，借鉴空间经济学相关理论，在城市部门生产函数中引入集聚空间外溢性，构建城乡有别的生产函数，从城乡生产函数的差异来解析城乡收入差距的成因。首先，基于此推导出城市经济集聚等因素影响城乡收入差距的计量检验模型，基于模型作推断，即伴随城市地区经济集聚边际效益的变动，城乡收入差距变动所呈现的阶段性特征。其次，考虑到邻近区域间的城乡差距等可能存在相互影响，利用中国地级市层面数据，采用空间面板计量方法对检验模型及其推断进行实证检验：既要检验城乡要素比等新古典经济学部分对城乡收入差距的影响，更要检验作为核心的城市经济集聚变量等空间经济学部分对城乡收入差距的影响。最后，由于不同类型城市的功能、定位不同，其集聚经济效率对城乡收入差距的影响也存在差别，还考察了不同规模等级地级市的市区经济集聚（特大城市的高度集聚、大城市的集聚、中小城市的快速集聚）对城乡收入差距的不同影响效应。

第四部分，城市经济集聚最优规模的分析。分析城市地区经济集聚与扩散的均衡点（最优集聚点）。首先，在拓展劳动生产率与空间经济集聚关系相关模型的基础上，构建二次函数实证分析模型，利用地级市市辖区数据，估计出我国城市经济集聚的最优水平。其次，采用最近几年数据对当前我国城市总体及细分各类型城市经济集聚的实际水平与最优水平的偏差进行分析，考察各类型城市是处于集聚效应主导抑或扩散效益主导的阶段，进一步佐证前一部分的结论。

第五部分，城乡收入差距的 ARMA 模型预测与分析。运用 B－J 非结构化方法，通过平稳性分析、模型识别、参数估计和诊断检验，尝试对城乡收入绝对差距序列建立合适的 ARMA（p，q）模型，对未来几年中国城乡收入差距的变化趋势进行预测和分析，为相关部门提供参考数据。

发达国家和地区的城市化进程大多经历了初期的集中化特征以及后期的分散化特征，城乡差距的扩大是世界各国和地区城市化进程初中期阶段的必然现象，可以通过城市化过程自身力量加以修正和克服。城市人口聚集程度极高的美国、日本等发达国家的城乡差距往往不大，国内东部地区和省份的城乡差距比中西部地区和省份的城乡差距小，北京、上海等特大城市的城乡差距比一些中小城市的城乡差距也小，因此大而密的城市化发展更有利于缩小城乡差距。长期来看，中国城乡差距的缩小仍须通过发展城市、加快城市化进程才能实现，在城市经济集聚中逐步实现城乡协调发展，是一条平衡与效率携手并进的道路。我国已进入城市化进程的中后期，城市化和经济集聚水平已得到很大提升，但与发达国家水平相比仍不高，应进一步加快城市化和经济集聚进程。在此过程中，我们可以发挥政府的调节作用，使城乡差距扩大的速度放缓，使城乡差距缩小的拐点尽快出现，还能使之缩小到某种理想程度。

为此，本书在研究结论的基础上提出了旨在促进城市化、经济集聚与城乡收入差距缩小拐点早日到来的相应政策涵义，即为逐步缩小区域城乡收入差距：首先，须继续加快城市化进程、快速高效提升城市地区经济集聚水平，最大限度地发挥其对农村经济的扩散与溢出效应。其次，利用农村地区自身优势，改善和创造其吸纳资源要素集聚的条件，提高其承接城市经济辐射与外溢的能力，发挥其集聚效应。再次，以农村城镇化为纽带，构建城乡要素自由流动的市场和网络体系，加强城乡经济的紧密联系。同时积极引导城市经济有规律地向农村城镇地区渗透转移。最后，以一定的制度创新为保障，改革城乡分割的体制，推进城乡公共服务一体化。

本书受到南华大学学术专著出版资助专项基金、湖南省哲学社会科学基金项目“城市化、经济集聚与湖南省城乡收入差距研究”（编号：15YBA326）、湖南省教育厅资助科研一般项目“城市化进程中经济集聚与城乡收入差距研究”（编号：2015SJY63/15C1230）、南华大学国社科预研项目（编号：2016XGY04）的联合资助与大力支持，在此表示感谢。

ABSTRACT

Since the nineteen ninties metaphase, following with the development of China's market and industrialization, the right to factors flow continues to expand, urban and rural economy is more closely linked, a lot of production factors flows to the urban non – agricultural industry from the countryside, promoting the urban economic agglomeration level and accelerating urbanization . This promotes the national economic growth and the level of residents income rapidly, but the urban – rural income gap is begin widening on the whole from 80 time metaphase. So how to explain the internal causes of the widening income gap between urban and rural areas in our country clearly?

As two different regions in the same region, urban differences rural in factor endowments and economic conditions, urban is in the central position of urban and rural regional development, with incomparable spatial agglomeration of economic activity and wide scale merit and external benefits . Urban area has the very strong attraction and the agglomeration function on regional production factor and economic activities, also can uses and transfer wealth to the surrounding rural areas, has spillover effects, radiating and driving rural development. The urbanization process is actually the dynamic process of concentrating resources, population, industry and other production factors and economic activities from rural to urban. Therefore, the economic effect of urban area resources agglomeration is an important factor in determining the urban – rural income gap. This book attempts to reinterpret the contining to expanding of urban – rural income gap from the urban agglomeration perspective, thus putting forward the corresponding policy recommendations of narrowing the urban – rural income gap.

The second chapter combs and commends to the related literature of home and abroad , putting forward the innovation. The related literature is including the regional economic distribution, the theory of spatial agglomeration and urban – rural income gap and the factors of urban – rural income gap etc.

The third chapter analyzes the impact of China urbanization process on the urban – rural income gap. In the first stage, we investigated the changes of China's urban – rural income gap in transition time, and the theil index and other relative index results found that the overall trend of urban – rural income gap has been rising, and analysis of the difference in income absolute index found that the urban – rural income gap has continued to expand; Then we inferences the long – term change trend of urban – rural income gap using economic convergence and divergence test furtherly, found that the current urban – rural income gap in China has not an obvious trend of convergence , and the trend is expanding furtherly on the whole. We think that this is rooted in the difference of urban and rural production function of China, because that its own technology, system and production organization is obvious different, and a unified market which promotes the flow of production factors freely is not been formed between urban and countryside; Finally, we conducted the empirical analysis on the action of the symbol factors on the urban – rural income gap in the process of urbanization. The results showed that: population urbanization, land urbanization, urban – rural labor mobility rate, non farm output ratio, GDP growth and market reform and fiscal expenditure urban bias has expanded the urban – rural income gap. We believe that the continued expansion of urban – rural income gap is mainly composed of our low level urbanization, and this can be overcome through the process of urbanization selfly .

The fourth chapter analysis the immanent mechanism of effect of urban agglomeration on urban – rural income gap based on the micro and macro perspective. Urbanization process is essentially a process of economic agglomeration. Firstly, we analysis the micro foundation of urban economy drive, namely the agglomeration forces and dispersion forces. Aggregation force is generated from the local market effect and price index effect, dispersion is produced from force market crowding effect. We analysis the mathematical mechanism of three kinds effects based on the optimal decision – making of micro main body. And using the core – edge model of the new economic geography, we analysis the mechanismt caused by the above three effects of impac on the urban – rural income distribution gap through the agglomeration of the economic activities of enterprises and labor from rural to urban, and found that the urban – rural income gap will show the trend of expanding shrink in three effect; Then we analysis the evolution of spatial economic structure from analysing the stage characteristic of space agglomeration effect, diffusion effect and spillover effect; Finally we analyses the spatial effect urban economic agglomeration on urban – rural income gap. With the change of agglomeration marginal benefit in urban area , the intensity of agglomeration effect and diffusion effect on surrounding rural area is in the alternating, it affect regional urban – rural areas economic development and the income level of towns and rural residents, and then urban – rural income gap through producing the change of efficiency, industrial advantage itself on urban area and bying urban – rural elements circulation.

The fifth chapter is the construction and empirical test of the model of urban – rural income gap and urban economic agglomeration. Based on the the new economic geography theory, we introduces agglomeration spatial externality into urban production function, analyzing the cause of urban – rural income gap formation from the differences between urban and rural production function, taking into account that the urban has obvious economic advantage comparedly to decentralized rural economy. Firstly, we builted the test model of the impact of urban agglomeration and other factors on urban – rural income gap, and inferences the characteristics of urban – rural income gap changes by reduced in diffusion effect dominate or expand in agglomeration effect leading based on the model with the change of urban agglomeration marginal benefit. Then we conducted empirical study based on Chinese prefecture city district data using spatial panel data econometrics, we find that: (1) The overall urban – rural income gap between each adjacent prefecture level city in China has strong spatial dependence. (2) Urban economy agglomeration variables: non – agricultural employment density, space out put density and agglomeration index of urban has expanded urban – rural income gap, in which the tertiary industry than the secondary industry has more obvious impact. The above shows that urban agglomeration in china on overall has expanded the urban – rural income gap currently. The spillover effect of urban area to the surrounding rural economy is not obvious, urban agglomeration has expanded the urban – rural income gap through the polarization. (3) The effects of urban economy agglomeration on urban – rural income gap between different types is different obviously. mega city high economy concentration has inhibited the urban – rural income gap; large city agglomeration produces smaller role on urban – rural income gap; middle – sized and small city agglomeration enlarges urban – rural income gap.

The sixth chapter analysis the optimal scale of urban agglomeration. We investgated the urban agglomeration advantages through the analysis of equilibrium between urban area agglomeration and diffusion , providing evidence for the fifth chapter conclusion furtherly. Based on the expansion of the mode on relation between labor productivity and space economic agglomeration, by constructing quadratic function test model, we analyzes the impact of factors such as economic agglomeration on urban average labor productivity using the empirical data of Chinese cities, we find that: (1) The promotion urban non – agricultural employment density on the urban average labor productivity appeares U characteristics, namely upside down nonlinear, there is a optimal agglomeration scale which maximized urban agglomeration benefit. (2) We estimated the optimal industry agglomeration scale of urban non – agricultural industry on the whole and secondary or tertiary, we find that the optimal agglomeration scale of secondary industry is smaller than the tertiary industry. On the basis of the present, we compared our country city agglomeration level with the optimal level, find that overall and most of the city' s economic agglomeration level is low currently, the actual level of agglomeration also failed to reach the optimal level, namely, the overall urban economy agglomeration level of our country is still in the stage of increasing effect of agglomeration currently, the agglomeration effects are still not fully , with motivation and needing further agglomeration stilly.

The seventh chapter is the prediction and analysis of the ARMA model of the urban – rural absolute income gap. We used the B – J method to predict and analyze the urban – rural income gap through appropriate ARMA model, and to provide reference data for the relevant departments. Through stability analysis, model identification, parameter estimation and diagnostic test, we established the final reasonable model for predicting and analysing the trend of the urban – rural income gap of Chinese, the results show that the urban – rural absolute income gap will continue to expand in the next few years. At present, the problem of urban – rural income gap has not yet been fundamentally reversed. The grand blueprint for urban and rural co – ordination is still a long way to go.

The eighth chapter is the conclusion and policy recommendations. While understanding the inner mechanism of effects of China' s urban agglomeration on urban – rural income gap deeply , we conclude and provide the reasonable suggestions on promoting economic agglomeration and the early arrival of inflection point of prducing urban – rural income gap, that is, to reduce the urban – rural income gap in areas, we should improve the agglomeration level of urban area economy quickly and efficiently, maximizing its diffusion effect and improving the rural economic ability to agglomeration and undertake, elaborating the agglomeration effect and strengthening the economy relation between urban and rural closely.

目　录

第一章 绪 论

一、研究背景及意义

改革开放特别是20世纪90年代中期以来，随着中国市场化和工业化的发展，要素流动权利不断扩大，城乡经济联系更紧密。城市经济规模扩张和结构调整导致了就业机会的增加，城市拉力明显加大。农村边际生产率提高使农村推力也在加大，大量生产要素从农村流向城市非农产业，增进了城镇地区的经济聚集水平，城市经济集聚更明显，使城市化进程不断加速，城镇化水平从1978年的17.92%上升到2014年的54.77%，步入中期快速发展阶段。这扩大了内需，增加了产业效率，促进了国民经济持续增长和居民收入水平的迅速提高。中国GDP总量从1978年的3624亿元增长到2014年的近63.6万亿元，成为超过日本，仅次于美国的世界第二大经济体。

然而，我们注意到，城市经济高速增长和居民收入水平迅速提高的同时带来的却是城乡收入差距的持续拉大，城乡收入差距从20世纪80年代中期开始呈现整体不断扩大之势。如图1-1所示，从相对收入差距指标来看，我国城乡居民人均收入比已经从1978年的2.57迅速上升到了2014年的2.97，2009年城乡收入比达到了3.33，中西部的一些省份甚至高达4

以上。近年来虽又有短期内缩小的迹象，但并不明显，而且城乡收入差距居高不下，2013 年城乡收入比仍高达 3.03；而从绝对收入差距指标来看，城乡居民人均收入的绝对差额仍在不断扩大，自 1978 年的 210 元到 2008 年首破 1 万元后，再到 2014 年这一差值已扩大到了 1.9 万多元。城乡收入比等相对指标的减少并不意味着城乡收入差距的真正缩小，因为货币的绝对拥有量意味着对商品的绝对占有量，消费能力的提升必须以货币拥有量为支撑，城乡收入绝对差额的增大形成了城乡消费能力的鲜明对比，限制了农民消费能力的提升和收入水平的进一步提高，因此缩小城乡收入差距，不仅要减少相对数，更需要减少绝对数。

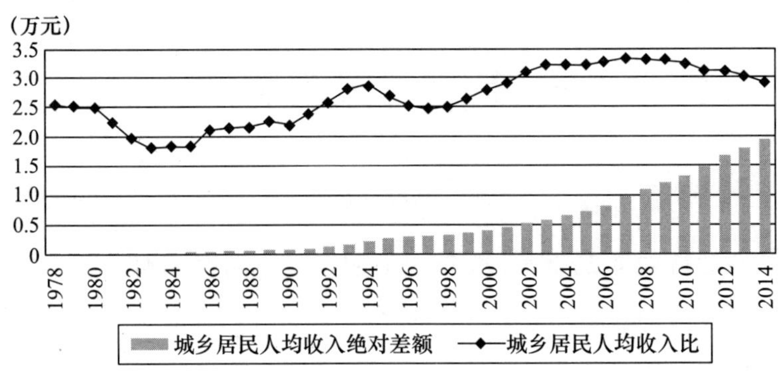

图 1－1　改革开放以来我国城乡收入相对和绝对差距的变化趋势

与其转型国家相比，我国的城乡收入差距似乎是最大的。据万广华（2006）测算，中国地区收入差距中有 70% ~80% 的贡献是来自城乡收入差距，城乡收入差距是我国居民收入差距的主要原因。城乡收入差距过大和扩大已成为当前迫切需要解决的问题之一，实现城乡统筹的宏伟蓝图任重而道远。

传统的古典、新古典理论以及发展经济理论都认为，在生产要素完全自由流动的条件下，劳动力、资本、技术等生产要素的流动可带来区域经济增长的趋同与协调发展，因此，城市化的发展应有助于城乡收入差距的收敛。李扬认为，城镇化率达到 45%，城乡差距会逐步缩小，出现刘易斯拐点[1]。2009 年我国城镇化水平就已达到 48.3%，但城乡收入差距仍未有明显缩小的迹象。从发达国家工业化历程来看，城镇化的趋势往往会带来城乡收入差距的缩小，为何我国的城镇化并没有取得预期的效果？而且，按照发达国家 5% 的农村人口比例标准，我国的城市化进程仍是一个长期的过程。

城乡收入差距的持续拉大是影响国民经济发展和社会和谐稳定的突出问题，与我国经济发展方式由国富向民富转变，促进社会公平正义、提高发展质量的战略模式背道而驰，不利于中国经济的健康持续平稳增长。只有深刻认清造成城乡收入差距拉大的决定性因素，才能采取合理和有效的措施缩小我国城乡收入差距。究竟何种因素才是决定我国城乡收入差距的内在或根本原因呢？

城乡分割的体制和政策等二次分配因素虽然也导致了城乡收入差距扩大，但是长期来看，初次分配才是导致城乡差距扩大的根本原因，而初次分配的核心是促进城乡要素流转，即城市化进程。

城乡作为同一区域系统内两个不同形态的地域，在资源禀赋和经济条件等各方面存在较大差异，导致在经济活动强度和密度方面也存在很大差异。城市地区之所以成为区域经济集聚的中心，其根本原因在于城市具有农村难以比拟的发展优势，其显著特征表现为，经济活动的空间集聚性和随之产生的经济活动规模效益、外部效应的广泛性以及产业结构的非农性和多样性，因而城市与农村之间具有明显的生产率差异。这将吸引农村地区的资源、人口以及产业等生产要素不断向城市集中。

城市化过程实质上就是一个人口、资本、产业等生产要素和经济活动不断从农村向城市集聚的动态结构转变过程，是集聚力量与分散力量共同作用的结果。城市经济集聚产生的规模效益和外部经济是城市化和城市形成与成长过程的内生动力。

城市地区凭借其特有的诸多优势，在区域内城乡发展中居于关键地位，对区域内生产要素和经济活动具有很强的吸引力和集聚功能，同时能

---

① 中国社会科学院副院长、金融研究所所长李扬领导的研究小组 2010 年的初步观察。

将财富运用、传输于其周边农村地区，产生扩散与溢出效应，对农村经济具有较强的辐射带动功能。城市经济集聚与扩散的相互作用成为推动中心城市与其周边农村地区互动的基本方式，推动区域内城乡经济空间结构的演化。城市对其周边农村地区的集聚效应可以提高城乡资源配置效率和国民经济效率，促进城乡整体经济发展，而扩散效应则可以促进农村经济发展，逐步缩小城乡收入差距。区域中心城市通过对其周边农村地区集聚效应和扩散效应强度的交替变化、此消彼长，影响区域内城镇、农村居民收入水平进而对城乡收入差距产生影响。我们可以通过改善城市对其周边农村地区发挥扩散效应的条件，强化城市对农村地区的扩散与溢出效应，从而提前实现城乡收入差距的缩小和城乡统筹发展。

人口向大城市集聚从生产效率以及需求增长等方面，往往能更好地带动乡镇地区的经济发展，从而降低城乡收入差距。特别是从国外经验来看，城市人口聚集程度极高的美国、日本等国家，城乡收入差距往往不大，大城市更有利于降低收入差距；从国内来看，东部发达地区和省份的城乡收入差距比中西部地区反而要小一些。北京、上海等特大城市的城乡收入差距甚至呈缩小趋势，而一些中小城市的城乡收入差距却在不断扩大。

发达国家和地区的城市化进程大都经历了发展初期的集中化特征以及后期的分散化特征。城乡收入差距的扩大是广大发展中国家和地区城市化进程初中期阶段的必然现象，可以通过城市化过程自身加以修正和克服。而且，降低城乡收入差距的真正含义，不是地区总收入的平等，而是人均收入的平等，因而“大”而“密”的城市化发展更符合国情，更有利于降低城乡收入差距。因此，城乡协调发展不能简单地通过行政手段减缓城市经济集聚来实现，长期来看中国城乡收入差距的缩小仍要靠发展城市、加速城市化来解决，在城市经济集聚中实现城乡协调发展，是一条平衡与效率携手并进的道路。

随着市场化改革的深入，中国城市化进程已得到很大提升，2014 年城市化水平已达到 54.77%，但与发达国家 80% 以上的水平相比，仍相去甚远。而且按照发达国家 5% 的农村人口比例标准，中国城市化整体水平仍不高，因此应进一步加快城市化和城市经济集聚进程。目前我国已进入城市化进程的中后期，政府可以采取措施使城乡差距由扩大转为缩小的拐点提前出现，使城乡差距扩大的速度放缓，还能使城乡差距缩小到理想程度。

在本书中，我们尝试从城市经济集聚的角度来探索一个区域内部城乡收入差距与城乡协调发展机制的问题，为完整研究和理解城乡收入差距问题提供空间经济方面的新视角和理论参考，也为各级政府部门破解城乡二元结构、加快推进城乡统筹一体化与协调发展提供空间作用机制方面的决策思路。

二、研究内容与研究思路

（一）研究内容

1. 城乡收入差距的度量

关于收入不平等的度量有众多衡量指标，总的来说可以分为相对指标和绝对指标两类。相对收入差距指的是以收入所占比重或收入相对份额表示的差距，或者社会各阶级间的收入差距，诸如变异系数、基尼系数、泰尔指数、锡尔系数、洛伦茨曲线、城乡人均收入比等指标；绝对收入差距指的是居民高、低收入水平的绝对差值。相对指标是一个比例数据，可消除量纲，减少数据较大对拟合结果的扰动，具有较好的统计性能；绝对指标是一个水平量。

城乡收入不平等的度量也可以分为城乡相对收入差距和城乡绝对收入差距指标，相对指标体现的是城乡居民收入间的相对差距，一般用城乡居民人均收入的比值或百分比表示；绝对指标体现的是城乡收入水平差距的绝对值，常用城乡居民人均收入的绝对差额表示，能更好地反映城乡居民收入差额总量上的变化。各种衡量方法各有优缺点，尽管采用不同指标对我国城乡收入差距进行度量，一般也会得出具体不同的结果，但对于我国城乡收入差距的演变趋势都得出了相似的结论，大体上一致认为我国城乡收入差距已经很大并且在整体上呈扩大的趋势。

2. 城乡相对和绝对收入差距指标的选取

城乡收入差距的缩小，不仅要体现在相对数上，也要体现在绝对数上。目前国内主要采用城市居民人均可支配收入与农村居民人均纯收入的名义或实际比例来反映城乡收入相对差别，但这两个指标却忽略了城乡人口比重的变动，无法反映我国城镇和农村人口比例的变化对城乡收入差距的影响。而基尼系数只对中间收入阶层的变动比较敏感，不适合我国城镇和农村居民收入呈高、低两极分化的情况，也不能反映个别阶层收入分配的变动情况，更适合描述总体收入的不平等程度。只有泰尔指数不仅反映了城乡人口比重的变化、城乡绝对收入的变化对城乡收入差距的影响，而且对高、低两端收入阶层收入的变动也比较敏感。由于我国是一个发展中的农业大国，农村人口占绝大比重，城镇和农村人口数量的相对变化直接影响城乡收入差距的变化，而且城镇和农村居民收入呈高、低两极分化，城乡收入差距主要体现在两端变化的特征。因此，除了采用城乡居民人均收入之比这一相对指标外，我们还采用泰尔指数来测度我国长期城乡二元结构状态下的城乡相对收入差距及其变化情况；而对于城乡绝对收入差距指标而言，我们用城镇居民人均可支配收入减去农村居民人均纯收入计算得到的城乡居民人均收入的绝对差额来衡量。

3. 城市地区经济集聚指标的数据处理

《中国城市统计年鉴》对地级市分列全市和市辖区两项，这样就能得到各地级市市辖区与全市扣除市辖区的大片农村地区两方面的统计数据。由于市辖区不包括下辖县和农村，是一个地级市的主体和中心区域，城市非农经济集聚主要集中于经济活动密度较高的城区，因此，我们对城市经济集聚的空间范围界定为市辖区层面，有关经济集聚的指标均为市辖区数据。而且，假定城市内部土地均质，非农产业在其中均匀分布。

另外，由于《中国城市统计年鉴》中一部分地级市市辖区土地面积由于行政区划的调整在不同年份发生过变动，这种变动的原因不是城市经济集聚本身，而是外力。为保持数据的一致性，反映真实连贯的经济密集度的变化情况，我们使用市辖区土地面积各年平均值。

（二）研究思路

本书尝试从城市经济集聚的角度来理解城乡收入差距问题，并且将城市发展、城市化与城乡收入差距纳入同一分析框架内，全书共分八章对我国城市经济集聚影响城乡收入差距的内在机理进行分析，其思路与逻辑如下：

第一章：绪论。提出问题，阐述研究问题的背景与意义。逻辑出发点是，20 世纪 90 年代中期以来，随着我国城市化进程加速、城市经济集聚水平不断提高，在提高了国民经济效率的同时也促进了居民收入水平迅速提高，然而城乡收入差距整体上却呈持续拉大甚至仍有不断恶化的趋势，我们须解释出现这种情况的根本原因，并由此提供科学有效的相关政策。还介绍了本书研究的基本思路与研究方法以及创新点等。

第二章：文献综述与述评。对国内外城乡收入差距成因的各种相关理论与文献和空间经济学（新经济地理学）的新发展做简要的梳理并加以述评，并在此基础上提出创新之处。

第三章：城市化进程中的城乡收入差距研究。首先，须选取合适的指标来准确测度我国城乡二元结构状态下的城乡收入差距，并基于此对转型期我国城乡收入差距变动的具体情况进行阶段考察。其次，基于刘—拉—费模型分析框架对目前我国城乡收入差距变动情况所处的阶段做初步判断。再次，采用恰当的经济收敛发散方法对城乡收入差距的长期收敛或发散趋势做进一步的判断。新古典理论的收敛方法并不适合我国特有的城乡二元刚性特征，多地区的一般收敛性检验也不适于城乡两地区。最后，就目前我国快速城市化进程中各标志性因素（人口、土地、劳动力、产业等集聚指标）对城乡收入差距变动的具体影响情况做出实证厘清。

第四章：城市经济集聚影响城乡收入差距的理论机理。由于城市化过程本质上就是一个生产要素和经济活动不断地从农村向城市集聚的动态过程，我们从微观驱动基础与宏观效应具体研究城市地区经济的聚散对其周边农村经济的溢出效应从而对城乡收入差距的空间影响途径与机理，为全书分析城市经济集聚与城乡收入差距的内在作用机制提供理论支持。微观影响机理方面。从新经济地理学理论（NEG）微观主体最优决策出发，从聚集力和分散力相互权衡的视角分析城市经济集散驱动的微观基础，通过数理模型详细分析三大效应，即本地市场效应、价格指数效应和市场拥挤效应的具体作用机理。并利用新经济地理学的核心—边缘模型（C－P模型），通过劳动力和企业等经济活动从农村向城市集聚所产生的上述三大效应来分析其对城乡收入分配差距的影响机制。宏观影响机制方面。在区域内部经济活动空间聚散的全过程，集聚效应、回程效应与扩散效应同时起作用，但在不同阶段作用强度交替变化、此消彼长。伴随城市地区经济集聚边际效益的变动，其对周边农村地区的空间溢出效应即扩散效应与集聚效应的差值也在发生动态变化，导致城乡收入差距变动呈现不同的阶段特征。主要是通过引致城市生产效率、产业优势的变化以及城乡要素流转影响区域内城镇、农村居民收入水平进而对区域内城乡收入差距产生影响。

第五章：城市经济集聚与城乡收入差距：模型构建与实证检验。考虑到城市相比农村分散经济具有明显的经济集聚优势，借鉴空间经济学相关理论，在城市部门生产函数中引入集聚空间外溢性，构建城乡有别的生产函数，并基于此推导出城市经济集聚等因素影响城乡收入差距的检验模型，然后基于检验模型进行推断。找到计量检验模型中所有变量合理的测度指标。考虑到各邻近区域间的城乡收入差距等可能存在相互影响，我们基于全国地级市层面数据，采用空间面板计量方法，对建立的计量模型及其推断进行实证检验：既要检验城乡要素比等新古典经济学部分对城乡收入差距的影响，更要检验城市经济集聚变量等空间经济学部分对城乡收入差距的影响。因不同类型城市在功能、定位上存在较大差异，其集聚经济效率存在差别，除考察全部地级市样本外，还考察不同规模等级地级市的市区经济集聚（特大城市的高度集聚、大城市的集聚、中小城市的快速集聚）分别对城乡收入差距变动的不同影响效应。这对于我们针对不同类型城市（或区域）理性选择不同的发展模式将具有重要的启示。

第六章：城市经济集聚最优规模的分析。是否存在一个城市集聚规模的最优点，使集聚对城乡收入差距的影响会发生阶段性转变，即在集聚初期扩大城乡收入差距，而过了最优点后会逐步缩小城乡差距？若存在，城市经济集聚（效率）与城乡协调发展（公平）就可兼顾。那么，为逐步缩小区域城乡收入差距，针对各类型地级市（或区域）内部所处的不同城乡空间发展阶段应给予不同的政策引导：还未达最优点的，重点鼓励其进一步集聚，使其尽快达到最优水平；已超越或即将超越最优点的，则应引导其城市地区的一些生产要素和经济活动有规律地向周边农村地区扩散渗透，辐射带动农村地区发展。

本章通过分析城市地区经济集聚与扩散的均衡点（最优集聚点），考察各类型城市的经济集聚程度是已超越还是尚未达到最优水平，从而得到各类型城市经济是处于集聚效应主导还是扩散效益主导的阶段，也进一步佐证第五章所得结论。先弄清楚什么是城市经济集聚最优规模，并通过相关理论模型构建实证分析模型，估计出我国城市经济集聚的最优水平。在此基础上，采用最近几年的数据，对当前我国城市总体及细分各类型城市经济集聚的实际水平与最优水平的偏差进行分析。为针对各类型地级市（或区域）内部所处的不同城乡空间发展阶段给予不同的政策引导，从而为最终缩小区域城乡收入差距提供依据。

第七章：城乡收入差距的 ARMA 模型预测与分析。本章运用经典 B－J 非结构化方法尝试对城乡收入绝对差距时间序列数据建立合适的 ARMA（p，q）模型，并进行预测和分析，为相关部门提供参考数据。通过序列平稳性分析、模型识别、参数估计和诊断检验，建立最终合理的模型，基于此模型对未来几年内中国城乡收入差距的变化趋势进行预测和分析。

第八章：结论与政策建议。在深刻理解我国城市经济集聚影响城乡收入差距的机制后，得出结论并提出加速城市化、经济集聚与城乡收入差距缩小拐点早日到来的政策建议。

（三）研究结构

本书的研究方法以理论和模型分析为基础，实证与规范相结合，定性与定量相结合。关于城市化、经济集聚与城乡收入差距研究的基本思路与结构路线如图 1－2 所示。

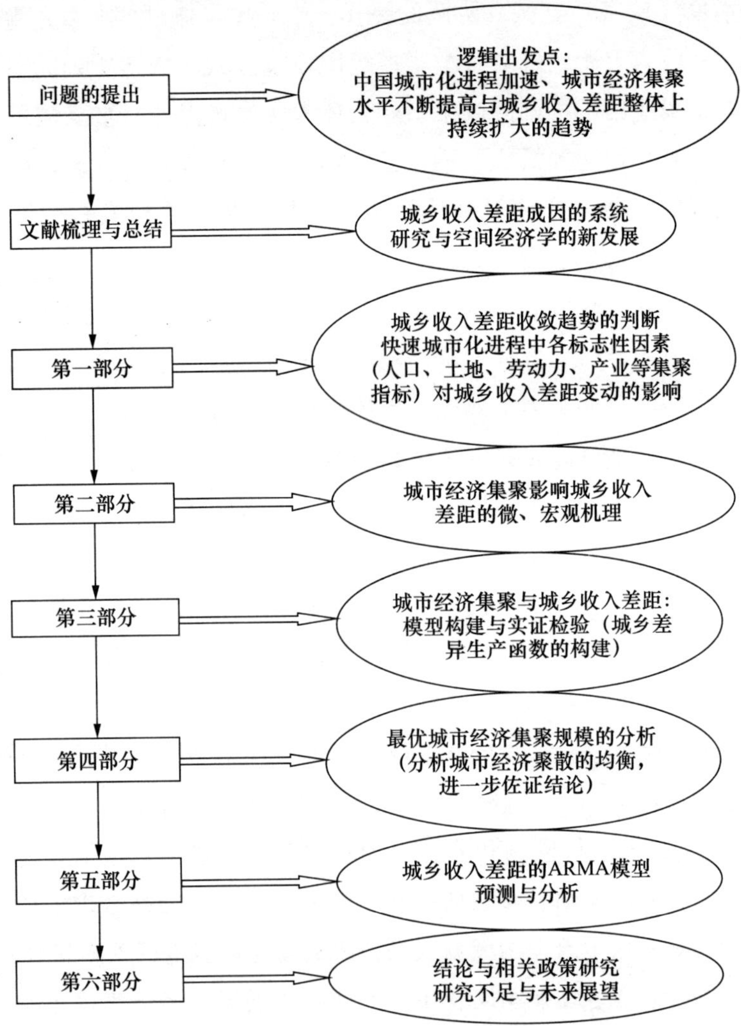

图 1－2　城市化、经济集聚与城乡收入差距研究的基本思路与结构路线

三、研究创新之处

（一）研究视角与分析框架

现有国内外文献主要侧重从一系列显性的城乡非均衡的政策和制度等外生因素来寻求城乡收入差距整体上持续扩大的成因，主要包括经济（产业）结构、经济发展水平、二元结构、城市化、城乡分割的体制、城市偏向的经济政策与体制、工业化偏好的发展战略、财政分权、要素市场扭曲、要素禀赋（人力资本等）、金融发展、劳动力流动和经济开放等方面。但这些因素毕竟只是影响收入创造的外部环境，往往只是间接性的影响因素，是影响收入差距的二次分配因素，对城乡收入差距持续扩大的原因难以作出清楚的解释。事实上，从长期来看，生产方式决定分配方式，收入水平取决于经济增长，因此，城乡收入差距主要源自城乡经济增长源泉即城乡生产函数的差异，初次分配因素才是导致城乡收入差距扩大的根本原因。

自 Marshall 首次提出产业集聚概念到 Krugman 和 Fujita 提出以报酬递增、外部经济和运输成本为核心的新经济地理学（NEG），经济学界对集聚经济与地区经济增长、地区差距的关系进行了系统研究。近年来，空间经济学（新经济地理学）和空间计量经济学的发展，为产业集聚与地区差距的研究提供了一个新的研究视角和方法路径。新经济地理学开始从集聚经济空间外溢性的角度来考察地区经济差距的演变。

城市化过程本质上就是资源、人口及产业等生产要素和经济活动不断从农村向城市集中的动态过程。城市经济集聚产生的规模效益和外部经济是城市化和城市形成与成长过程的内生动力。

城乡作为同一区域内两个不同形态的地域，在资源禀赋和经济条件等方面存在较大差异，城市具有农村难以比拟的经济活动的空间集聚性和随之产生的规模效益、外部效益的广泛性，以及产业结构的非农性和多样性，因此，城市居于区域内部城乡发展的中心地位，导致城市与农村之间的生产函数和生产率具有明显的差异，从而对城乡收入差距产生影响。

城市地区对区域内生产要素和经济活动具有很强的吸引力和集聚功能，同时能将财富运用、传输于周边农村地区，产生扩散与溢出效应，辐射带动农村发展，缩小城乡收入差距。区域中心城市通过对其周边农村地区集聚效应和扩散效应强度的交替变化、此消彼长，影响着区域内城镇、农村居民收入水平进而对城乡收入差距产生影响。我们可以通过改善城市对其周边农村发挥扩散效应的条件，强化城市对农村的溢出效应，提前实现城乡收入差距的缩小和城乡统筹发展。

与以往多数文献不同，笔者认为，城乡收入差距主要源自城乡经济增长源泉即城乡生产函数的差异。资源要素是产生财富的基础，城市地区资源要素集聚产生的经济效应才是决定城乡收入差距的更深层次原因。

而且，新古典经济学是基于规模报酬不变和完全竞争的假设的；传统二元经济理论不能内生决定城乡收入差距和城乡生产要素流动。而空间经济学（新经济地理学）认为经济集聚是基于微观主体的行为选择，揭示了区域内部经济活动空间布局的内生机制。因此，新经济地理模型能同时内生决定要素向城市的集聚和地区间收入差距，这对解释区域内城乡收入差距和城乡协调发展很有启示。

为弥补上述几方面的不足，我们将从城乡收入差距成因研究的新古典增长理论和发展经济学视角拓展到规模报酬递增和垄断竞争的空间经济学（新经济地理学）领域内，借鉴空间经济学集聚经济与地区差距的相关理论来考察我国城乡收入差距，尝试从城市经济集聚的视角来重新解读区域城乡收入差距持续扩大的成因。而且，由于城市化过程本质上就是一个农村向城市经济集聚的动态过程，本书将城市发展、城市化与城乡收入差距纳入同一分析框架，从而提出缩小城乡收入差距的相应政策建议。

（二）研究方法与内容

1. 城乡收入差距收敛趋势检验法的选择

考虑到转型期我国经济长期处于城乡二元刚性状态，城乡间一直没有形成促进要素自由流动的统一市场，而新古典增长理论是基于完全竞争和要素自由流动的假定，因此，新古典理论的收敛方法对于我国城乡二元结构存在局限。而且多地区的一般收敛性检验不适于城乡两地区，截面数据分析的是某个时点的情况，可能出现多个收敛水平，也不适合本书的分析。只有时序分析是基于渐进理论来考察长期预测的收敛点的性质，适合我国特有的城乡二元结构特征。因此，我们择优选择时序单位根收敛性检验法对中国城乡收入差距的长期收敛或发散趋势进行推断，判断城乡收入差距长期内是否有收敛的趋势。

2. 城市经济集聚影响城乡收入差距的微观、宏观机理

城市化过程本质上就是一个生产要素和经济活动不断从农村向城市集聚的动态过程，我们从微观驱动基础与宏观效应的角度来具体分析城市地区经济的聚散对其周边农村经济的溢出效应从而对城乡收入差距影响的空间途径与机理。其中，利用新经济地理学的核心—边缘模型，从地理空间维度来研究中国城乡两地区之间的关系问题，特别是通过经济活动从农村向城市集聚所产生的三大效应来分析其对城乡收入分配差距的影响机制，这是从城乡两地区异质性的假设出发，抓住了城乡收入差距的实质。

3. 模型构建与实证检验

考虑到城市相比农村分散经济具有明显的经济集聚优势，借鉴空间经济学相关理论，在城市生产函数中引入集聚空间外溢性，构建城乡有别的生产函数，并基于此推导出了城市经济集聚等因素影响城乡收入差距的检验模型，然后基于检验模型做出推断：伴随城市地区经济集聚边际效益的变动，城乡收入差距变动呈现集聚效应主导时扩大和扩散效应主导时缩小的特征。考虑到不同类型城市的功能、定位不同，集聚经济效率也存在差异，还分析了不同类型城市的经济集聚对城乡收入差距变动的不同影响效应。

4. 城市经济集聚最优规模的分析

利用我国地级市市辖区数据对城市经济集聚的最优水平进行估计，并基于此对目前我国城市总体及各类型城市实际集聚水平与最优水平的偏差进行分析。通过判断其实际集聚水平与最优水平的偏差，得到各类型城市是处于集聚效应主导抑或扩散效益主导阶段的结论。由于最优集聚水平是集聚对城乡收入差距影响方向发生变化的转折点，也可以进一步佐证前一章各类型城市经济集聚对城乡收入差距的影响方向。这同时为针对各类型地级市（或区域）内部所处的不同城乡空间发展阶段给予不同的政策引导，从而为最终逐步缩小城乡收入差距提供了依据。

5. 研究的空间尺度等

研究城乡收入差距的文献的空间尺度都过于宏观，但由于集聚空间外部性的溢出随距离的增加而递减，城市经济集聚过程中对农村的外溢作用只存在于较小的地域范围内。考虑到省份层面过大，县域层面由于街道、镇的数据缺乏又难以获取，而且县域内部很多区域人口稀少，并非均质单元，不能反映区域真实的经济集聚状况。因此，我们采用的是相对微观的地级市地理单元数据。

6. 城市经济集聚的测度

考虑到多数测度经济集聚的因子未考虑集聚规模，而集聚经济的三个微观基础却有赖于集聚规模。我们在沿用空间产出、就业密度测度的同时，引入了集聚规模指数来测度城市经济集聚，使之与通常的经济集聚概念更为一致。

第二章 文献综述与述评

一、国内外相关文献综述

（一）区域经济空间分布规律的理论综述

1. 区域经济均衡发展理论

新古典经济学的区域均衡增长理论基于要素自由流动和边际报酬递减假定，认为完全竞争的市场机制能驱动要素跨区域合理流转和配置，实现区域间要素价格的趋同，达到区域平衡发展，区际的非均衡状态只是暂时的。但关键在于市场机制的作用并非使生产要素沿着它所预期的方向流动，大多数发展中国家存在现实的区域经济二元结构。罗丹（1943）提出大推进理论，主张在发展中国家或地区对国民经济的各个部门同时进行大规模投资，以冲破发展的瓶颈，从而推动整个国民经济的高速增长和全面发展。纳克斯（1953）提出贫困恶性循环论和平衡增长理论，认为平衡增长可以摆脱贫困恶性循环，扩大市场容量和形成投资驱动力。纳尔森的低水平陷阱论以马尔萨斯理论为基础，认为发展中国家存在低水平人均收入反复轮回的均衡。索罗和斯旺（1956）基于生产要素自由流动和开放区域经济的假定，认为各国或一国内不同区域间经济差距呈收敛趋势。赖宾斯坦（1957）提出临界最小努力论，主张发展中国家应努力使经济达到一定水平，从而取得大于临界最小规模的增长刺激，冲破低水平均衡状态，以取得长期的持续增长。平衡增长论主张发展中国家通过经济各部门的同时大规模投资，打破贫困恶性循环，利用外部效应和部门关联推动各部门共同增长，这和苏联生产力均衡布局论有很大相似性。大多数发展中国家要么不具备均衡发展所需的资源条件，要么缺乏空间均衡增长所需的完善的市场机制。

2. 区域经济非均衡发展理论

佩鲁（1950）提出增长极理论，认为经济增长通常是从一个或数个增长中心逐渐向其他部门或地区传导，应选择特定地理空间作为增长极，以带动经济发展。20 世纪 60 年代，布代维尔把增长极的概念从佩鲁抽象的经济空间发展到现实的地理型经济空间，提出区域增长极的概念。缪尔达尔（1957）提出循环累积因果论和地理二元结构论，认为在经济发展过程中，发达区域与不发达区域之间的回波效应往往大于扩散效应，市场力作用通常倾向于扩大区域差异，政府应主动采取特殊措施来缩小区域不平等。赫希曼（1958）提出核心—边缘理论和联系效应理论，认为增长在区际间不平衡是不可避免的，核心地区和边缘地区的联系既有涓滴效应，带动边缘区发展，使区际差距缩小，也有极化效应，使区际差距扩大。弗里德曼从国家角度提出中心—外围理论，对赫希曼的核心—边缘理论和依附理论进行了补充，认为区域的中心和外围构成一个以依附性关系为标志的空间体系。内生增长理论的代表罗默认为，规模报酬递增的生产技术将促使富裕地区保持或加快增长速度，从而导致区域发散。弗农（1966）首先提出工业生产的产品生命周期理论，在此基础上产生了区域经济梯度推移理论。该理论认为存在因要素禀赋、主导产业所处阶段的不同而形成的高、低梯度区域。随着经济发展，高梯度地区的要素和产业会自发转向低梯度地区，实现地区二元结构的一元化。新经济地理学基于运输成本、规模收益递增、外部性等角度探讨了区域经济增长问题，提出了区域之间经济增长趋异或发散的观点。凯勒（2002）指出，技术梯度转移与扩散是决定区域间经济差距收敛的一个重要因素。普里高津的耗散结构理论和哈肯的协同学以系统和整体的观念来揭示区域空间自组织现象和区域协调发展过程的规律。非均衡增长论强调市场力量会不断扩大区域之间的发展差距，要缩小差距必须依赖政府周密的经济政策。

3. 区域经济阶段发展理论

李斯特认为，各国经济发展都会经历原始未开化、畜牧、农业、农工业、农工商五个时期，不同时期要实行不同的贸易政策。胡佛和费雪（1949）认为，区域经济增长都存在标准阶段次序，即自给自足、乡村工业崛起、农业结构转换、工业化、服务业输出五个阶段。罗斯托的地区发展阶段理论指出，所有国家从不发达到发达都要经历传统社会、为起飞准备条件、起飞、趋于成熟、大规模消费、追求生活质量等阶段，处于不同发展阶段的地区应根据区域优势选择不同的主导产业。威廉姆森（1965）把库兹涅兹的倒 U 形假说应用到区域经济发展方面，得到区域经济差异程度随经济发展水平变化的倒 U 形理论，即在经济未发展的起点，区域经济差异相当小；初期阶段，将人力、物力和财力进行集中发展，回流效应大于扩散效应，区域间发展差异会不断扩大；中期阶段，差异趋于稳定；成熟期时，由于全国统一市场形成和发达地区投资报酬开始递减，回流效应逐渐减弱，外围地区发展加快，区域间差异逐渐趋于缩小并趋于平衡。弗里得曼（1966）将区域经济发展划分为：前工业化、工业化初级、工业化成熟、后工业化四个阶段。汤普森（1966）提出区域生命周期理论，认为一个工业区就像一个生命有机体，遵循规则的变化次序而发展，从年轻到成熟再到老年的阶段，处于不同阶段的区域面临不同的问题，竞争地位也不同。阿朗索（1980）提出钟型发展理论，即初期因个别城市的快速增长，区域发展不平衡和集中趋势增强；随着资本和劳动力流动的加强以及城市化的加快，区域经济增长趋于平衡，逐步实现一体化；成熟期时增长放慢，区域差距趋于消失。区域阶段论实际上是经济起飞阶段不平衡增长和成熟期市场机制发挥作用的平衡增长的统一，通过扩展效应和滞后效应实现。

4. 区域经济分工合作理论

斯密的绝对优势理论和李嘉图的比较优势理论分别从绝对成本和相对成本角度论述了国家或地区间的分工和贸易能增进双方利益，强调劳动地域分工的重要性。赫克歇尔和俄林的要素禀赋理论解释了国家或地区间出现分工和贸易的原因在于地区间要素比例和相对资源禀赋的不同。克鲁格曼、赫尔普曼和迪克西特的新贸易理论认为，条件相似地区的分工和贸易源于规模经济、不完全竞争和产品差异化形成的比较优势。斯纳的技术差距理论认为，区域间产品创新和技术的差异也会产生比较优势。库珀（1968）提出国际相互依赖理论，认为相互依赖是指一个国家或地区的经济活动对另一国家或地区的经济活动双向的、相互的依存程度，经济技术的不均衡使各地区必须依赖于其他地区的力量完成本地区的技术进步和经济发展。赫特纳（1986）提倡地理区域差异和区际联系研究。产业集群理论在 20 世纪 90 年代由波特创立，该理论认为产业集群是地缘上接近的相关企业由共同性和互补性联系在一起的组织，其优势包括降低信息和物流成本，促进知识和技术的创新与扩散，实现产业和产品的升级换代，形成区域集聚效应、规模效应、外部效应和区域竞争力，缩小区域差距。布列克和厄恩斯特的竞争合作理论认为，市场竞争的加剧和原有竞争优势的消失使企业将日益以合作竞争作为长期的发展战略。经济圈理论揭示了亚洲地区经济互补性较强和地理上接近的工业化国家（地区）与后进发展中国家之间成功展开的一种市场驱动、互补型的区域分工协作模式。新功能主义理论形成于 20 世纪五六十年代，由哈斯及其学生提出并论证，是对欧盟经济一体化实践的解释，揭示了发达工业化国家之间的一种制度驱动、竞争型的贸易合作模式。区域分工合作理论表明区域之间经济技术的分工与合作能有效促进要素流动和优化配置，实现区域联动与协调发展。五六十年代以来，经济发展已引发了一系列经济、社会、资源和环境问题，亟待实现经济发展与人口、资源、环境以及代际资源利用的全面协调可持续发展。

5. 区域经济一体化理论

区域一体化是指地理位置临近的国家（地区），以获取经济集聚效应和互补效应为目的，通过制定共同或协调的社会经济政策，实现成员国的产品或要素在本区域内自由流动的一个过程或状态。它是一个渐进发展过程，可分为从初级到高级的自由贸易区、关税同盟、共同市场、经济同盟和完全经济同盟五种形式。其中欧盟、北美自由贸易区和亚太经合组织最具代表性。

（1）区域一体化的传统理论。19 世纪古典经济学家就已详细探讨过关税互惠条款对两国福利的影响。维纳（1950）提出了关税同盟理论，认为关税同盟给成员国和非成员国带来不同福利。米德（1955）通过一个三产品一般均衡模型对关税同盟问题进行了分析。罗布森（1980）在关税同盟理论的基础上提出了系统的自由贸易区理论，认为关税同盟与自由贸易区相比在静态效益上是次优的。

（2）理论的拓展。史密斯和维纳伯斯（1988）研究了规模报酬递增、不完全竞争和市场分割对一体化成员贸易和福利的影响。Gatsios 和 Karp（1991）建立非合作博弈模型，认为最佳一体化政策不仅取决于同盟与其他国家的策略行为，还取决于同盟内成员关于对外政策制定权的选择。克鲁格曼（1991）证明了初期区域一体化恶化了世界福利，但后期因多数国家参与经贸组织降低贸易保护程度，促进了全球贸易自由化，又改善了世界福利。斯巴克（1956）根据完全竞争下的规模经济理论提出了共同市场理论。林德特（1986）分析了劳动力自由流动对成员国工资的影响。西托夫斯基（1958）和德纽（1962）提出大市场理论，研究消除要素自由流动障碍后成员国所获得的效益。芒德尔（1961）最优货币区理论认为，在区域内使用共同货币组建最优货币联盟，可调节成员国国际收支失衡。

（3）理论的新进展。沃纳科特（1992）认为，贸易壁垒和运输成本两个因素会影响贸易合作和区域一体化组织的建立。蒲加和维纳伯斯（1997）认为，在中心—外围型的区域一体化组织中，企业更偏好聚集在中心地区国家。崔宗日（2001）考察了东亚国家的商业周期同步性是否受一体化的影响。曼佐齐（2001）通过内生增长模型分析了经济一体化对成员国和非成员国的福利效应。阿特蒙德（2003）认为，区域一体化进程的加快会使各种国际直接投资和区际贸易同时增长。

6. 我国区域经济发展理论研究

（1）政策层面思想。1956 年毛泽东在《论十大关系》中就沿海与内地的关系提出“平衡布局”的思想以及建立独立的地区工业体系和经济体系。十一届三中全会后，邓小平提出“先富后富、共同富裕”和“两个大局”的思想。20 世纪 80 年代末以江泽民为核心的第三代领导集体，以效率优先和兼顾公平为原则，1999 年提出西部大开发战略，通过发挥东西部地区各自比较优势，促使区域经济协调发展。21 世纪以胡锦涛为核心的新一代领导集体系统提出了“坚持以人为本，树立全面、协调、可持续的发展观，促进经济、社会和人的全面发展，坚持五个统筹”的科学发展观。后又指出，要继续推进西部大开发，振兴东北地区老工业基地，促进中部地区崛起，鼓励东部地区率先发展，形成东中西优势互补、相互促进、共同发展的新格局。经济新常态下，习近平提出，要深入实施区域发展总体战略，促进区域协调发展，推进“一带一路”建设，打造中国区域经济“升级版”。

（2）学界代表性理论。梯度推移理论认为，经济发展应由东部发达地区向西部不发达地区推移，逐步缩小地区差距。反梯度推移理论认为，经济开发的顺序由落后低梯度地区向二级和一级梯度地区反推移。点轴开发理论认为，在发展初期应重点开发沿海、沿江、沿河三大轴线地带，中西部积极选取和培育有较大发展优势和潜力的增长极、增长带和增长中心，然后把重点放在其他较低级的发展轴和发展中心上。优区位开发理论认为，资源开发和生产力布局的重点应该有选择地确定优区位。其他的区域经济发展理论还有：重点倾斜发展理论（又称东部地区重点论）、中心开发论（又称中部崛起论或“牛肚子理论”）、战略重点西移论、区域结合发展理论（如东靠西移论、内联外挤论、“一、三线”结合论）、区域中性论（如“三沿”、“四沿”、“三环”、H 形、弓形战略）、十四届五中全会以来的理论（如区域协调发展、非均衡协调发展、沿江经济带以互补互动为中心协调发展的战略）。

（二）经济集聚理论的研究综述

经济学界从 Marshall 提出产业集聚概念起就对产业集聚与地区经济增长、地区发展差距进行了大量研究。20 世纪 Marshall 用中间投入品规模经济、劳动力共享和知识溢出三原理描述了经济空间集聚的微观基础。近 20 年来城市经济学在马歇尔集聚经济微观机制的基础上，对集聚经济理论进行了更深入的研究。Fujita 等（2002）、Duranton 和 Puga（2004）最早对马歇尔集聚微观基础进行了深入研究，利用城市经济集聚的三个微观机制即共享（sharing）、匹配（matching）和学习（learning）分别构建了正规的集聚经济模型。

近年来，Krugman 和 Fujita 提出的新经济地理学从集聚经济空间外溢性的角度，通过对报酬递增、外部经济和运输成本的分析详细考察了地区经济增长与差距。Krugman（1991）和 Venables（1995）、Fujita 和 Thisse（2002）在全面继承马歇尔学说的基础上，对经济集聚的影响因素展开了研究。新经济地理理论框架提出，经济集聚的决定因素包括收益递增、垄断竞争、交易成本、劳动力蓄水池共享和前后向链接效应。上述微观机制使资本和人才在中心城市集聚，并使中心城市与外围腹地经济技术水平差距持续扩大。Palivos 和 Ping（1996）认为，人力资本的外部性是集聚的向心力，而交通成本则是阻止城市规模扩大的主要离心力。Ellison 等（2007）使用美国制造业板块数据对马歇尔集聚经济三个微观基础进行检验，发现引起经济集聚的最重要因素是投入与产出的依赖关系，其次为劳动力市场共享。

Krugman（1991）以规模收益递增、消费者多样化偏好效应、不完全竞争市场结构为假设前提，在 Dixit - Stiglitz 模型垄断竞争、替代弹性效用函数和冰山运输成本基础上构建了中心—外围模型，奠定了新经济地理学理论的基本框架。该理论通过描述经济活动集聚的向心力和使经济活动分散的离心力，揭示经济活动的地理结构和空间分布如何在这两种动力的作用下演变出空间集聚现象。向心力来源于激励劳动者空间上更接近消费品生产商的前向关联以及激励生产者集聚在大市场的后向关联，离心力源于导致交易成本增大的因素，包括地租和通勤、拥挤和其他纯外部不经济等（Fujita 等，1999；Henderson，1974）。这一对作用力是导致区域和城市形成发展的内在基本动力。总之，新经济地理学揭示了规模经济、贸易自由度、要素流动等的相互作用如何导致经济空间格局的演化。城市经济集聚理论则考察城市如何在最初的匀质区域中，通过吸纳人口和各种经济活动，促进自身发展和影响周围地区发展的空间演化过程。

很多学者考察了城市集聚经济与经济增长之间的因果联系。Fujita 和 Krugman（1995）研究发现，经济集聚与经济增长存在内生互动关系，企业利润随市场潜力上升，企业将向市场潜力较大地区集中，企业的集中又将提高本地市场潜力。Fugagami 和 Ohkusa（2003）研究发现，用人口数量衡量的市场规模与经济增长率存在 U 形关系。Martin 和 Ottaviano（2001）通过理论模型发现，由于贸易成本和规模报酬递增，企业会在需求强劲、创新活跃的地区集聚。集聚规模效应和技术外溢会降低地区创新成本，提高经济效益。Bode（2004）采用德国人口密度指标数据研究发现，人口集聚对经济增长几乎没有促进作用。Fujita 和 Thisse（2002）、Yamamoto（2003）也通过构建理论模型发现，经济集聚与经济增长具有互相促进的关系。Ciccone 和 Hall（1996）认为，经济集聚带来的收益递增可以很好地解释美国各州间劳动生产率的差异，他们分别使用美国各州数据实证分析劳动生产率和就业密度的关系，发现地区就业密度每提高 1 倍可使其劳动生产率提高 6%。Ciccone（2002）在分析西欧五国就业密度效应对城市劳动生产率的影响时发现，经济集聚与劳动生产率两者存在内生性问题，他采用的是测度集聚经济的工具变量。Brulhart 和 Mathys（2007）通过使用欧洲各地 1920～2003 年面板数据分析就业密度对经济增长的效应，拓展了 Ciccone（2002）的研究，发现经济增长对经济集聚的弹性系数为 13%。Henderson（2003）、Braunerhjelm 和 Borgman（2006）基于不同国家或部门的数据实证检验了经济集聚对劳动生产率的影响，结果发现经济集聚程度和劳动生产率间存在显著正相关关系。Brulhart 和 Mathys（2006）

运用动态面板数据系统广义矩阵法检验了欧洲经济集聚对劳动生产率的影响，研究发现经济集聚对劳动生产率的促进效应随时间逐渐增强。Au 和 Henderson（2006）直接采用中国城市就业数据考察集聚与生产率的关系，发现生产率与城市就业量呈倒 U 形关系。Ottaviano 和 Pinelli（2006）采用芬兰各地区面板数据发现，以人口密度衡量的经济集聚对地区收入增长具有正效应。

关于经济集聚与地区经济增长和差距的研究随着空间计量经济学的发展进入了一个全新的领域。集聚空间外部性的研究结论随着空间计量经济方法的出现变得更为精准。Anselin（2004）认为，空间截面和板块的回归须纳入空间关联性从而降低结果偏差，因为所有空间数据都存在空间自相关或空间依赖性。Fingleton（1999）采用欧盟 178 个地区数据，通过空间误差自相关模型分析了欧洲区域生产率的决定因素，结果表明资本积累带来的技术外溢引致了明显的跨区域外部性。Elisabet（2004）使用空间计量方法分析西班牙城市集聚经济和工业分布情况，研究发现邻近城市相关部门的人口规模与就业水平对本城市集聚经济有显著促进效应。Van Oort（2007）在实证分析荷兰集聚经济在不同空间范围和行业内部及行业间的作用时，加入空间滞后项，得到了更稳健和准确的结果。

随着对外开放程度逐渐提高和区域一体化进程的加快，我国经济集聚程度不断提高，产业不断向发达地区集中，地区和城乡经济发展差距不断扩大。近年来，这一现象引起国内一些学者广泛关注，不少文献结合我国具体的地区和行业对经济集聚和经济增长及其影响因素进行了大量实证研究。范剑勇（2006）基于 Ciccone（2002）模型，用 2004 年中国城市截面数据考察了产业集聚、劳动生产率与地区差距的相互关系，研究发现，非农劳动生产率对就业密度的弹性影响系数高于欧美国家水平。范剑勇（2008）研究了地区差距与产业结构失衡、非农产业集聚的关系，表明我国 28 个省市区的地区差距变化与第二产业发展水平高度相关。张艳和刘亮（2007）使用中国城市面板数据考察了以非农人口密度衡量的经济集聚对城市人均 GDP 增长的作用，发现集聚能够显著促进经济增长。金煜等

(2006) 使用新经济地理理论框架发现，经济地理和经济政策因素都是引起经济集聚的重要因素。

（三）城乡收入差距研究的理论综述

1. 古典和新古典主义理论的相关论述

经过经济大样本观察，配第—克拉克定理表明：产业间相对收入差会推动劳动力向更高收入的部门转移。随着人均国民收入水平的提高，劳动力、资本、土地等生产要素就会逐步由边际生产力较低的第一产业转向第二、三产业等边际生产力较高的非农产业，城乡收入差距会呈不断缩小的趋势。19 世纪初，李嘉图认为，导致城乡收入差距的根源在于工业和农业两个部门的生产方式和产品需求方式不同。一方面，农业部门存在收益递减规律，而城市工业部门呈收益递增趋势；另一方面，农产品的收入需求弹性较低，工业品的收入需求弹性较高。由于工业和农业的不同生产效率，城乡收入存在差距是客观必然的。20 世纪中叶，克拉克指出，在工业化进程中，农业的产业地位相对于非农产业有下降的趋势，且产值在 GDP 中比例下降的速度超过其就业比例下降的速度，由于农业、非农业劳动生产率分别决定农业部门、非农业部门的工资水平，因此，城市非农业部门劳动力收入水平必然高于农村农业部门劳动力收入水平，最终形成城乡收入差距。新古典主义理论认为，在市场经济利益最大化条件引导下，一个国家的生产要素与商品是可以在各地区（国家）之间自由流动的，流动的结果是该国家各地区的工资水平和利润率逐渐趋于平衡，促使各地区（国家）的经济均衡发展。

2. 增长和分配替代理论

库兹涅茨效应（Kuznets Effect）理论认为，收入分配差别呈现先上升后下降的倒 U 形变动轨迹。城乡收入差距源于工农业发展阶段不同生产力水平产生的工农业不同劳动生产率。一些产业部门的迅速发展促进了经济增长，这些增长又主要集中于快速发展的工业部门，并使这些部门的从业者收入快速提高，从而使城乡收入差距开始扩大。随着劳动力更多地从低收入的传统产业向现代产业部门转移，城乡收入差距又会缩小，最后完全消失。罗宾森对倒U形曲线的合理性给予了数学证明，认为总收入不平等程度是城市人口比重的二次函数，收入差距随城市人口比重的上升逐渐扩大，当城市人口比重达到50%之后，总体收入不平等程度出现下降。钱纳里认为，劳动力从农业部门向工业部门重新配置主要是受预期收入水平、就业、政府支出的分配、生产结构及社会因素的影响，通常趋势是随着收入水平提高，初级产业部门就业减少，而工业、制造业和服务业部门就业增加，城乡收入差距可以归结为生产力发展水平和生产方式不同。

3. 二元经济理论

刘易斯模型（1954）认为，发展中国家存在二元经济结构，一是传统农村部门，该部门资本分散和不足、产品需求弹性小、人口迅速增长、土地有限和报酬递减，劳动生产率很低；二是现代城市工业部门，以现代化方法生产，劳动生产率较高从而工资水平也较高。农业部门存在大量剩余劳动力，边际生产率为零甚或负数，工业部门工资水平高于农村劳动力工资收入，农业剩余劳动力有流向城市工业部门的必然趋势。初期阶段，城市现代部门能以固定工资获得劳动力的无限供给，保证了现代部门的高额利润。但因劳动力转移速度慢于人口增长速度，很难摆脱“马尔萨斯陷阱”，所以农业产量不变，农民收入固定在基本生计水平上，城乡收入差距逐步增加，这个过程会一直持续到剩余劳动力完全消失点，也称商业化转折点，此时城市资本利润率下降，农业劳动生产率进而农民收入也因农业资本密集度上升、农业规模化经营得到提高，最后城乡和工农工资水平完全相等。

乔根森（1961）以新古典经济学为基础，建立了一个新的二元经济发展模型。他放弃农业存在剩余劳动以及农业工资和工业工资均固定的假设。假设人口增长有一个生理最大值，当人均粮食产出超出人口增长所需临界水平，农业剩余随之产生。在农业总产出与人口增长一致的条件下，随着农业技术不断进步，农业剩余规模将不断扩大，同时人们对粮食的需求减少，对工业品需求快速增长，更多农村劳动力转移到工业部门。为使经济持续发展和避免陷入低水平均衡陷阱，工业部门积累资本是必要的。要素流动不是由部门劳动生产率差异导致的，而是由消费结构变化引起的，要素流动不会影响城乡收入差距。

托达罗认为，人们依据城乡收入差异和在城市现代部门中就业的概率来比较预期的城乡收入差异，根据预期收入最大化目标进行流动决策。他认为单方面发展城市经济只会扩大城市失业规模，主张发展农村经济，在农村进行综合开发，改善农业生产条件和农村地区环境。哈里斯（1970）对其作了完善，提出H－T模型，假定城市工资率在某种程度上外生给定，因此内生决定的市场工资导致流向城市部门的农村劳动力减少，从而产生较多就业机会和较低失业率。菲尔茨（1975）增加除预期收益之外决定城市失业的其他因素，对H－T模型作了改进，提出建立有效劳动力转换机制以减少失业的政策建议。Bhagwati等（1974）基于H－T框架在工资粘性条件下探讨了特定部门政策效应的排名。Bencivenga等（1997）从城市劳动供求者之间信息不对称出发，采用逆向选择模型，得出劳动力流动的均衡是城市非正规部门没有失业，制造业工资高于农村工资。

4. 推—拉理论

19世纪80年代，雷文斯坦（Ravenstein）指出，在自由市场经济中，人们之所以迁移，是因为人们可以通过流动就业改善生活条件。那些能使移民改善生活条件的因素就成为拉力，那些不利的经济、社会因素就成为流动的推力。20世纪50年代末，唐纳德·博格（Bogu）认为，产生推力的因素有农村劳动力过剩、自然资源枯竭、农业生产成本提高、经济收入水平较低等，产生拉力的因素包括较多的就业和受教育机会、更高的经济收入和生活水平、完善的交通条件和公共设施等。李（Lee，1996）认为，流动与流入地相关的因素、流出地相关的因素、中间障碍性因素以及个人因素有关。尽管有了城市工业的拉力和农村的推力作用，一些不合理的制度或文化差别等也会成为影响流动的障碍因素。

5. 人力资本理论

舒尔茨、卢卡斯认为，城乡收入差距的实质是城乡人力资本水平积累的差异，而农村劳动力在向城市流动的过程中将会实现更多的人力资本积累。短期内，作为反映人力资本积累情况的工资差距不会消除，但农村流动劳动力与城市居民的收入差距会逐渐缩小；长期来看，城乡之间的工资水平将趋于均等。斯亚斯坦德（Sjaastad，1962）奠定了劳动力迁移决策成本—收益分析的微观基础，将迁移决策视为一种资源配置方式，一种增加人力资源生产效率的投资，一种能在时间上给劳动者同时带来收益和成本的投资战略。

6. 国际经济学相关论述

不少学者将贸易国之间的要素流动与两国贸易和工资关系变动之间的理论引入国内流动对收入差距影响的研究中。商品贸易源于不同国家间要素禀赋的差异，各国都会出口本国具有优势的产品，国家间要素和贸易的流动将促进国家间要素价格（工资）和产品价格（收入）的均等化。因此，国内贸易和要素的流动同样是国内城乡收入差距缩小的重要机制。

（四）城乡收入差距影响因素的研究综述

1. 经济发展因素

杨小凯、张定胜（2003）从城乡发展非均衡角度论述了城乡差距的原因，认为我国城乡交易效率存在明显差异，城市分工程度、生产力和商业水平都高于农村，导致城乡差距自然出现。张红宇（2004）认为，生产力发展阶段是城乡收入差距的形成机制和主要原因。张螺、方天堃（2007）认为，短期和中长期内经济增长都是城乡收入差距变化的原因之一。王小鲁、樊纲等（2005）运用面板数据对我国收入不平等趋势和多方面影响因素进行研究，结果显示城乡收入差距变动曲线只近似具有上升阶段的特征。晏艳阳、宋美结（2011）利用空间计量经济方法验证了我国城乡收入差距与经济增长间的库兹涅茨假说，认为我国总体及绝大部分省份的城乡收入差距仍将随经济增长持续扩大。赵人伟、李实（1997）通过城市非国有经济与农村农业生产发展速度的比较，论述了城乡差距的成因。陈宗胜（1991，1997）认为，由于中国仍处于经济发展初级阶段，中国收入差距有可能继续扩大。赵满华、王尚义（2000）认为，城乡经济发展水平差异是造成城乡收入差距扩大的根本原因。贾小玫和周瑛（2006）认为，城乡收入差距的持续扩大是经济增长过程的必然现象，我国的实际情况与倒U形假说基本一致。江永红、段若鹏（2007）研究表明，城乡差距拉大既是工业化进程中的普遍现象，还与我国市场发育不成熟有关。陈宗胜、黎德福（2004）研究了农村工业化对城乡收入差距的影响。马晓河等（2005）研究了各国工业化阶段与工业反哺农业的关系及其对农民收入的影响。洪银兴（2007）以工业和城市反哺农业和农村的路径为视角，认为在初级阶段工业是主导，进入全面反哺阶段，城市反哺作用是主导。曾国平、王韧（2006）认为，库兹涅茨倒U形效应在我国没有完全失效，无论是经济开放还是城镇化，对城乡收入差距变动都呈倒U形影响。

2. 二元结构因素

Kuijs 和 Wang（2006）认为，生产率的差异可以很好地解释城乡收入差距。Temple（2005）从理论上证明了农村的资本累积和技术进步能够导致 Lorenz 曲线向内移和减小工资收入差距。Shi 等（2002）采用 9 个省的健康和营养调查数据考察城乡差距，发现户籍制度可以直接解释 28% 的城乡收入差距。王德文、何宇鹏（2005）借鉴刘易斯二元模型和边际生产率理论分析城乡差距，发现工农两部门技术进步差异扩大了劳动生产率差距，产生城乡差距。Bourguignon 等（1998）发现，农业相对其他行业的劳动生产力代表的二元结构程度对收入分配有重要并显著的影响。Kwong（1994）认为，农产品销售量以及农村工业化程度是影响城乡收入差距的最主要因素，而农业生产效率对缩小城乡差距无显著影响。蔡继明（1998）认为，城乡比较生产力差别是城乡收入差距扩大的一个重要原因。国家发展改革委员会宏观经济研究院课题组（2003）认为，城乡改革不平衡加剧了城乡收入不平衡。曾国安（2007）认为，在工业化过程中比较劳动生产率的变化、农产品贸易条件的恶化是导致城乡收入差距拉大的自然因素。高帆（2005）从分工角度对二元经济发展进行分析，认为在分工不断细化过程中，由于现代部门劳动者的增加造成了两部门劳动者的收入逐渐趋于一致。田新民等（2010）建立一个劳动剩余二元经济模型，通过城市最适人口理论分析且实证检验了我国城乡间收入差距、劳动力转移及城乡两部门经济效率间的关系。肖卫等（2009）综合新古典经济学、二元经济结构理论与新经济地理相关理论构建一个模型，说明了二元经济的存在造成了劳动报酬的分配出现不合理现象，进而造成城乡间收入差距扩大。陈宗胜（2002）通过一个简单二元经济模型，发现二元经济结构是影响城乡收入差距的重要因素。国家统计局农业调查总队课题组（1994）发现，用工农比较劳动生产率差距代表的二元经济结构可解释城乡差距的近60%。李实、岳希明（2003）认为，我国二元经济结构不断强化造成过大的城乡收入差距。杨宜勇等（2005）认为，二元经济结构是造成城乡收入差距的一个主要因素。陈东琪（2001）认为，城乡差距扩大是二元经济结构转换滞后的主要表现。钟鸣、王逸（1999）考察了沿海与内陆地区不同二元经济结构对城乡收入差距影响的差异，认为内陆二元经济结构使农村居民从城市发展中获益不多，城市对农村的扩散效应不明显，农村居民收入增长速度缓慢，导致城乡差距扩大。

3. 人力资本等要素禀赋因素

Aschauer（2001）、Demurger（1989）研究表明，基础设施对经济发展有较强的拉动效应。Knight 等（1999）认为，教育带来的城市和乡村居民人力资本差异拉大了城乡收入差距。Cordoba 和 Ripoll（2009）通过生产函数模型的研究发现，造成农业和非农业两部门收入差异的主要原因不是全要素生产率的差异，而是要素禀赋尤其是人力资本的差异，这得到了 Fleishe 等（2010）对中国实证的支持。Sicular（2007）认为，居住区域、居民教育程度是拉大城乡收入差距的主要因素，促进农村劳动力转移、提高农村居民受教育程度是缩小城乡收入差距的主要途径。Larriviere 和 Kroncke（2004）研究表明，城市和乡村家庭间收入差距的48%是由劳动力市场差距造成的，31%是由人力资本差距造成的。沈坤荣、余吉祥（2011）从农村移民和城镇劳动力分工合作角度，证实了农村移民对城镇居民的溢出效应，并促进了城镇居民收入增长。厉以宁（2011）认为，城乡间物质资本、人力资本和社会资本的差距是导致城乡差距持续扩大的一次分配原因。李卫兵（2005）认为，城乡差距扩大的原因是由于城乡公民地位差距所致。刘文忻、陆云航（2006）认为，基础教育的普及有利于缩小城乡收入差距，而资金和高水平人力资本向城市集聚则会显著扩大城乡收入差距。王德文、何宇鹏（2005）把资源禀赋视为物质资本和人力资本的组合，认为城乡人力资本差距下降对缩小城乡差距有积极作用。白雪梅（2004）发现，教育与收入不平等不仅存在密切关系，而且这种关系比较稳定。赖德胜（1997）认为，教育发展与城乡收入差距变动之间呈现倒U形关系，教育既有扩大效应又有抑制效应。温娇秀（2007）构造一个内生收入函数，研究我国城乡教育不平等与收入差距的动态关系，发现城乡教育不平等是收入差距扩大的重要原因，且随市场化改革的深入不断加深。郭剑雄（2005）基于内生增长理论，从人力资本、生育率分析中国城乡收入差距，发现城乡人力资本和生育率的差异是城乡收入差距扩大的主要原因。樊纲、王小鲁（2006）认为，城乡教育机会不均等是城乡收入差距扩大的重要原因。姚先国、赖普清（2004）得出，人力资本差异和工人就业企业差异可以解释城乡工人劳资关系差异的 70% ~ 80%。陈斌开等（2010）采用 Oaxaca - Blinde 方法分解发现，教育水平差异对城乡收入差距的贡献程度达到 43.69%。王美艳（2005）研究表明，人力资本差异解释流动劳动力和城市劳动力行业间差异和行业内差异的 54% 和 61%。侯风云、张凤兵（2007）指出，农村人力资本随着农村劳动力流动向城市外溢使城乡差距扩大。马斌、张富饶（2008）的实证表明，城乡人均物质资本差距和城乡劳动力市场一体化程度扩大了城乡收入差距，而人力资本差距缩小了收入差距。周峰（2006）基于新经济增长理论考察表明，城乡人均物质资本和人力资本存量差距扩大了城乡收入差距。朱长存、马敬芝（2009）发现，超过四成城乡差距由农村向城市庞大的人力资本价值转移形成。赵伟、李芬（2007）认为，高技能劳动力流动产生的地区集聚力量远大于低技能劳动力，高技能劳动力流动倾向扩大地区收入差距。

4. 金融发展因素

Oreenwood 和 Jovanovie（1990）建立金融发展、经济增长和收入分配的动态理论模型，该模型预言了金融发展和收入差距关系服从库兹涅茨倒U形规律。温涛（2003）研究发现，中国金融在城乡的非均衡发展不利于城乡收入差距缩小。章奇等（2004）对银行信贷占GDP的比重所衡量的金融发展水平和城乡收入差距之间的关系进行了实证分析，发现金融发展显著拉大了城乡收入差距。陆铭、陈钊（2004）研究发现，金融发展水平对城乡收入差距的影响不显著。姚耀军（2005）实证检验了金融发展规模、效率与城乡收入差距间的协整关系，表明金融发展与城乡收入差距存在长期均衡关系。张立军、湛泳（2006）综合了金融发展的门槛效应、降低贫困效应和非均衡效应对城乡收入差距的影响，并进行实证检验，结果与假说相符。李敬、冉光和（2007）发现，农村金融资源流失使城乡收入差距扩大，而城乡差距扩大又进一步引起农村金融资源流失。

5. 城市化、重工业优先发展战略与城市偏向的经济政策等制度性因素

Zhang等（2003）的研究证明了中国城乡收入差距促进了城乡之间劳动力的流动，提高了城市化水平，但对于城市化对城乡收入差距的影响还存在争论。程开明、李金昌（2007）引用Lederman与Ortega（2004）关于城市与农村的福利弹性系数的结论，对城市偏向、城镇化与城乡收入差距间的动态关系进行计量分析，认为城市化与城市偏向是造成城乡收入差距扩大的原因。姚耀军（2005）基于VAR模型及其协整分析结果，发现城市化缩小了城乡收入差距。莫亚琳、张志超（2011）利用动态面板GMM实证研究表明，城市化进程对城乡收入差距影响将呈先恶化后改善的倒U形关系。陆铭等（2002，2004）解释了，即使在居民收入不变的情况下，劳动力的城乡迁移也会导致统计上城乡人均收入差距扩大的现象。苏雪串（2002）认为，我国城市化进程滞后于经济发展水平是造成城乡收入差距扩大的最大原因。曹裕等（2010）研究发现，城乡收入差距呈现阶段性波动但不断扩散的特征，城市化对缩小城乡差距起到显著作用，但这种效应呈现地域性。许秀川、王钊（2008）研究表明，城乡收入差距促进城市化进程，反过来城市化缩小城乡差距。郭军华（2009）发现，对于不

同收入差距水平地区，城市化对收入差距作用显著不同。周少甫等（2010）发现，城市化对城乡收入差距具有门槛效应，当城市化一旦超过某个水平，就会显著缩小城乡收入差距。丁志国等（2011）认为，城市化进程是一把“双刃剑”，城市化政策路径不同，产生的效果也不同。林毅夫、刘明兴（2003）从经济发展的战略角度，发现城市化对城乡收入差距的影响并不确定。

从 Lipton（1981）提出城市偏向理论之后，Bates（1988）、Jones 和 Corbridge（2010）对该理论进行了进一步的研究与发展，认为城市化进程中经济政策的城市偏向导致城乡差距逐步拉大。Knight 等（1999）将刘易斯模型和一个“剪刀差”模型结合，说明劳动无限供给条件下扭曲的城乡政策造成的城乡差距。Kruegcr（1991，1992）坚信工业是经济迅速增长的催化剂，对农业征税可以为工业化提供必要的财政支持是政府实施城市偏向政策的原因。Sen（1998）认为，政治权利分配中的城市偏向造成农村政治权利不足并导致贫困。Schult 等（1978，1986）认为，城乡间交换关系的不平等，如价格“剪刀差”政策，是造成城乡收入差距扩大的原因。Ravallion 等（2004）认为，中国城乡差别主要由经济增长模式造成。Wei（1997）认为，中国金融系统在金融资源的分配上具有较明显的城市化倾向。Park 和 Sehrt（2001）认为，中国信贷配置倾向国有部门，导致城乡差距扩大。Matsuyama（2000）从资本与信贷市场均衡角度分析收入分配演化，认为生产效率或金融发展水平较低的经济中存在永久性不平等，富人靠剥削穷人使收入差距持续存在。Kanbur 和 Zhang（2005）认为，改革前期形成的城乡收入差距主要源于重工业优先发展的战略。Yang 和 Zhou（1999）认为，偏向城市的发展政策如社会保障、教育政策等是造成城乡差距扩大的原因，并将延续到下一代。Knight 和 Song（1993）认为，中国农村贫困是城市倾向政策对农村劳动力流动限制的结果。Hertel 等（2004）认为，中国城乡差距的重要原因是城乡劳动力和土地市场的扭曲。Kahn 和 Riskin（2001）认为，城乡收入差距在总收入差距中具有决定性作用。Johnson（2000）认为，中国城乡差距源于农村移民限制和城市偏向政策。Lu（2002）发现，部门间劳动力流动所获潜在收益越大，则城乡消费差距越大。Majumdar（2002）认为，个体间的信息差异容易造成具有优势的城市个体通过投票形成城市偏向的政府。Sumon（2004）指出，由于获取信息的渠道存在差异，发展中国家资源分配往往偏向城市居民。

Turnovsky和Cecilia（2007）的研究也表明，提高经济增长率的财政政策往往会导致收入分配更加不公平。Fan和Yao（2006）认为，财政均等化政策在内陆地区公共服务均等化上是有效的，但却不能产生显著的收入均等化效果。陈斌开、林毅夫（2010）基于比较优势理论认为，我国政府以赶超为目的的重工业优先发展战略和城市偏向的政策和制度，导致了更慢的城市化进程和更高的城乡差距。蔡昉（2003）指出，我国城市发展为主的经济政策源于改革之前优先发展重工业的过程中对资源配置的扭曲，而改革以后城乡差距的周期性变化源于城市利益集团的压力和体制惯性。傅道忠（2004）认为，我国城乡差距很大程度上与长期推行的城乡有别的二元财政体制有关。陶然、刘明兴（2007）研究表明，地方财政体系普遍出现的城市偏向政策和城乡二元结构经济是导致城乡收入差距不断扩大的主要因素。蔡昉等（2002）将地区收入差距置于新古典增长理论框架下，分析了劳动力市场扭曲对收入差距的影响。林光彬（2004）认为，中国城乡收入差距扩大的根本原因是社会等级关系和市场经济相互作用形成的分配关系不利于农民。沈坤荣、张璟（2007）分析了农村公共支出的管理效率与支出结构等因素对城乡收入差距的影响。王开盛、杜跃平（2006）认为，我国城乡居民投票参政权差异是造成城乡差距扩大的原因。赵人伟、李实（1997）从有序和无序的经济体制变化分析城乡收入差距的影响因素。寻租、内部人控制、垄断和腐败都是无序变化的，导致城乡收入差距扩大。余新民（2007）从政策博弈的角度研究了城市偏向政策导致城乡差距扩大的原因。李实（2003）指出，城乡劳动力市场分割、税收政策和社会保障等因素会扩大城乡差距。王德文、何宇鹏（2005）认为，要素市场扭曲和城市偏向政策造成城乡差距已越过改革初始水平。陈宗胜、周云波（2001）认为，各种非法非正常收入是导致城乡收入差距扩大的基本因素。

樊纲、王小鲁（2006）指出，市场化并不必然导致收入差距扩大，而市场化进程中制度不健全、政府行为不规范会导致收入差距过大。曾国安、胡晶晶（2008）认为，城市偏向的财政制度通过强化二元经济结构进而扩大城乡收入差距。王兴力、刘颖（2002）认为，城乡差距的一个重要原因在于城乡获取信贷和投资能力的不同。

6. *劳动力流动因素*

De Hean（1999）认为，人口迁移随地区和时期不同对收入分配影响存在较大差异，农村劳动力流动缩小城乡差距的作用不确定。Martin 和 Taylor（2001）认为，农村劳动力外流同时伴随物质资本和人力资本外流，可能降低流出地劳动生产率和收入水平。Barro 和 Sala - i - Martin（1996）发现，人口迁移不能作为地区经济收敛的解释变量。Whalley 和 Zhang（2004，2007）采用国际贸易模型分析中国劳动力流动和收入平等，发现取消户籍制度对于农村劳动力流动降低地区、城乡收入差异效果显著。Hare（1999）利用河南夏邑农户调查数据发现，劳动力流出地会通过人力资本回流和汇款流入缩小城乡收入差距。Razin 和 Yuen（1997）通过人力资本内生增长模型证明了劳动力流动能够缩小收入差距，若限制劳动力自由流动，收入就会出现发散。Sachs 和 Warner（1996）发现，中国劳动力和其他要素流动促进了居民收入差距的收敛。Yang（1999）运用超边际分析发现，城乡劳动力自由流动通过提高交易效率使城乡收入差异最终消失。Lin 等（2003）认为，中国农村劳动力向城镇流动可以缩小收入差距，但由于流动限制造成了收入差距扩大。钟笑寒（2006）发现，劳动力流动拉大了城乡之间乃至城镇内部和职业间的工资差距。李实（2003）认为，农村劳动力流动缩小城乡收入差距的作用有限。林毅夫等（2004）估计迁移者对收入差距的反应弹性，得出我国劳动力流动是缩小收入差距的重要机制，但受户籍制度影响，没有达到足以缩小收入差距的规模。樊纲等（2005）通过农民工抽样问卷调查数据发现，农民工跨地区流动有效缩小了地区和城乡间收入差距，但受户籍制度限制，作用不如想象明显。蔡昉（2005）认为，只有在一定条件下迁移才能缩小城乡或地区差异。姚枝仲、周素芳（2003）认为，劳动力流动可以消除地区间要素禀赋差异，使流出地与流入地要素收入趋同。樊纲（2006）调查研究发现，农民工资性收入对农民增收贡献率达 80%。都阳、朴之水（2003）通过西部地区贫困县农户调查数据发现，有流动家庭的收入水平要明显高于没有流动的家庭。

7. 经济开放因素

Jin 和 Wu（2002）实证发现，中国经济开放并不会明显拉大城乡收入差距，反而有利于缩小城乡收入差距。Zhai 等（2002）认为，中国加入 WTO，实行自由主义农产品贸易政策，将导致人均可耕地不足，削弱农业竞争力，农产品贸易保护主义又会提高出口成本，扩大中国城乡差距。Sylvianne 等（2002）认为，人民币贬值对 1993 年以前城乡差距的贡献很大。Jaumotte 等（2008）通过发达国家和发展中国 1980 ~ 2005 年数据的对比分析发现，贸易自由化和出口增长会降低收入不平等。Figini 和 Gorg（2006）对 100 多个国家样本进行考察，发现 FDI 对发展中国家和发达国家工资差距的影响不同。发展中国家工资差距随 FDI 流入而增加，但其影响随 FDI 进一步流入减弱，而发达国家工资差距随 FDI 流入而减少。王韧（2006）考察了城乡转换和经济开放双重约束下城乡差距的变动。孙永强、万玉琳（2010）研究发现，我国进出口贸易的增长将扩大城乡收入差距。纪明、赵菊花（2010）实证发现，出口对我国经济增长具有较强的拉动作用，但也导致城乡差距扩大。沈颖郁、张二震（2011）认为，对外贸易和 FDI 的发展均将扩大城乡收入差距。魏浩、赵春明（2012）认为，进出口贸易是影响我国城乡差距的重要因素，主要通过就业和工资水平影响国内城乡差距。赵晓霞、李金昌（2009）分析发现，外商直接投资、贸易开放均会缩小城乡收入差距。鲁晓东（2008）利用中国 21 个省区市 1995 ~ 2005 年的面板数据，研究要素禀赋、贸易开放度对个人收入分配的影响，结果发现对外贸易显著扩大了收入差距。赵莹（2003）、周华（2006）等也对这一问题进行了深入的研究，其结论都支持经济开放倾向于扩大城乡收入差距。戴枫（2007）认为，外资进入对城镇内部收入差距影响最大，对城乡及全国总体收入差距影响次之，对农村内部收入差距影响最弱。沈毅俊等（2008）实证得出外商直接投资增长是我国地区收入差距扩大的原因。

二、相关文献述评

综上所述，近年来，学者们从不同角度对我国城乡收入差距的成因进行了解读，但国内外文献几乎都将城乡收入差距整体上持续扩大的主要原因归结为一系列显性的城乡非均衡的政策和制度等外生性因素，主要包括经济（产业）结构、经济发展水平、二元结构、城市化、城乡分割的体制、城市倾斜的经济政策、工业化偏好的发展战略、财政分权、要素市场扭曲、要素禀赋（人力资本等）、金融发展、相对生产率的差异、劳动力流动和经济开放度等方面。但这些因素毕竟只是影响收入的外部环境，对城乡收入差距持续扩大的原因难以做出清楚的解释。

不否认制度性等因素对城乡收入差距的重要影响，但这些因素往往只是间接性的影响因素。事实上，从长期来看，生产方式决定分配方式，收入水平取决于经济增长，城乡收入差距应该是直接源自城乡经济增长源泉即城乡生产函数的差异。而且多数研究割断城乡经济联系，对经济集聚及其外部性对城乡居民各自收入的影响并未作考察，借鉴空间经济学（新经济地理学）集聚经济与地区差距的理论来研究城乡收入差距的文献非常少。

城乡作为同一区域内两个不同形态的地域，在要素禀赋和经济条件等各方面存在较大差异，城市具有农村难以比拟的经济活动空间集聚性和随之产生的规模效益、外部效益的广泛性，由此导致了城市与农村之间生产函数和生产效率的明显差异，从而对城乡收入差距产生影响。

我们认为，资源要素是产生财富的基础，城市地区资源要素集聚产生的经济效应才是城乡收入差距持续扩大的内在成因。

而且，新古典经济学是基于规模报酬不变和完全竞争的假设的；传统二元经济理论不能内生决定城乡收入差距和城乡生产要素流动。而空间经济学（新经济地理学）认为经济集聚是基于微观主体的行为选择，揭示了区域内部经济活动空间布局的内生机制。因此，新经济地理模型能同时内生决定要素向城市的集聚和地区间收入差距，这对解释区域内城乡收入差距和城乡协调发展很有启示。

为弥补上述几方面的不足，本书尝试从城乡收入差距成因研究的新古典增长理论和发展经济学视角拓展到规模报酬递增的空间经济学（新经济地理学）领域内，考虑到我国特有的城乡二元结构，借鉴空间经济学集聚经济与地区经济增长的相关理论，从城市经济集聚的视角对中国城乡收入差距整体上持续扩大的成因给出新的解释。而且，由于城市化过程本质上就是一个农村向城市经济集聚的动态过程，我们将城市发展、城市化与城乡收入差距纳入同一分析框架，从而提出缩小城乡收入差距的相应政策建议。

第三章 城市化进程中的城乡收入差距研究

一、引 言

城市化程度是一个国家或地区经济发达程度的重要指标，可以提高经济资源的优化配置和利用效率，为地区经济高效快速增长注入持久动力，优化城乡经济结构，促进经济良性循环发展与社会协调进步。改革开放以来，特别是20世纪90年代中期以来，随着中国市场化和工业化的发展，要素流动权利不断扩大，城乡经济联系更紧密，城市工业相对农村分散工业优势加大，城市拉力明显加大，农村推力也在加大，大量生产要素从农村流向城市非农行业，城市经济集聚更明显，使城镇化进程不断加速。这些扩大了内需，增加了产业效率，促进了经济持续增长和居民收入水平的提高，加快了城乡一体化发展。我国城镇化水平从1978年的17.92%上升到2014年的54.77%，2011年我国城镇化水平已经超过50%，步入中期快速发展阶段。

但伴随经济增长、城乡要素流动日益扩大、城市经济高速发展的同时带来的却是城乡收入差距整体上的持续拉大。从相对指标来看，我国城乡居民人均收入比已经从1978年的2.57扩大到了2014年的2.97，2009年城乡收入比甚至高达3.33，2010年农民收入增长自1998年以来首次超过城镇居民，致使这一数字降为3.23，近年来虽又有短期小幅回落，但并不明显，而且城乡收入差距仍居高不下，2013年城乡收入比仍高达3.03。从绝对指标来看，城乡居民人均收入的绝对差额仍在不断扩大，已从1978年的210元扩大到了2014年的1.9万多元。缩小城乡收入差距，既要减少相对差距，也要减少绝对差额。

与其他转型国家相比，中国的城乡收入差距似乎是最大的。城乡收入差距已占我国居民收入不平等的65%左右，城乡收入差距之大已成为当前严重的社会问题之一，这与我国经济发展方式由国富向民富转变，促进社会公平正义、提高收入分配效率和发展质量的战略模式背道而驰，不利于中国经济的健康持续平稳增长。

李扬（2010）认为，城镇化率达到45%，城乡差距会逐步缩小，出现刘易斯拐点。2009年我国城镇化水平就已达到48.3%，但城乡收入差距仍未有明显缩小的迹象。从发达国家工业化历程看，城镇化的趋势往往会带来城乡收入差距的缩小，为何我国的城镇化并没有取得预期的效果？而且，按照发达国家5%的农村人口比例标准，我国城市化进程仍是一个长期的过程。

二、城乡收入差距变动的阶段考察

（一）城乡收入差距的度量及其分析

有众多指标度量收入不平等，总的来说可以分为相对收入差距指标和绝对收入差距指标两类。相对指标是指以收入所占比重或收入相对份额表示的差距，或者社会各阶级间的收入差距，如变异系数、基尼系数、泰尔指数、锡尔系数、洛伦茨曲线、城乡人均收入比等；绝对指标指的是居民高、低收入水平的绝对差值。相对指标是一个比例数据，可消除量纲，减少数据较大对拟合结果的扰动，具有较好的统计性能；绝对指标是一个水平量。

城乡收入不平等的度量也可以分为城乡相对收入差距和城乡绝对收入差距指标，相对指标体现的是城乡居民收入间的相对差距，一般用城乡居民人均收入的比值或百分比表示，具有较好的统计性能；绝对指标体现的是城乡收入水平差距的绝对值，常用城乡居民人均收入的绝对差额表示，能更好地反映城乡居民收入差额总量上的变化。

现有文献常用城镇人均可支配收入与农村人均纯收入之比（或实际收入比）来度量城乡相对收入差距。由于我国是一个发展中的农业大国，农村人口占绝大比重，城乡经济呈显著二元结构，长期以来的户籍制度导致城乡人口割裂，流动相对困难，因此城乡人口数量的相对变化会直接影响城乡收入差距的变动。而以城镇人均可支配收入与农村人均纯收入之比作为度量指标忽略了城乡人口比重的相对变动，无法反映我国城镇和农村人口数量的变化对城乡收入差距的影响，因而不能准确度量我国城乡收入差距。也有学者认为，基尼系数是衡量收入分配差距的基本工具。基尼系数（Gini Coefficient）是基于洛伦茨曲线而将总人口划分为不同的收入阶层计算得到的，因此更适合描述总体收入的不平等程度。但基尼系数有两个缺点：一是不能反映个别阶层的收入分配变动情况，基尼系数值的增减不能反映出到底是由哪个阶层收入变化引起的；二是只对中间收入阶层的变动比较敏感，对低收入阶层的收入比重的变化不敏感，即当低收入阶层的收入比重发生较大变化时，反映到基尼系数的变化却很小。而我国城镇和农村居民收入呈高、低两极分化，城乡收入差距主要体现在两端变化的特征，因此基尼系数不能真实反映我国城乡收入差距的变化。

相对于上述两种相对收入差距指标，泰尔指数不仅反映了城乡人口比重的变化、城乡居民绝对收入的变化对城乡收入差距的影响，而且它还对高、低两端收入阶层收入的变动比较敏感，综合一系列相对指标，泰尔指数更适合准确测度我国长期城乡二元结构状态下的城乡相对收入差距及其变化情况。

以泰尔指数表示的城乡之间的总差距可以直接分解为组间差距和组内差距两部分，能够得出城乡收入差距的扩大对整个收入差距扩大的贡献度。基于我国城乡二元结构和农村居民占有绝大份额以及城乡居民收入呈两极分化的情况，泰尔指数更适合准确测度我国城乡间相对收入差距的变化。泰尔熵指数源于GE指数，可用于分解的GE指数的表达式如下：

$$I(y)=\begin{cases}\sum_{i=1}^{n}f(y_i)\left\{\left(\dfrac{y_i}{\mu}\right)^c-1\right\} & \text{当 } c\neq 0,1 \text{ 时}\\ \sum_{i=1}^{n}f(y_i)\left(\dfrac{y_i}{\mu}\right)\log\left(\dfrac{y_i}{\mu}\right) & \text{当 } c=1 \text{ 时}\\ \sum_{i=1}^{n}f(y_i)\log\left(\dfrac{\mu}{y_i}\right) & \text{当 } c=0 \text{ 时}\end{cases}$$

其中，y_i 代表第 i 个样本的人均收入，μ 代表各样本平均的人均收入值，$f(y_i)$ 为第 i 个样本人口占总人口比重。任意的 c 值，$I(y)$ 都可进行相应分解，当 $c=1$ 或 $c=0$ 时，GE指数便是泰尔指数。

泰尔熵标准（Theil's Entropy Measure）或者泰尔指数（Theil Index）是荷兰经济学家泰尔（Theil，1967）借用信息量测度理论中的熵概念来计量收入分配不均等的方法。所谓熵就是概率的对数，若概率为 P_i，则其熵为 $\log P_i$。泰尔将熵的概念应用到收入分配的衡量时，将熵定义为：设有 N 个家庭，其收入分配形态为 $Y=(Y_1, Y_2, \cdots, Y_n)$，令 $y_i=\dfrac{Y_i}{\sum_{i=1}^{n}Y_i}$，则熵就定义为：

$$H(y)=\sum_{i=1}^{n}y_i\log\frac{1}{y_i}=-\sum_{i=1}^{n}y_i\log y_i$$

其中，$H(y)$ 即为熵，而 y_i 为第 i 个家庭的收入比率，因 $\sum_{i=1}^{N}y_i=1$，且 $0\leqslant y_i\leqslant 1$，合乎概率分配的要求，所以衡量收入差距大小的泰尔指数被定义为：$T=\log N-H(y)=\log N+\sum_{i=1}^{N}y_i\log y_i=\sum_{i=1}^{N}y_i\log Ny_i$，$T$ 的取值范

围为 $0\leqslant T\leqslant \log N$，当收入差距为零时，$T=0$；反之，则为 $\log N$。泰尔指数是广义熵指数（Generalized Entropy）度量的一种特殊情况。当普通熵标准的指数 $c=0$ 时，测量结果即为泰尔熵指数。

若将 N 个家庭按一定标准分成若干组，泰尔指数就可以同时衡量组间和组内收入差距。泰尔指数 $T=\sum_{i=1}^{n} y_i\log\left(\frac{y_i}{p_i}\right)$，其中，$n$ 为组数；y_i 为第 i 组收入占总收入的份额；p_i 为第 i 组中的户数占总户数的份额。则所有样本的泰尔指数如下：

$$T_H = \sum_i \sum_j \left(\frac{Y_{ij}}{Y}\right)\log\left(\frac{Y_{ij}/Y}{P_{ij}/P}\right)$$

其中，Y_{ij}为第 i 组第 j 户的收入；Y 为所有样本户的总收入；P_{ij}为第 i 组第 j 户的人口数；P 为总人口数。如果定义第 i 组内的户间差异为：$T_{Hi}=\sum_j \left(\frac{Y_{ij}}{Y_i}\right)\log\left(\frac{Y_{ij}/Y_i}{P_{ij}/P_i}\right)$，则样本总体泰尔指数 T_H 最终可分解为组内差距 T_{WR} 和组间差距 T_{BR}：

$$T_H = \sum_i \left(\frac{Y_i}{Y}\right)T_{Hi} + \sum_i \left(\frac{Y_i}{Y}\right)\log\left(\frac{Y_i/Y}{P_i/P}\right) = \sum_i \left(\frac{Y_i}{Y}\right)T_{Hi} + T_{BR} = T_{WR} + T_{BR}$$

在考虑城乡相对收入差距时，先将样本分为城市和农村两大组，总体收入差距就可以分解为城镇和农村两个组内差距和城乡之间的差距。由于我们考察的是城乡间相对收入差距及其变动，因此我们直接选取组间泰尔指数。以 $TL_{j,t}$表示 j 地区 t 时期的城乡收入差距泰尔指数，其计算公式如下：

$$TL_{j,t} = \sum_{i=1}^{2} \frac{P_{ijt}}{P_{jt}}\ln\left(\frac{P_{ijt}}{P_{jt}}\Big/\frac{Z_{ijt}}{Z_{jt}}\right) = \frac{P_{1jt}}{P_{jt}}\ln\left(\frac{P_{1jt}}{P_{jt}}\Big/\frac{Z_{1jt}}{Z_{jt}}\right) + \frac{P_{2jt}}{P_{jt}}\ln\left(\frac{P_{2jt}}{P_{jt}}\Big/\frac{Z_{2jt}}{Z_{jt}}\right)$$

其中，$i=1$，2 分别表示城镇和农村地区，Z_{ijt}表示 j 地区 t 时期城镇（$i=1$）或农村（$i=2$）的人口数量，P_{ijt}为 $i=2$ 地区 t 时期城镇（$i=1$）或农村（$i=2$）的总收入（分别用城镇居民人均可支配收入、农村居民人均纯收入与相应人口数相乘得到），Z_{jt}表示 j 地区 t 时期的城乡总人口，P_{jt}表示 j 地区 t 时期的城乡总收入。

把各地区（省市区）按照城乡分为两组，则可以得到各地区的城乡收入差距泰尔指数。这里定义的度量城乡相对收入差距的指标泰尔指数是首先分别计算城乡收入份额与人口份额之比的自然对数，然后用城乡收入份额作为权数进行加权平均而得到的，不仅反映了城乡绝对收入的变化，而且还考虑了城乡人口结构的变化。

基于泰尔指数的计算公式，我们可以分解并计算得出城乡收入差距泰尔指数。主要指标有各地区总人口、城镇人口、农村人口、城镇居民家庭人均可支配收入、农村居民家庭人均纯收入，相关数据来自中经网经济统计数据库、《新中国六十年统计资料汇编》、历年《中国统计年鉴》《中国农村统计年鉴》《中国人口统计年鉴》《中国人口和就业统计年鉴》《中国劳动统计年鉴》以及各省份统计年鉴。历年统计年鉴没有分地区的城镇和农村人口的数据，而《中国人口和就业统计年鉴》只有部分年份提供分地区的城镇和农村人口数据，我们用农业人口代替农村人口，非农业人口代替城镇人口。

我们用 Stata 10.0 计算得到了历年我国城乡收入差距泰尔指数，同时用城镇居民人均可支配收入减去农村居民人均纯收入计算得到历年我国城乡居民人均收入的绝对差额，分别如表 3－1 和表 3－2 所示。

表 3－1　1978 年以来中国城乡收入差距泰尔指数 TL 的测算结果

年份	1978	1979	1980	1981	1982	1983	1984	1985	1986
泰尔指数	0.091	0.090	0.089	0.068	0.049	0.037	0.039	0.042	0.064
年份	1987	1988	1989	1990	1991	1992	1993	1994	1995
泰尔指数	0.069	0.069	0.080	0.073	0.091	0.108	0.128	0.135	0.121
年份	1996	1997	1998	1999	2000	2001	2002	2003	2004
泰尔指数	0.104	0.100	0.104	0.117	0.129	0.138	0.155	0.162	0.159
年份	2005	2006	2007	2008	2009	2010	2011	2012	2013
泰尔指数	0.158	0.160	0.161	0.158	0.156	0.146	0.137	0.134	0.131
年份	2014								
泰尔指数	0.129								

表 3－2　1978 年以来中国城乡收入绝对差距 GAP（元）

年份	1978	1979	1980	1981	1982	1983	1984	1985	1986
绝对差额	210	226	286	268	256	254	296	341	476
年份	1987	1988	1989	1990	1991	1992	1993	1994	1995
绝对差额	540	635	772	824	992	1243	1656	2275	2705
年份	1996	1997	1998	1999	2000	2001	2002	2003	2004
绝对差额	2913	3070	3263	3644	4027	4493	5227	5850	6485
年份	2005	2006	2007	2008	2009	2010	2011	2012	2013
绝对差额	7238	8173	9645	11020	12022	13190	14833	16648	18059
年份	2014								
绝对差额	19489								

我们将 31 个省份分为东中西三大区域，并将同一区域内的各省市区城乡人均收入比取均值后对各区域城乡收入差距的发展趋势进行分析。从图 3－1 可以看出，城乡收入差距还具有一个显著的特征：地区差异。城乡收入差距从大到小依次是西部 > 中部 > 东部，即由东到西呈明显扩大趋势，全国收入差距主要是由中西部地区的城乡差距造成的。

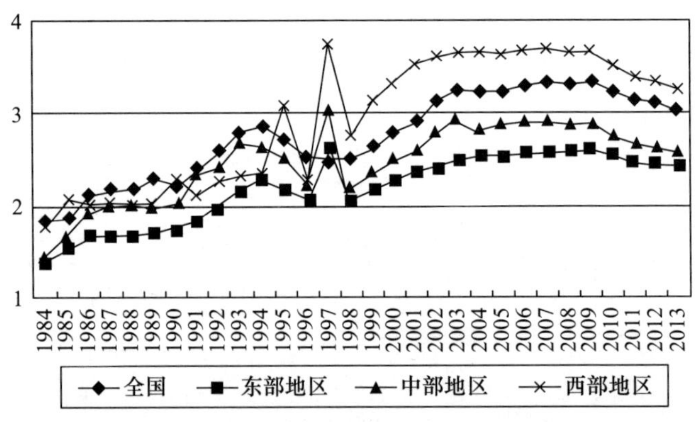

图 3－1　1984～2014 年中国各地区城乡人均收入比

注：东部包括京、津、冀、辽、沪、苏、浙、闽、鲁、粤、琼；中部包括晋、吉、黑、皖、赣、豫、鄂、湘；西部包括川、渝、贵、云、藏、陕、甘、宁、新、青、桂、内蒙。

（二）城乡收入差距变动的阶段考察

改革开放以来，我国城乡居民收入差距一直处于不断波动变化中，城乡收入差距持续拉大已经成为当前社会的一个热点和难点问题，并影响社会稳定和经济可持续发展。

1. 城乡相对收入差距的变化趋势

图3－2和图3－3分别显示了1978～2014年中国城乡收入差距泰尔指数和城乡人均收入比这两个相对指标的变动。改革开放以来，我国城乡收入差距泰尔指数和城乡人均收入比的变化规律基本是一致的。从整体趋势上看，随着经济的发展，我国城乡收入差距的变化并没有表现出库兹涅茨曲线的倒U形特征，在改革开放的三十几年中整体上在波动中逐步扩大，

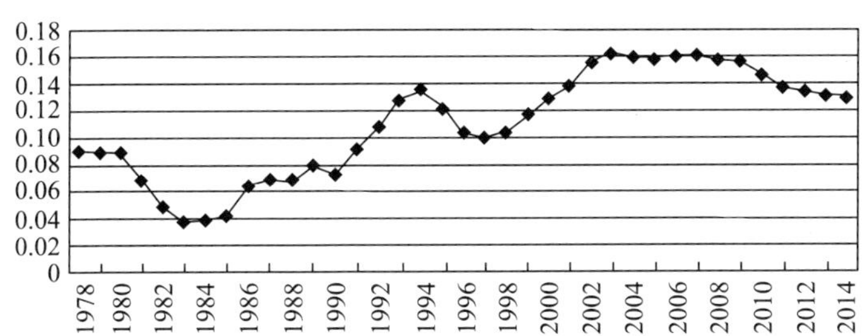

图3－2　1978年以来全国城乡收入差距泰尔指数TL的变动趋势

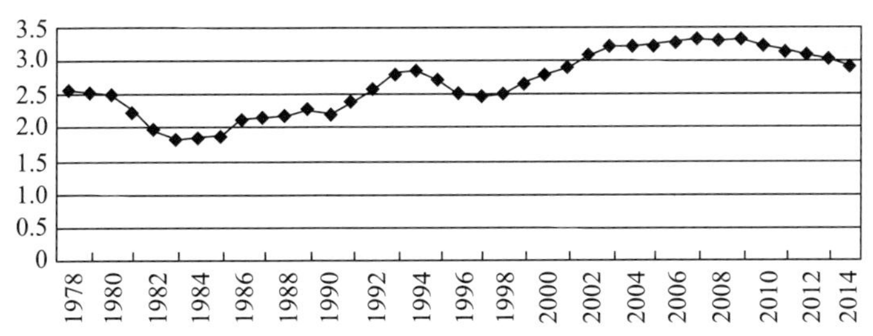

图3－3　1978年以来我国城乡人均收入比R的变化趋势

尤其是1998年后，城乡收入差距更是逐年增加。城乡居民收入差距的阶段性变动是与国家针对城市和农村的市场化改革的阶段性进程紧密联系在一起的，也反映出中国改革开放以来经济转轨进程所呈现出的阶段性特点。根据泰尔指数相对指标衡量的全国城乡收入差距的计算结果，我们可以大致总结出城乡相对收入差距的演变过程具有如下的六个具体阶段：

第一阶段（1978～1983年），城乡收入差距呈明显缩小趋势。此阶段主要为改革初期，农村经济体制改革开始并不断深化。1978年底农村最初改革实行家庭联产承包制，发展乡镇企业，政府开始对价格进行改革，农产品市场逐渐放开，双轨制替代了原来的单一的计划价格体制，这一时期也出现了生产要素市场，劳动力和资本开始在农村内部和城乡之间流动，这一系列市场化改革推动了农业经济的发展，导致农民收入迅速增加，农民人均纯收入从1978年的134元提高到1983年的310元。相反，此时的城市经济体制改革却相对滞后，工资改革步伐放慢，城市经济缺乏活力，城镇居民收入增长速度降低。农民收入提高先于城市，农民收入的增长幅度超过了城镇居民，城乡居民之间收入差距迅速缩小，达到了改革开放以来的最低点，这种城乡改革时序上的差异导致城乡差距泰尔指数由1978年的0.091下降至1983年的0.037。

第二阶段（1984～1994年），城乡收入差距在波动中呈逐步扩大趋势。此阶段为城市经济体制改革全面推进和深化的时期。从1984年开始改革的重心由农村转向城市，企业承包责任制的实施使城镇经济获得了快速增长，城镇居民收入大幅增加，而同期农村改革却几度陷入停滞，家庭承包制的效应递减，国家对农业的投入减少，农业生产资料价格上涨、粮食价格不稳定以及劳动力加速外溢等使农业发展缓慢，农民收入停滞不前。政府实施的与城市改革配套的城市劳动力就业制度、城市社会保障制度和户籍制度也进一步强化了固有的城乡二元结构。这段时期内，城市居民收入的增加反过来超过农村居民，城乡收入差距在此期间重新扩大，城乡收入差距泰尔指数由1984年的0.039上升至1994年的0.135。

第三阶段（1995～1997年），城乡收入差距短暂缩小。这一时期，国家倡导地区平衡发展战略，意识到城乡收入差距过大的严重性，中央强调将农业发展放在经济工作的首位，提高农村收入水平。由于国家较大幅度提高农副产品收购价格，延长土地承包期，改进农村剩余劳动力的流动性，乡镇企业发展迅速，实施农村税费改革试点，减轻农民负担，农民收入大量增加。同时，农村剩余劳动力转移至城镇务工的速度达到高峰。但由于产业结构调整、国企“减员增效”以及宏观经济不景气等导致城市下岗工人大量涌现，城镇经济发展趋缓，城镇居民收入增速降低。因此，这一时期城乡收入差距再次出现缩小的局面，城乡收入差距泰尔指数由 1995 年的 0.121 下降至 1997 年的 0.100。

第四阶段（1998～2003 年），城乡收入差距持续扩大。1998 年以后随着收入分配市场化改革的进一步深入，同时国企改革渡过难关，失业保险、下岗职工保障、最低生活保障相继建立，城镇职工工资水平快速提高。另外，农产品供过于求导致农产品收购价格持续低迷，而农业生产资料价格大幅上涨，农业自然灾害频繁，再加上亚洲金融风暴的冲击，市场竞争日益激烈。乡镇企业发展速度也连年下跌，吸纳劳动力能力下降，农民的农业和非农业收入同时减少。其间，农民人均纯收入年均增长率为 3.86%，而城镇人均可支配收入年均增长率为 8.63%，城乡收入差距在较大基础上再次逐步扩大。城乡收入差距泰尔指数从 1998 年的 0.104 上升到 2003 年的 0.162。

第五阶段（2004～2009 年），城乡收入差距平缓连年扩大。从 2004 年开始，中央施行一系列诸如“两减免”、“三补贴”、取消农业税、改善进城务工人员就业环境、积极推进新农村合作医疗与社会保障，并启动社会主义新农村建设，政府工作重心从城市转向农村，再加上国际市场的影响，主要农产品价格再次上涨，对缓解城乡收入差距扩大起了一定的作用，总体来看，2004 年以来收入差距的增长已不再如 1998～2003 年明显。尽管农民收入保持了持续增长态势，但农民增收的基础仍然比较薄弱，增收的渠道仍缺乏，农民增收幅度低于城镇居民，城乡收入差距仍在缓慢扩大，不过已经基本稳定，仅保持小幅波动。城乡收入差距泰尔指数的变化相对平稳，由2004年的0.159降低到2009年的0.156。

第六阶段（2010年至今），城乡收入差距略有缩小。在经历了十几年持续扩大后，近年，城乡收入差距又有重新缩小的迹象，但主要体现为短期小幅下降，并不明显，而且城乡收入差距仍居高不下，2013年城乡居民人均收入比仍高达3.03，城乡人均收入绝对差额仍在扩大，城乡收入差距过大已成为当前迫切需要解决的问题之一，实现城乡统筹仍然任重而道远。这一时期，城乡收入差距泰尔指数略有缩小，由2010年的0.146小幅回落到2014年的0.129。

从整体看，1978～2014年呈现螺旋式或波浪式上升。第一个阶段的W形波动是在1978～1994年。改革开放初期，泰尔指数由1978年的0.091缩小到1983年的0.037，此后泰尔指数先增大为1988年的0.069，1989～1991年小幅下降，1992年后又逐步扩大到1994年的0.135；第二个阶段的V形波动出现在1995～2009年。泰尔指数由1995的0.121缩小到1997年的0.100，1998年后又持续扩大，由1998年的0.104逐步扩大到2009年的0.156。2010年至今又有小幅下降迹象，但并不明显。1978～1994年泰尔指数平均为0.080、1995～2014年平均为0.136，对应的收入差距水平相差较大。

城乡收入差距还可以用其他相对或绝对指标来体现，如扣除消费物价指数影响的城乡居民人均实际收入比、反映社会贫富程度的城乡基尼系数、城乡居民人均消费支出水平的名义或实际比、反映城乡居民消费结构的城乡家庭恩格尔系数等。为消除价格波动的影响，我们对名义数据用CPI平减指数（1978=100）处理，得到以1978年为基期的城镇居民实际人均可支配收入、农村居民实际人均纯收入、城镇居民实际人均消费水平、农村居民实际人均消费水平，进而得到城乡实际收入比和城乡实际消费比。

从图3-4可以看出，这些指标表示的城乡收入差距的变化趋势和用泰尔指数与城乡居民收入比反映的变化趋势基本一致，整体呈波浪式上升，这从一个侧面体现了城乡收入的巨大差距。农村居民家庭的恩格尔系数一直高于城市居民，说明城镇居民的生活质量高于农村居民，2012年城镇居民的恩格尔系数为35.2%，而农村居民的恩格尔系数为39.3%，两者相差4.1个百分点，农村落后城市5—6年的差距。

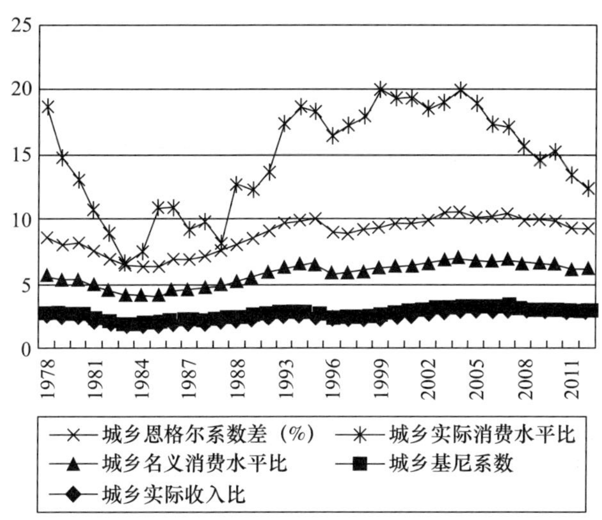

图3－4　城乡收入差距其他反映指标的变动趋势

注：实际指标按照统计年鉴提供的数据，以1978年为基期的价格指数计算得来。

总之，从图3－2和图3－3可以看出，用泰尔指数和城乡居民收入比等相对差距指标测度的城乡收入差距的变化轨迹基本相同。改革开放至今，我国城乡收入差距经历了一个跌宕起伏的演变历程，大致经历了“三升三降”六个阶段，从整体看，呈现螺旋式或波浪式上升，即在波动中呈逐步扩大的趋势。

根据国际惯例，当一国人均GDP达到800～1000美元的阶段时，城乡居民人均收入比大体应当为1.7，而当人均GDP超过1500美元时，城乡人均收入比会自然下降。我国自改革开放以来特别是2003年人均GDP超过1000美元以来，城乡人均收入比一直远高于这个指标，也一直高于国际劳工组织1.6的水平。从国际比较来看，城乡收入差距比中国大的国家只有南非和津巴布韦。如果将城镇居民享受的住房、医疗、教育、交通及各类补贴、社会保障等公共服务因素考虑在内，并剔除农民纯收入中不可计算的实物部分，我国实际城乡收入比可能要达到6倍以上，中国的城乡收入差距是世界上最高的。

2. 城乡绝对收入差距的变化趋势

我们用城镇居民人均可支配收入减去农村居民人均纯收入计算得到历年我国城乡居民人均收入的绝对差额，并观察其变化趋势如图3－5所示。

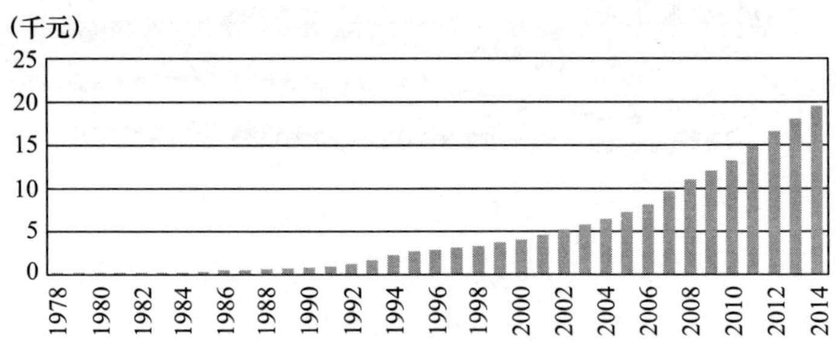

图3－5　1978年以来我国城乡收入绝对差距GAP的变动趋势

由图3－5城乡居民收入绝对差距的变动趋势可知，改革开放以来，我国城乡收入绝对差距从整体上看呈持续扩大的趋势，虽然在1980～1983年有短暂缩小，但城乡居民人均收入都在增长，城乡居民人均收入的绝对差额由1978年的210元扩大到了2014年的19489元。改革开放至今，我国城乡收入绝对差距的变化历程大致可划分为如下五个阶段：

1978～1983年相对稳定。这一阶段城乡发展相对均衡，为城乡收入绝对差距最小的阶段。由于工农业生产方式存在明显差异，农村基础设施相对落后，生产处于零散状态，农业生产效率相对较低，以及历史上一直存在的重工轻农、工农产品价格“剪刀差”等城市倾斜战略，我国城乡收入差距由来已久。但此时农村开始实行改革，联产承包责任制推动了农业经济的发展，农民收入提高先于城市居民，收入差距始终稳定在年均250元左右的水平。

1984～1992年逐渐扩大。这一时期改革重点转向城市，城镇居民收入增幅大于农民收入增幅，城乡收入绝对差距逐年扩大，平均每年以 105 元的速度递增。

1993～1999 年平缓扩大。改革进入一个全新的阶段，城市非国有经济开始发展，按多种要素贡献分配格局得到认可，资金、技术、土地等生产要素收入逐年上升，城镇居民收入增长速度加快。国家逐步调整农业税和多次提高农产品价格，农村居民收入平稳增加但相对要慢，城乡收入绝对差距缓慢拉大，平均每年以 280 元的速度递增。

2000～2005 年持续扩大。这一阶段城乡收入绝对差距由 2000 年的 4027 元持续增加至 2005 年的 7238 元，平均每年以 535 元的速度递增，城乡收入差距日益突出，成为迫切需要解决的问题。

2006 年至今快速扩大。随着收入分配市场化改革的不断深入，城乡收入绝对差距自 2008 年首破 1 万元，到 2014 年迅速扩大到了 19489 元，比 2005 年增加了 12251 元，这一时期绝对收入差距以平均每年 1257 元的速度递增。

综上，无论是用相对收入差距指标，还是用绝对收入差距指标，我国城乡收入差距过大和扩大的问题已成为严重的社会现实，而且城乡收入差距逐渐发展成为内在的自我强化，形成恶性循环。城乡收入差距的扩大威胁到已有的改革成果和社会稳定，对持续的经济增长和和谐社会建设带来严峻挑战。当然，城乡收入差距的扩大是包括中国在内的广大发展中国家工业化和城市化初中期的阶段性问题，可以通过经济发展的自身力量加以修正和克服，但是仅仅依靠经济发展自身规律来弥合城乡收入差距，很可能跌入市场经济的陷阱，因为农业比较利益的持续低下将导致农业生产积极性的减弱和农业发展的落后，进而导致工业化和城市化过程不能继续，陷入经济学上的“李嘉图陷阱”。目前我国已经进入城市化中期阶段，政府部门可以采取措施使城乡收入差距由扩大转向缩小的拐点提前出现，使城乡差距扩大的时间缩小，使扩大的速度放缓，而且还能使城乡收入差距缩小到理想程度。

三、城乡收入差距的收敛趋势分析

图 3 - 6 给出了改革开放以来我国城乡相对收入差距泰尔指数的变动，从中可以看出，我国城乡收入差距呈现阶段性的逐渐扩大趋势。但根据刘易斯收入分配差距变化模型，在二元经济结构转换过程中，城乡收入差将经历一个由扩大到缩小的倒 U 形变动过程，这样目前我国出现的城乡收入差距扩大的现象只是阶段性问题，从长远来看，城乡收入差距将缩小。刘易斯—拉尼斯—费景汉模型（简称刘—拉—费模型）分析了二元结构转换过程中城乡收入差距倒 U 形变化的三阶段理论，如图 3 - 7 所示。

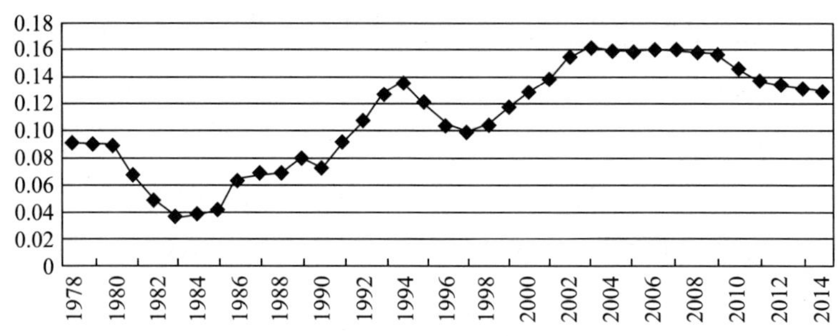

图 3 - 6　改革开放以来我国城乡收入差距泰尔指数的变化

在满足要素自由流动等假设条件下：

第一阶段，农业劳动生产率基本保持不变，农民收入水平也基本保持不变，城市工人收入水平略高于农民收入，城乡居民存在微小收入差距。

第二阶段，随着城市化和工业化进程的加快，大量农村劳动力、企业等生产要素和经济活动不断向城市转移，农业劳动生产率逐渐提高，农民

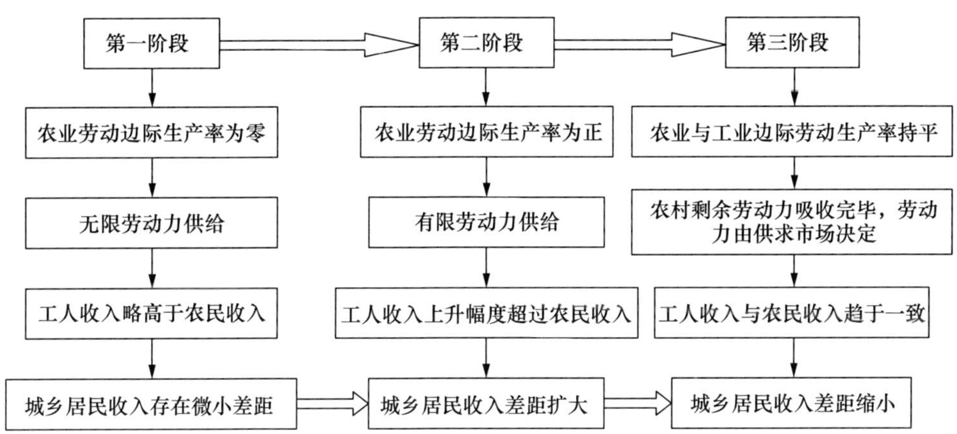

图3－7　基于刘—拉—费模型的城乡收入差距变动的阶段分析

的收入水平增长也较快。城市工业部门劳动力供给的增加虽然会使工业劳动生产率降低，但由于规模效应和科技进步的影响，工业劳动生产率仍在不断上升，且其上升程度要高于农业劳动生产率。同时，城市工人的收入水平也在不断上升，且其增长速度要快于农民，城乡居民收入差距逐渐扩大。

第三阶段，随着农村生产要素逐渐被吸收完毕，农村劳动力供给的不断减少会一直提高农业劳动生产率，直至最终与工业劳动生产率持平。城市劳动力供给的不断增加降低了城市工人收入或减缓了其增长速度，城乡居民收入水平差别将开始缩小，最终趋于一致。

在不满足假设条件时的情况与满足假设条件时基本一致，只是会拉长各阶段的时间，尤其是第二阶段城乡收入差距扩大的时间，使之久久不能进入第三阶段，当然城乡收入差距扩大的速度也会加大。

根据此理论，有两个关键经济变量的特征在此过程中会发生本质性的改变：一是工农业劳动生产率的增长率；二是城乡居民收入的增长速度。下面我们通过近年来工、农业劳动生产率的增长率及城市、农村居民人均收入的增长速度这两个关键变量变动情况的比较，对目前我国城乡二元结构转换过程中城乡收入差距变化所处的阶段进行初步的判断，考察是否已过转折点。

从图3-8和图3-9可以看出，农业劳动生产率和工业劳动生产率均在曲折中保持上升的趋势，且绝大部分年份，工业劳动生产率的增长率要高于农业劳动生产率的增长率；城市居民人均可支配收入的增长速度也要快于农村居民人均纯收入的增长速度。因此，无论是从近年来工农业劳动生产率还是城乡居民收入的增长情况来看，均比较符合刘—拉—费模型第二阶段的特征。因此，我们初步认为目前我国处于刘—拉—费模型中城乡收入差距不断扩大的第二阶段。

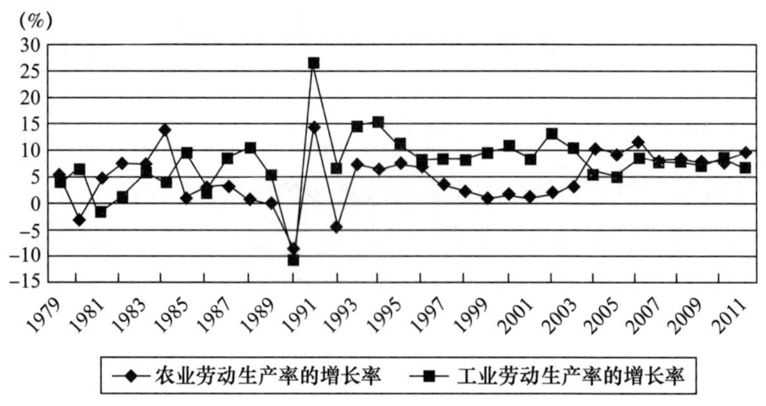

图3-8　历年我国工农业劳动生产率增长率的变动趋势比较

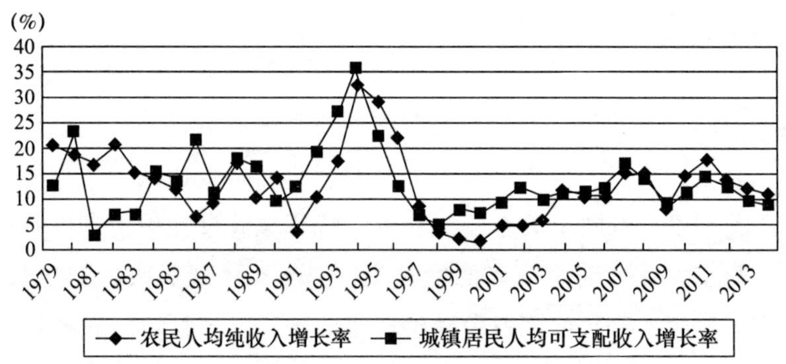

图3-9　历年我国城乡居民人均收入增长率的变动趋势比较

（一）收敛性检验模型的确定

一般收敛性检验主要研究不同国家或地区的经济增长或收入水平长期内是否趋同。通常对经济收敛性的计量检验以新古典经济增长模型为框架，主要集中在经济增长、收入水平以及劳动生产率等方面。新古典增长理论的收敛方法分为 σ 收敛和 β 收敛。前者是指各经济体之间人均产出（收入）水平的离差随时间的推移而逐渐缩小，呈现趋同的现象；后者是指经济体的人均产出（收入）增长率与其初始的人均产出（收入）水平呈负相关，从而较穷的经济体将比较富的经济体增长得更快，最终实现人均产出（收入）水平的趋同。β 收敛又分为绝对 β 收敛和条件 β 收敛。绝对 β 收敛假定各经济体除了初始资本水平不同以外其余条件均相同，各经济体的人均产出（收入）会趋向于相同的稳态水平；条件 β 收敛则假定各经济体在偏好、技术进步速度和制度等方面不同，各经济体人均产出（收入）水平的差距会逐步缩小，但稳态的人均产出（收入）水平会有所不同。β 收敛主要采用增长回归的方法进行检验，大多数研究区域经济收敛的文献采用 Barro 和 Sala – i – Martin（1995）首次建立的 β 收敛回归模型：

$$(1/T)\log(y_{i,t}/y_{i,t-T}) = \alpha - \beta'\log y_{i,t-T} + \gamma X_{i,t} + \varepsilon_{i,t}$$

其中，i 表示地区，t 表示时间，T 为考察的初始期 $t-T$ 与终止期 t 之间的时间跨度，α 为常数项，$\varepsilon_{i,t}$ 为随机扰动项；$\log y_{i,t-T}$ 为地区 i 期初的人均收入，$\log y_{i,t}$ 为期末的人均收入；$\beta' = (1-e^{-bT})/T$ 为测算的收敛系数，表示考察期 T 内人均收入的年平均收敛速度，其大小取决于 $\log y_{i,t}$ 和 $\log y_{i,t-T}$，而与其他因素无关。

$X_{i,t}$ 为引入的影响人均收入增长的一个或一组条件控制行向量，其元素可以包括劳动力流动、经济发展等各类控制变量；γ 则为相应的系数列向量，表示各相应自变量 $X_{i,t}$ 对被解释变量 $(1/T)\log(y_{i,t}/y_{i,t-T})$ 的影响程度，当 $\gamma=0$ 时，为绝对 β 收敛模型；当 $\gamma\neq 0$ 时，则为条件 β 收敛模型。假如各经济体的稳态相同，从而具有不同初始人均产出（收入）水平的经济体就会在趋向稳态的过程中实现趋同。然而各经济体的稳态相同是一个很严格的假定，实际上决定稳态的因素通常是不同的，这时就需要对不同经济体的稳定状态做出一些限定和修正，即控制一些条件后，以期得到有条件的β收敛，从而保证计量检验的有效性。而且，多数情况下很少出现绝对β收敛的情况，一般为条件β收敛，因此，只有通过纳入其他的一些控制变量后才可能会趋于收敛。

上式表示，考察期T内地区i的人均收入年均增长率的对数可以用初始人均收入的对数和其他变量来解释。若条件收敛速率$-\beta' < 0$且统计上显著，则认为各地区存在收敛趋势，因为考察期T内人均收入的年均增长率与其初始水平呈负相关，而且β绝对值越大，其收敛速度越快；反之，若$-\beta' > 0$且统计上显著，则认为各地区不存在收敛趋势，因为考察期T内人均收入的年均增长率与其初始水平呈正相关。

然而新古典增长模型是基于完全竞争和要素自由流动的假定，在技术和制度参数既定的条件下，推导出初始存在人均收入差距的两个经济系统，其经济增长率和人均收入水平最终将自动趋向均衡。显然，其收敛检验方法适合市场化程度很高的发达国家或地区，然而转型期的中国经济长期处于城乡二元刚性（离散）状态，城乡间一直没有形成促进要素自由流动的完善的统一市场。因此，新古典增长理论的收敛方法对于我国特有的城乡二元结构状态存在局限，我们须采用另外一种收敛方法检验。

由于我们所要研究的是城市和农村两个群体的经济和收入增长的收敛，用于多个地区的一般收敛性检验法不适于城乡两个地区的收敛检验。截面数据分析也不适合，截面数据分析更多的是收敛性趋势，而不是收敛性检验。还因为截面数据分析的是某个时点的情况，可能出现多个收敛水平，即便省市区差距有缩小趋势，但将来还是有可能出现两极分化。只有时间序列数据分析则是基于渐进理论来考察长期预测的收敛点的性质，适合我国城乡二元结构特征。因此，我们择优选择时间序列单位根收敛性检验法，基于1978年以来城镇居民人均可支配收入与农村居民人均纯收入的时序数据，对中国城乡收入差距的长期收敛或发散趋势做进一步的推断。

单位根检验假定不同地区的差距固定，即为考察不同地区人均收入是否向同一水平收敛，将其收入差距固定为零，该检验主要用来检验收敛倾向的稳定性。这里采用单位根收敛性检验法，计量模型如下：

$$\Delta Y_t = c + \rho Y_{t-1} + \sum_{i=1}^{p} \gamma_i \Delta Y_{t-1} + u_t$$

其中，c、ρ、γ_i 为估计系数，p 为扩张项次数，Δ 为一阶差分，$\Delta Y_t = Y_t - Y_{t-1}$，$u_t$ 为白噪声过程，根据 AIC、SIC 等准则确定最优扩张项次数 p。根据上式，我们做以下统计检验：零假设 H_0: $\rho = 0$，有单位根，Y_t 不是定常时间序列；备择假设 H_1: $\rho < 0$，没有单位根，Y_t 是定常时间序列。

（二）城乡收入差距的收敛趋势分析

下面我们采用收敛趋势检验法来判断我国城乡居民之间的人均收入水平从长期看是否有可能存在收敛的趋势。我们利用 1978 ~ 2014 年我国城镇居民人均可支配收入和农村居民人均纯收入的时间序列数据，并将这些数据以 1978 年为基期（1978 = 100）消胀去除消费价格指数 CPI 的影响，相关数据根据《新中国六十年统计资料汇编》和历年《中国统计年鉴》等资料计算整理得来，具体检验结果如表 3 – 3 所示。

表 3 – 3　我国城乡收入差距的长期收敛性检验结果

检验	检验结果
零假设 H_0	$\rho_i = 0$
系数	-0.06002
检验统计量	-1.5184
概率	0.1387

表 3 – 3 单位根收敛检验的结果显示，从 1978 ~ 2014 年整个时期来看，模型的系数虽然为负值，但单位根检验结果没有通过统计显著性检验，即我国城市与农村之间人均收入的收敛性结论不能被接受。这说明外部冲击还会使城乡收入差距持续扩大，城市和农村之间人均收入的收敛性是不稳

定的。故此可以得出结论，我国城乡收入差距整体上并不存在明显的收敛态势，长期内还有进一步扩大和发散的可能，做出城乡收入差距由发散转向收敛的推论为时尚早。

那为什么会是这样呢？如果按照传统古典与新古典增长理论，假定技术进步和制度参数给定，只要各地区经济都具有规模报酬递减函数，而且地区间生产要素能够自由流动，那么地区间收入水平最终必定趋同，但是对比我国经济长期处于城乡二元结构的实际情况，我国城乡生产函数由于其各自技术、制度和生产组织等的差异而存在明显不同，而且我国城乡之间一直没有形成完善统一的市场，城乡间生产要素的流动一直受到较强程度的制约，因此，我国城乡之间收入的差距自 1978 年以来一直呈现扩大的趋势。

我国城乡收入差距整体上不断增大的情况更加说明我国加快城乡统筹、促进城乡二元结构转换的必要性。因此，我们应着力推进市场化体制改革，加强城乡间要素的流动性，这样城乡收入差距才能趋于缩小。

四、我国城市化进程对城乡收入差距的影响

（一）变量选取与计量模型的构建

城市化是由以农业为主的传统乡村社会向以工业和服务业为主的现代城市社会逐渐转变的历史过程，主要包括人口职业的转变、土地及地域空间的变化、产业结构的转变。一个地区城市化进程必然表现为人口上城市人口规模的迅速提高、空间上城市地域面积的急剧扩张、经济上城市经济规模的迅速膨胀。根据相关文献，城市化进程有如下几大标志性特征：①城市人口规模不断增加或占总人口比重不断上升，即人口城市化过程；②城市用地规模快速扩张或占地区总面积比重上升，即土地城市化过程；

③农村第一产业大量剩余劳动力逐渐向城市高效率二、三产业转移，即城乡间劳动力流动规模或比例不断扩大；④城市经济规模逐步扩大或占地区经济总规模比重上升，即城市非农产值占 GDP 比重迅速上升。

根据上述分析，我们设定如下变量作为代表城市化进程的表征变量：人口城市化水平 R_u、土地城市化水平 R_l、城乡劳动力流动率 M、非农产值比重 R_f。同时我们增加城市化进程中的三个控制变量：GDP 增速 Y、市场化水平 S、财政支出城市偏倚度 B（作为政策变量）。被解释变量即为城乡收入差距 R，考虑到在“不患寡而患不均”的心理惯性长期作用下，收入差距的持续扩大必然加重人们的不公平感，挫伤个人的积极性，从而进一步加大城乡收入差距，要改变这种惯性将是一个长期的过程，因此有必要纳入城乡收入差距的一阶滞后项 R_{-1} 以识别城乡收入差距这种自我强化的机制。根据以上分析，为稳健起见，我们建立下列动态面板数据模型（DPD）作为最终估计模型：

$$R_{it} = \alpha_0 + \alpha_1 R_{-1,it} + \alpha_2 R_{u,it} + \alpha_3 R_{l,it} + \alpha_4 M_{it} + \alpha_5 R_{f,it} + \alpha_6 Y_{it} + \alpha_7 S_{it} + \alpha_8 B_{it} + u_i + v_{it}$$

以上述分析为基础，计量模型中涉及的各变量指标界定如下：

（1）城乡收入差距 R 选用相对指标，即用城乡收入差距泰尔指数衡量，计算公式为：

$$TL = \left[\frac{农村收入}{总收入}\ln\frac{农村收入/总收入}{农村人口/总人口} + \frac{城镇收入}{总收入}\ln\frac{城镇收入/总收入}{城镇人口/总人口}\right]$$

（2）城市化进程标志：人口城镇化水平 R_u 以各地区城镇人口占总人口比重来衡量；土地城市化水平 R_l 用各地区城市建成区总面积与市辖区总面积之比来衡量；非农产值比 R_f 用地区二、三产业产值之和占地区 GDP 比重表示，代表工业化水平，或者城镇经济发展水平和经济活力，反映了城市非农产业市场需求状况；我国城乡二元结构使要素不能自由流动，大部分进城务工人员不能定居为城镇居民，城镇化严重滞后于非农就业，产生大量流动农村劳动力。城乡劳动力流动率 M 定义为各地区内部乡→城间劳动力流动总量与当年劳动力总数的比值，乡城间劳动力流动规模 = 城镇就

业人数 - 城镇国有和集体经济职工人数 - 城镇私营和个体就业人数。之所以采用相对数是为了减少流动规模数额较大而对拟合效果产生的扰动，该指标与全国范围最直接全面的调查数据基本吻合，体现了农村劳动力外出进城的活跃程度。

（3）GDP 增长率 Y 即 GDP 环比增速（%），表示经济周期波动。随着宏观经济周期变化，社会投资额也随之发生波动变化，从而对城市化进程和工业化进程产生很大影响。

（4）市场化水平 *S* 测度城乡要素市场逐步统一完善的程度，由于非国有经济成分是在市场化改革进程深入背景下逐步发展壮大的，我们用各地区非国有经济部门就业人数占地区就业总人数的比重代表市场化进程，比值越大表明市场化程度越高。改革开放多年来，市场化改革逐步降低了城乡要素流动的成本，促进城乡要素合理流动，但也应注意到体制的制定、执行具有一定的约束惯性。

（5）财政支出城市偏倚度 *B* 用地方政府对城市（非农）的财政支出占地方总财政支出的比重（%）衡量。各地政府对城市财政支出为财政总支出扣除支持农业生产和事业支出的剩余。考虑到我国长期以来实行的是城乡有别的财政投入体制，财政支出具有明显的城市偏向，在财政资源有限的情况下，城市在发展中占有大量经济资源，历年农村财政投入增长缓慢或稳步减少，财政投资在城乡之间分配不平衡，农村建设环境严重落后于城市，图 3 - 10 显示了历年我国财政农业支出比重的变化。

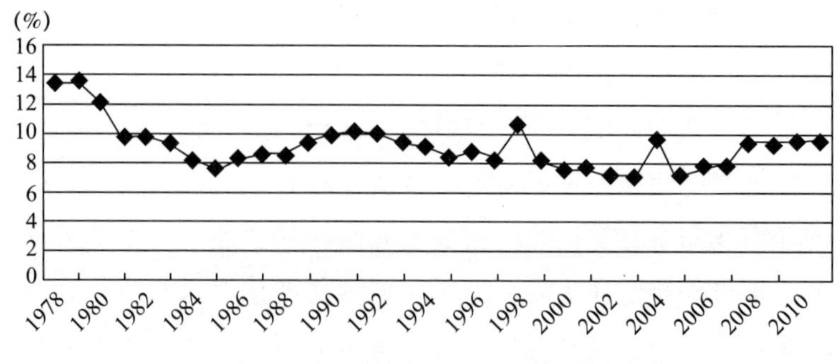

图 3 - 10　历年我国财政农业支出比重的变化

我们选取 2000 ~ 2014 年全国 29 个省市区数据（西藏、重庆由于部分年份相关数据不全而除外）来计算上述变量数值，各变量指标均采用比率。历年统计年鉴没有分地区的城镇人口和农村人口数据，《中国人口和就业统计年鉴》只有部分年份提供分地区的农村人口和城镇人口数据，我们用各地区农业人口代替农村人口，非农业人口代替城镇人口。相关数据主要取自中经网统计数据库、历年《中国统计年鉴》、《中国农村统计年鉴》、《中国人口和就业统计年鉴》以及各省市区统计年鉴。

（二）实证分析过程

下面将实证分析城市化进程中各标志性因素对城乡收入差距的影响方向和程度。经济变量大都具有非平稳性，对非平稳的面板数据直接回归会造成虚假回归，如估计的不一致、非有效性等。因此，首先对各变量面板数据进行平稳性检验。若各变量均为平稳序列，则可直接进行回归分析；若变量非平稳，但变换序列后为同阶单整，则可进行协整检验，以确定变量之间是否存在长期均衡关系，并在存在协整关系的基础上再进行回归分析，得到真实结果。

1. 面板数据单位根检验

根据数据生成方式的不同，面板数据单位根检验可分为同质面板检验与异质面板检验。具体来说，主要有 LLC、Hadri、IPS、Fisher - ADF 和 Fisher - PP 等检验。假设各截面序列具有相同单位根过程的为同质面板检验，如 LLC 检验、Hadri 检验。LLC 检验的原假设为存在共同单位根，而 Hadri 检验的原假设则为不存在共同单位根。假设各截面序列具有不同单位根过程的为异质面板检验，如 IPS 检验、Fisher - PP 检验。由于受样本数量的影响，每一种检验方法都存在不同程度的局限性，LLC 检验的备择假设一般很难满足，与实际差距较大，IPS 检验的基本假设只适用于平衡面板数据，而 Fisher - ADF 检验和 Fisher - PP 检验结果比较稳定可靠，不依滞后阶数而变，符合实际。为克服单一方法可能带来的偏差，提高结果的可靠性，我们采用 ADF、PP、LLC、Hadri 四种检验方法进行面板数据的单位根检验，并对结果进行综合比较，检验结果如表 3 -4 所示。

表 3 -4　城乡收入差距及城市化进程各标志性因素的面板单位根检验结果

变量名称	检验方法						
	ADF		PP		LLC	Hadri	
	Fisher Chi - square	Choi z - stat	Fisher Chi - square	Choi z - stat		Hadri z - stat	Consistent z - stat
R	1.875	-0.275	1.910	-0.298	-0.371	0.571	0.571
R_u	0.7505	0.491	0.069	1.835	-0.825	2.125**	2.125**
R_l	1.433	-1.638	1.435	-1.907	-1.574	0.534	0.534
M	1.365	-0.130	1.781	-0.135	-0.335	0.911	0.911
R_f	1.545	-1.232	2.417*	-1.446	-1.811*	1.657*	1.657*
Y	1.930	-0.722	2.660*	-1.708	-2.566**	0.403	0.403
S	1.609	1.085	1.847	-0.775	-1.804	1.844*	1.844*
B	1.719	-1.729*	1.404	-0.415	-2.451**	-0.244	-0.244

注：***、**、*分别表示在1%、5%、10%的显著性水平下拒绝原假设；Hadri 检验的原假设是不含单位根，而 ADF、PP、LLC 检验的原假设是含单位根；检验滞后阶数由软件自动选择。

表 3 -4 给出了各变量水平值的面板单位根检验结果。结果显示，城乡收入差距 R、人口城镇化 R_u、土地城市化 R_l、城乡劳动力流动率 M、非农产值比 R_f、GDP 增速 Y、市场化水平 S 和政府财政偏倚度 B 都没有完全通过 ADF、PP、LLC 和 Hadri 检验。检验表明，上述变量的水平值都具有一定程度的非平稳性，须对上述变量一阶差分后再进行检验，结果如表 3 -5所示。

表 3 -5 给出了城乡收入差距、人口城市化、土地城市化、城乡劳动力流动率、非农产值比、GDP 增速、市场化水平和财政支出偏向差分后的面板单位根检验结果。结果显示，上述各变量一阶差分后的 ADF、PP、LLC 检验结果均显著，都能拒绝不平稳的原假设，Hadri 检验结果均不显著，都接受了平稳的原假设。因此检验表明，上述各变量的一阶差分均为平稳序列，原变量均服从 I（1），可以对各变量进行协整检验以确定它们之间是否存在均衡关系。

表 3-5　城乡收入差距及城市化进程各标志性因素差分后的面板单位根检验结果

变量名称	检验方法						
	ADF		PP		LLC	Hadri	
	Fisher Chi-square	Choi z-stat	Fisher Chi-square	Choi z-stat		Hadri z-stat	Consistent z-stat
ΔR	8.015**	-2.095*	8.500**	-2.22**	-3.895***	1.213	1.213
ΔR_u	8.745**	-2.235**	8.775**	-2.245**	-2.755**	0.755	0.755
ΔR_l	7.897**	-7.91***	7.328**	-2.419**	-3.356***	1.435	1.435
ΔM	5.435*	-2.573**	5.435*	-2.573**	-2.597**	0.874	0.874
ΔR_f	6.18*	-1.807*	6.16*	-1.935*	-2.154*	1.043	1.043
ΔY	9.25***	-1.865*	9.25**	-1.968*	-2.902***	0.997	0.997
ΔS	2.556*	2.043*	5.451*	-1.969*	-2.627**	1.325	1.325
ΔB	5.550*	-1.940*	5.562*	-1.977*	-2.836**	0.618	0.618

注：***、**、*分别表示在1%、5%、10%的显著性水平下拒绝原假设；Hadri检验的原假设是不含单位根，而ADF、PP、LLC检验的原假设是含单位根。

2. 面板数据协整关系检验

对面板变量进行协整检验是保证非平稳面板数据回归不造成荒谬结论的途径。上述变量同阶单整，满足协整检验的要求。Pedroni检验和Kao检验以E-G两步法为基础，其原假设均为各变量间不存在协整关系。Pedroni检验针对的是异质面板数据，而Kao检验针对的是同质面板数据。Pedroni构造出7个检验统计量，其中4个用组内尺度描述，分别为Panel-v、Panel-rho、Panel-PP、Panel-ADF，3个用组间尺度描述，分别为Group-rho、Group-PP、Group-ADF。本书采用Pedroni检验和Kao检验共8种方法对城乡收入差距与城市化进程中各标志性因素进行面板数据协整检验，以探究它们之间是否存在长期稳定的均衡关系，检验结果如表3-6所示。

表3-6　城市化进程各标志性因素与城乡收入差距的面板协整检验结果

检验方法	统计量与统计值	P值
Pedroni 残差协整检验(Engle - Granger based) H_0：不存在协整关系	Panel v - Statistic：2.83**	0.048
	Panel rho - Statistic：-5.77**	0.015
	Panel PP - Statistic：-9.16***	0.000
	Panel ADF - Statistic：-9.28***	0.000
	Group rho - Statistic：-1.603	0.185
	Group PP - Statistic：-10.11***	0.000
	Group ADF - Statistic：-9.55***	0.000
Kao 残差协整检验（Engle - Granger based） H_0：不存在协整关系	ADF：-8.71***	0.000

注：***、**、*分别表示在1%、5%、10%的显著性水平下拒绝无协整的原假设；Pedroni 检验和 Kao 检验的原假设均为不存在协整。

从上述检验结果可知，Pedroni 方法下，Panel - v、Pane1 - rho、Panel - PP 和 Panel - ADF 统计量都至少在5%的水平上显著，都拒绝了面板变量间不存在协整关系的原假设；除 Group - rho 统计量外，Group - PP 和 Group - ADF 也都拒绝了变量间不具有协整关系的原假设；Kao 统计量进一步支持了变量之间存在显著的协整关系。8个统计量中有7个统计量表明变量间具有协整关系，因此，可以认为城市化进程的各标志性因素与城乡收入差距存在长期稳定的均衡关系。

3. 估计结果及分析

由于城市化进程各标志性因素与城乡收入差距之间存在协整关系，因此，可以对前文设定的动态面板方程进行回归分析，以便进一步研究城市化进程中各标志性因素对城乡收入差距的影响方向或程度，此时的回归结果是有效的。

动态面板模型是指面板模型包含被解释变量的滞后项，动态面板模型存在固有的内生性问题。因变量的滞后项作为解释变量，该项极易与随机扰动项存在相关性。城乡收入差距和一些解释变量之间很可能是同时决定的，因此 OLS、固定效应和随机效应的估计都是有偏且不一致的。GMM 估计使用的是差分转换数据，可以克服遗漏变量问题及不可观察变量与解释变量相关的问题。只要选择合适的工具变量，动态面板 GMM 估计就能有效控制内生性问题。

动态面板模型中内生变量的滞后两期以上的水平值可以作为差分方程的工具变量，因此工具变量的个数远远大于未知参数的个数，矩条件很多，需要检验是否存在过度识别约束，检验统计量可以有 Sargan 统计量和 Hansan 统计量，原假设都为工具变量的选取是合理有效的。另外，GMM 估计中工具变量的合理性还有一个前提假设，即随机扰动项不存在序列相关，因此还须进行差分方程的一阶和二阶序列相关 AR（1）和 AR（2）检验，原假设是原始方程的随机扰动项不存在序列相关，GMM 估计只要求不存在二阶序列相关，而一阶序列相关并不影响原假设的成立。

Blundell 和 Bond（1998）提出系统广义矩估计法 GMM，有效解决了动态面板数据模型参数估计的非一致性和有偏性问题。系统广义矩估计 GMM 有一步法和两步法两种，其中一步法更有效（Bond，2002）。为有效克服变量间可能存在的内生性问题，我们采用一步法估计，工具变量滞后阶数的设定根据输出结果调整，估计结果如表 3－7 所示。

表 3－7　城乡收入差距与城市化进程各标志性因素关系的动态面板回归结果

解释变量	系数估计值	t－Statistic	Prob
常数项 α_0	0.0053	1.19	0.2091
城乡收入差距滞后值 $R_{-1,it}$	0.3325***	11.70	0.0000
人口城镇化水平 $R_{u,it}$	0.1946***	7.88	0.0000
土地城市化水平 $R_{l,it}$	0.0894**	3.03	0.0127
城乡劳动力流动率 M_{it}	0.0951	1.72	0.1405
非农产值比 $R_{f,it}$	0.4482***	4.65	0.0004
GDP 增速 Y_{it}	0.8294	1.48	0.1706
市场化水平 S_{it}	0.1744**	2.66	0.0201
政府财政偏倚度 B_{it}	0.2340***	14.20	0.0000
P－Sargan Test：0.667　P－Hansen Test：0.878			
P－AR（1）Test：0.001　P－AR（2）Test：0.397			

注：***、**、*分别表示在1%、5%、10%的水平下显著。

由表3-7的估计结果可知，检验残差自相关的AR（2）统计量接受了模型残差无自相关性的原假设，检验工具变量联合有效的Sargan统计量等也接受了工具变量有效的原假设。因此，选取的工具变量及其滞后阶数是合理的，上述整体估计结果是有效和可信的。同时，各变量系数都具有较高的显著性。其中：

（1）城乡收入差距滞后一期系数显著为正，说明城乡收入差距泰尔指数R受以往年份R_{-1}大小影响，具有一定的路径依赖和自我强化作用。城乡居民收入受前期经济存量影响较大，不同省际单位的历史收入差距拉大了当期收入差距，在循环累积效应和马太效应的作用下，城乡差距将陷入恶性循环，要改变这种惯性将是一个长期的过程。因此，预期我国过高的城乡收入差距今后仍将持续一段时间，城乡差距的改善是一个长期的过程。若没有有效的措施改变这种趋势，以城乡收入差距为典型特征的城乡二元经济结构将很难得到根本性的扭转。这也进一步印证了前述关于城乡收入差距收敛性检验的结果。

（2）城市化进程表征因素。

1）人口城镇化R_u与土地城镇化R_l的影响均显著为正。我们认为，人口城镇化对城乡收入差距呈现先恶化后改善的门槛效应：在城镇化中短期，城乡迁移人口少，只有较富裕和素质较高的农民才能转为城镇居民，从而扩大城乡收入差距。而长期来看，城镇人口超过农村人口，农村人口减少能带来农村生产率的大幅提高，从而缩小城乡差距。目前我国仍处于中期阶段，城镇化率还未达到拐点，所以拉大了城乡收入差距；土地城市化加速了城市用地面积的扩张，而同时农村人口却没有获得相应规模的城镇化，二元经济结构并未因土地城镇化的加速而消除，反而因农村人口较少分享城镇化发展成果导致城乡收入差距扩大。因此，单纯依靠城市地域扩张来支撑城镇化进程是不合理且不可持续的，应更多地通过城市经济要素向农村的渗透与扩散来实现。

2）城乡劳动力流动率M的影响为正。一般认为，农村劳动力流向城镇非农部门获得高于农村的工资收入以及加剧城镇劳动力市场竞争和减少农村劳动力，从而缩小城乡差距。但受我国城乡要素市场分割的影响，农村流动劳动力大部分不能转为城镇居民，以农民工身份在城市劳动力市场受到多重歧视，只能得到其创造财富的较小部分，城市经济发展成果的分配偏向城市居民，导致城乡收入差拉大。

3）非农产值比 R_f 和 GDP 增速 Y 的影响均为正。非农产值比大致反映了城市 GDP 占总 GDP 比重的变化，也可以代表工业化的发展水平与阶段，由于我国尚处于工业化中期阶段，所以恶化了城乡居民收入分配；GDP 增长速度反映宏观经济波动，由于非农产业投资的变动与经济周期波动息息相关，城市市场需求规模随之而发生变化，对农村劳动力的就业形势产生很大影响，因此 GDP 增速引致了城乡收入差距的同向变动。

4）市场化水平 S 的影响也显著为正。一般来说，市场化进程剥夺权力对资源的垄断，通过公平竞争来分配资源要素，其本身不必然带来收入差距的扩大。只要在一个合理、规范、透明的制度框架下，就能有效缩小收入差距。我国市场化改革随时间逐步降低了城乡要素流动成本，促进了城乡间资源要素的合理自由流动，加快了城市化进程，总体来说是基本有效的。然而，由于政策的制定、执行都具有惯性，所以目前仍然表现出一定程度地拉大城乡收入差距的作用，说明继续加快完善市场化进程对统筹城乡发展很有必要。

5）政府财政偏倚度 B 的影响也显著为正。经济理论一般认为，财政具有重要的再分配职能，即有可能使城乡收入差距进一步缩小。然而长期以来，追求地方经济和财政收入增长是目前我国各级地方政府的重要政治和经济激励，也是工业化和城镇化的基本动力。在城乡二元结构和发展不平衡的情况下，地方政府为追求经济增长，财政支出必然在一定程度上倾向沿海和城市地区的建设型项目，很少面向农村。所以，地方财政支出的城市偏向和忽视民生的政策倾向在一定程度上扩大了城乡收入差距。

五、本章小结

（一）结论

本章分析了中国城市化进程对城乡收入差距的影响，首先考察了城乡收入差距的阶段性变动，其次分析了城乡收入差距的长期变化趋势，最后分析了城市化进程中各标志性因素对城乡收入差距变动的影响。具体来说：

1. 城乡收入差距的测度

对于城乡收入相对差距指标，泰尔指数更合适，它不仅反映了城乡绝对收入的变化，而且考虑了城乡人口比重的变化，对高、低两端收入阶层收入的变动也比较敏感，适合我国特有的城乡二元结构特征。基于泰尔指数和城乡收入比等相对指标的测算结果，对1978年以来城乡收入差距的变动情况进行了阶段性考察，发现：城乡收入相对差距从整体趋势上看呈波浪式上升，即在波动中呈逐步扩大的趋势，先后经历了1978~1983年明显缩小、1984~1994年波动扩大、1995~1997年短暂缩小、1998~2003年持续扩大、2004~2009年平缓扩大、2010年至今略有缩小六个阶段的逐步扩大的演变历程。

对于城乡收入绝对差距指标，用城镇居民人均可支配收入减去农村居民人均纯收入计算得到的城乡居民人均收入的绝对差额，对1978年以来我国城乡收入差距的变动趋势进行了分析，发现：城乡收入绝对差距呈持续扩大的趋势，大致经历了1978~1983年相对稳定、1984~1992年逐渐扩大、1993~1999年平缓扩大、2000~2005年持续扩大、2006年至今快速扩大五个阶段的变化过程。

城乡收入差距的缩小，不仅要体现在相对差距上，更要体现在绝对差额上。城乡收入比等相对指标的减少也并不意味着城乡收入差距的真正缩小，因为货币的绝对拥有量意味着对商品的绝对占有量，消费能力的提升必须以货币拥有量为支撑，城乡收入绝对差额的增大形成了城乡消费能力的鲜明对比，限制了农民消费能力的提升和收入水平的进一步提高，因此缩小城乡收入差距，更重要的在于缩小绝对差距。

2. 城乡收入差距的变动趋势

我们从近年来工、农业劳动生产率的增长率和城市、农村居民人均收入增长速度两个关键变量变动情况的比较中初步判断目前我国正处于刘—拉—费模型中城乡收入差距不断扩大的第二阶段。然后择优选择时序单位根收敛性检验法对城乡收入差距的长期收敛或发散趋势做进一步的推断，判断城乡收入差距长期内是否处于均衡状态。发现：我国城乡收入差距整体上并不存在明显的收敛态势，长期内还有扩大和发散的趋势。因为根据古典与新古典增长理论，只要地区间生产要素能够自由流动，那么地区间收入最终必定趋同，因此我们认为这根源于我国城乡长期处于二元结构状态，城乡生产函数因其各自技术、制度和生产组织等的差异而存在明显不同，而且城乡之间一直没有形成促进生产要素自由流动的完善统一的市场。

3. 城市化进程中城乡收入差距影响因素

考虑城乡收入差距受心理惯性影响，具有自我强化作用，我们采用动态面板 GMM 方法实证研究了城市化进程中各标志性因素对城乡收入差距变动的系统影响，结果表明，城乡收入差距的滞后值，城市化进程各标志性因素：人口城市化、土地城市化、城乡劳动力流动率、非农产值比、GDP 增速以及市场化进程和财政支出城市偏倚度均扩大了城乡收入差距。

我国城市化进程虽然目前扩大了城乡收入差距，但这并不意味着城市化不是缩小城乡收入差距的基本途径。除长期以来城乡分割的制度性因素导致城市化的积极作用没有得到充分发挥，由此带来的城乡收入差距扩大外，目前出现的城乡收入差距持续扩大的现象主要是由于我国城市化进程尚处于中期阶段，城市化水平还不够高造成的。城乡差距的扩大是广大发展中国家和地区城市化进程初中期阶段的必然现象，可以通过城市化过程自身加以修正和克服，因此我们不能因噎废食，长期来看我国城乡收入差距的缩小仍必须通过进一步推进城市化进程才能实现。

（二）政策启示

随着市场化改革的深入，中国城市化进程已得到很大提升，2014 年城市化水平已达到 54.77%，高于 50% 的世界平均水平，但与发达国家 80% 以上的水平相比，仍相去甚远。而且按照发达国家 5% 的农村人口比例标准，我国城市化整体水平明显不够高。我国已进入城市化进程的中后期，政府可以采取措施使城乡差距由扩大转为缩小的拐点提前出现，使城乡差距扩大的速度放缓，还能影响城乡差距缩小到何种理想程度。

为逐步缩小城乡收入差距，应推进市场化改革进程，构建促进城乡要素充分自由流动的市场体系，进一步加快市场主导的城市化进程，同时改革城乡分割的体制性障碍，消除人为阻碍城市化进程的因素，促进农村生产要素和经济活动向城市集聚，扩大城市规模，拓展城市经济发展新空间，推动城市市场规模与辐射半径扩张，从而逐步实现城乡统筹，缩小城乡收入差距。

1. 加快发展城市非农产业特别是现代服务业，增加非农投资总量，优化非农投资结构

加速推进市场化改革进程，促进城乡之间劳动力、资金要素流动，发展壮大城市非国有经济，进一步发展中小民营企业，增加城市就业机会，以城带乡，实现城乡收入均衡增长和城乡一体化；加快农村经济发展，通过科技化、规模化和产业化改造传统农业，提高农村要素生产率，改善农村基础设施，引导要素向农村内部流动，缩小城乡收入差距。

2. 构建城乡要素充分流动的市场网络体系和制度体系

我国还存在制约城乡要素自由合理流动的诸多障碍，极大地提高了城乡经济联系的成本，阻碍了农村生产要素顺畅转移到城市，延缓了城市化

进程，无法实现要素资源在城乡间的有效配置，不利于乡村农业、工业的现代化改造，使农村经济增长陷入低水平不良循环，导致城乡差距扩大。加强城乡交通、通信基础设施建设，消除城市就业歧视，给农民一个平等就业和共享城市发展成果的机会，大力推进城乡社会福利和社会保障等公共服务均等化。

3. 通过城市经济活动向农村的渗透与转移，实现城市经济空间的扩张

随着城市化和市场化的发展，农村资金、劳动力等生产要素不断流向城市部门，增进了城市经济集聚水平，引起城市要素生产率和规模效益的变动。随着集聚的进一步加强，城市地价和工资等生产成本会上升，面临转型升级。如果城乡要素流转顺畅，城市丧失比较优势的要素和产业会自行转向劳动力、土地丰富的农村，实现城乡共同发展。但受城乡分割制度限制，农村要素向城市单向持续流动，城市仍然维持着低生产成本，源源不断地获得较高的优势效益，城乡经济梯度转移并未大规模发生。因此，须加强政府引导作用，提高城市地区生产成本，构建城市经济扩散的倒逼机制，推动城市非农产业向农村转移，辐射带动农村发展，缩小城乡差距。

第四章 城市经济集聚与城乡收入差距的理论机理

传统古典、新古典以及二元经济理论以完全竞争和规模收益不变为框架，而空间经济学以迪克希特—斯蒂格利茨（Dixit - Stiglits，D - S）的垄断竞争和规模收益递增为主要分析框架，指出规模报酬递增源于消费者对多样性（差异性）产品的偏好，通过寻求经济系统的内生力量，研究经济活动地理空间分布演化的规律，解释地区分异（聚集）或地区趋同的成因与形成机制。

人口、企业及宏观经济活动在地理空间上的非均匀分布是现实中一个非常普遍的现象，城市化进程实质上是经济活动在空间集聚在某一片区域的过程，是微观上某种集聚力量与分散力量共同作用的结果。集聚力促进企业和人口向市场规模大的地区集中，而分散力则排斥企业和人口向企业数量多的地区集中，空间经济活动具体的分布格局取决于两者力量的相对大小。本章深入分析城市经济集聚影响城乡收入差距的理论机制。

一、城市经济聚散驱动的微观基础：聚集力与分散力

克鲁格曼（Paul Krugman）开创性地建立了一个基于迪克希特—斯蒂

格利茨垄断竞争一般均衡分析框架的著名的地理集聚模型，即核心—边缘模型，简称 C－P 模型（Core－Periphery Model），该模型以规模经济、垄断竞争和运输成本为假设前提，通过数理分析表明一个初始禀赋相同的两地区经济系统如何通过要素迁移内生地发展成为工业核心区和农业边缘区两个地区，从而成功地揭示了经济活动空间集聚的原因和内在形成机制，被认为奠定了空间经济学（新经济地理学）许多模型的理论基础，具有里程碑式的意义。

C－P 模型的重要特征是由规模报酬递增、运输成本与要素流动之间的相互作用所形成的集聚力与分散力。克鲁格曼在模型中指出宏观经济活动在地理空间上的分布模式是集聚还是扩散取决于集聚力量（向心力）和分散力量（离心力）的相对强弱：当集聚力占主导时，经济活动在空间上呈集聚状态；反之呈分散状态。C－P 模型将导致经济活动的空间聚集和扩散情况的主要因素分别归入三种市场效应的合力，即本地市场效应（又称为前向联系）、价格指数效应（又称为后向联系）和市场拥挤效应。聚集力来自接近市场所带来的优势，它有利于厂商和消费者在地理上集中。本地市场效应和价格指数效应的合力形成聚集力，这两种效应都具有循环累积因果特性，具有自我强化的特征，它们相互促进，使集聚不断得到加强。分散力来自市场竞争，市场拥挤效应形成分散力，促使厂商在地理上扩散。聚集力和分散力同时起作用，聚集力和分散力的强弱决定长期稳定的经济活动空间分布模式。

（一）空间集聚效应驱动机制与聚集力

1. 本地市场效应与价格指数效应

本地市场效应（Home Market Effect）也称为市场接近效应（Market Access Effect）或市场放大效应（Market Magnification Effect），是指每个企业为了获得生产中的规模报酬递增效益并节约销售环节的运输成本和其他费用等贸易成本，在其他条件相同的情况下，在选择生产区位时偏好于在市场规模或市场潜力（Market Potential）较大的地区集中生产，企业所生产的产品大部分在本地市场销售，并将其一部分产品运输到市场规模较小的地区出售以降低贸易成本。因为市场规模大不仅能实现规模经济，同时生产地接近大市场区还能节省销售环节的运输和贸易成本，因此市场接近效应必然产生吸引企业向市场规模较大地区集中的力量，它是一种聚集力。而且反过来，贸易成本越少，该地区名义工资率也就越高，吸引更多的人口和生产要素在该地区集聚，进一步扩大本地区市场规模，这又将引发新一轮的劳动者和企业不断向本地集中和市场规模扩张。也就是说，市场规模较大地区将吸引超过其自身市场规模比例的企业数量，当地市场会因为自身规模大而具有持续的放大效应。

价格指数效应，也称生产成本或生活成本效应（Cost of Living Effect），是指在企业比较集中的地区，商品价格相对低廉，从而生活和生产成本较低。在消费者多样性偏好和正的运输成本的前提下，地区集聚的企业越多，则在本地生产的产品种类和数量就越多，需要从外地进口的中间和最终产品的种类和数量就相对减少，而从外地输入产品需支付较高的运输成本和贸易成本，由于本地产品不存在运输成本加价，因而本地生产的产品在本地消费，需要支付的进口产品的贸易费用也就相对较少，这就节省了较多的运输成本，使本地区市场上商品的整体价格水平相对较低，从而该地区消费者的生活成本指数 CPI 和生产者的生产成本指数 PPI 也下降，因此当地消费者的生活成本降低了。在名义收入相同的情况下，低的价格指数意味着该地区实际收入水平的提高，这必然会产生吸引劳动力和企业向该地区集中的力量——聚集力，从而获得相对较高的利润。随着生产者和消费者数量的增加，市场对差异化产品的需求扩大，从而吸引更多的其他地区的劳动人口聚集在该地区，导致本地市场规模持续扩大，最终促使经济活动在该地区的不断集聚。

聚集力的循环累积因果效应。本地市场效应引起市场规模扩大，将进一步吸引消费需求转移过来，具有自我强化和持续的特征，这就是与需求关联的循环累积因果关系，构成后向关联效应。同样，生活成本效应（价格指数效应）引起生活成本下降，即实际工资水平提高，进一步吸引经济活动的转移，这就是与成本关联的循环累积因果关系，构成前向关联效应。事实上，本地市场效应和价格指数效应是交织叠加在一起相互促进的，为企业和经济活动的空间集聚提供不断增强的驱动力，共同作用形成一个整体的循环累积因果过程。

根据 C－P 模型，假设初始状态完全相同的两个地区，随着运输成本的下降，若经济中的某种冲击使某一地区市场规模扩大，本地市场效应就会促使企业选择该市场规模较大的地区作为生产区位，吸引劳动力和企业开始向该地区集中，一旦该地区的市场需求扩大，要素和产业集中节约了运输成本和生活成本，导致该地区商品相对价格指数下降。在名义收入水平相同的情况下，实际收入水平就会越高，这样，价格指数效应进一步吸引更多企业和劳动者流入本地区，继而又引起该地区的市场规模进一步放大，这又将吸引越来越多的企业和生产活动向本地区的进一步集中，如此循环往复构成循环累积因果效应，最终形成中心—外围的区域二元经济结构。中心区人均名义收入水平或人均实际收入水平都会高于外围地区，这就形成了区际经济发展水平的巨大差距。图 4－1 展示了聚集力的循环累积因果机制的过程。

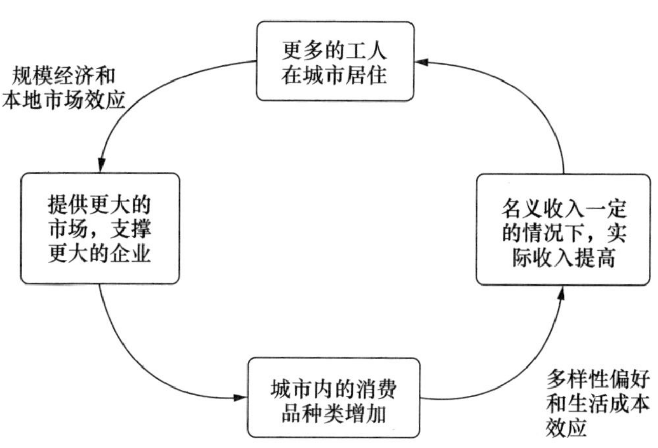

图 4－1　空间经济集聚的循环累积因果机制

2. 本地市场效应与价格指数效应的模型分析

（1）消费者需求方面。假设所有消费者对差异化产品显示相同的多样性偏好，其效用函数取决于消费的数量及种类，用 C－D 生产函数表示为：

$$U = U(C_M, C_A) = C_M^u C_A^{1-u} \tag{4-1}$$

其中，C_M 为消费者对不同工业品的消费量或子效应，

$$C_M = (c_1, c_2, \cdots, c_i, \cdots, c_N) \tag{4-2}$$

其中，c_i 为第 i 个工业品，N 为工业品种类，多样性程度；C_A 为消费者对农产品的消费量或子效应。

1）消费者效用最大化。

$$\max_{C_M, C_A}(C_M^u C_A^{1-u}), \ s.t.\ P_M C_M + P_A C_A = Y \tag{4-3}$$

其中，P_M，P_A 分别为工业品组合和农产品价格，Y 为消费者收入水平。建立拉格朗日方程如下：

$$L = C_M^u C_A^{1-u} - \lambda(Y - P_M C_M - P_A C_A) \tag{4-4}$$

分别对 C_M 和 C_A 求一阶条件并令其为 0，整理得：

$$uC_M^{u-1} C_A^{1-u} + \lambda P_M = 0, \ (1-u) C_M^u C_A^{-u} + \lambda P_A = 0 \tag{4-5}$$

由式（4－3）和式（4－5）可得：$\frac{u}{1-u}\frac{C_A}{C_M} = \frac{P_M}{P_A}$，最终可得⇒$P_M C_M = uY$，$C_A =（1-u)Y$。

因此，u 反映消费者对工业品和农产品的支持比例关系。实现最优消费组合时，u 为消费者总支出额中工业品的支持份额，$1-u$ 为对农产品的支持份额。

2）不同工业品的消费量。工业品间存在一定替代关系，假定任意两种工业品间的替代弹性都相同，则消费者对工业品集合的消费量或子效用，可用不变替代弹性函数 CES 表示如下：

$$C_M = \left[\sum_{i=1}^{N} c(i)^{(\sigma-1)/\sigma}\right]^{\sigma/(\sigma-1)}, \sigma > 1 \tag{4-6}$$

其中，σ 为任意两种工业品的替代弹性。消费者在 $\sum_{i=1}^{N} p(i)c(i) = uY$ 的预算约束下，通过选择最优的 $c(i)$ 使消费量或子效用最大化，定义拉

格朗日函数如下：

$$L = \left[\sum_{i=1}^{N} c(i)^{(\sigma-1)/\sigma}\right]^{\sigma/(\sigma-1)} - \lambda\left[\sum_{i=1}^{N} p(i)c(i) - uY\right] \tag{4-7}$$

对 $c(i)$ 求一阶导并令其为0，整理得：

$$\left[\sum_{i=1}^{N} c(i)^{(\sigma-1)/\sigma}\right]^{1/(\sigma-1)} c(i)^{1/\sigma} = \lambda p(i) \tag{4-8}$$

由式（4－8）可求出任意两种工业品的消费量和价格间的关系如下：

$$\frac{c(i)}{c(j)} = \frac{p(i)^{-\sigma}}{p(j)^{-\sigma}} \tag{4-9}$$

故任意两种工业品的边际替代率等于其价格之比。因此，在总支出一定的情况下，只要满足式（4－9）的条件，就可实现消费量或子效用 C_M 的最大化，记为 $C_{\max}$。

将式（4－9）变换为：$c(i) = \frac{p(i)^{-\sigma}}{p(j)^{-\sigma}}c(j)$，代入 C_M 的 CES 函数可得：

$$C_{\max} = c(j)p(j)^{\sigma}\left[\sum_{i=1}^{N} p(i)^{1-\sigma}\right]^{\sigma/(\sigma-1)} \tag{4-10}$$

进一步转化可得：

$$c(j) = C_{\max}p(j)^{-\sigma}\left[\sum_{i=1}^{N} p(i)^{1-\sigma}\right]^{-\sigma/(\sigma-1)} \tag{4-11}$$

式（4－11）为一个消费者对某种差异化工业品 j 的需求函数，其消费需求弹性为 $-\sigma$。由消费者预算约束式可得到工业品集合的支出水平为：

$$\begin{aligned}\sum_{i=1}^{N} p(i)c(i) &= \sum_{i=1}^{N} C_{\max}p(i)^{1-\sigma}\left[\sum_{i=1}^{N} p(i)^{1-\sigma}\right]^{-\sigma/(\sigma-1)} \\ &= C_{\max}\left(\sum_{i=1}^{N} p(i)^{1-\sigma}\right)^{-1/(\sigma-1)}\end{aligned} \tag{4-12}$$

由于消费者在工业品集合上的既定总支出水平为 $P_M C_{\max} = uY$，故可得：

$$P_M = \left(\sum_{i=1}^{N} p(i)^{1-\sigma}\right)^{-\sigma/(\sigma-1)} \tag{4-13}$$

其中，P_M 为工业品集合体的价格指数。

若把工业品数量指数 C_M 看作工业品的效用函数，把价格指数 P 看作支出函数，则可得工业品 j 的间接需求函数：

$$c(j) = \left(\frac{p(j)}{P_M}\right)^{-\sigma} C_M \quad (4-14)$$

由于所有消费者的工业品需求函数相同，选择适当度量单位，省去常数，则代表性消费者需求函数 C_M 可变换为：

$$x(i) = p(i)^{-\sigma} \quad (4-15)$$

（2）生产者供给方面。假定生产具有规模经济，任意工业品生产有相同的固定成本和边际成本，且每个工业企业每种产品的生产都具有相同的生产函数：

$$L(i) = \alpha + \beta x(i) \quad (4-16)$$

其中，α 和 β 分别为固定劳动量成本和边际劳动量成本，式（4-16）表示生产 $x(i)$ 单位第 i 类产品须投入 $L(i)$ 单位的劳动力量。设定生产单位产品须支付工资 w，则生产第 i 种产品的企业获得的利润$\pi(i)$ 为：

$$\pi(i) = p(i)x(i) - w[\alpha + \beta x(i)] \quad (4-17)$$

每个企业追求利润最大化时的产出和价格决策受以下约束：

$$\max \pi(i) = \max_{x(i)}\{p(i)x(i) - w[\alpha + \beta x(i)]\}, \ st.\ x(i) = p(i)^{-\sigma} \quad (4-18)$$

将约束条件代入目标函数，对 $x(i)$ 求一阶条件，整理可得企业最优定价：

$$p(i) = \frac{\sigma}{\sigma - 1}\beta w \quad (4-19)$$

因此，产品价格与产品种类 i 无关，每种产品的需求曲线相同。假定任意地区，每一种产品的生产都不存在进出壁垒，因此长期均衡时每个企业的产出相同且不变，利润为 0，故有：

$$\pi(i) = p(i)x(i) - w[\alpha + \beta x(i)] = \frac{\sigma}{\sigma - 1}\beta w x(i) - w[\alpha + \beta x(i)] = 0 \quad (4-20)$$

由此可得每个企业的产出：$x(i) = \frac{\alpha\ (\sigma - 1)}{\beta}$，每个企业的劳动力需求

也相同 $L(i)=\alpha\sigma$，每个地区的企业数和其工人数成正比，即 $n_1/n_2=L_1/L_2$。

（3）供求的均衡：两种效应作用机理。假设区际工业品贸易存在冰山交易成本τ，即从地区 1 运 1 单位产品到地区 2，只会剩下τ部分；令 λ_1、λ_2 分别为地区 1 和地区 2 的工人数占总工人数的比例，$\sigma\equiv\frac{1}{1-\rho}$（$\rho$ 为多样化系数，σ 和 ρ 同方向变化），则地区 1 企业在地区 2 销售的产品价格为 $\beta w_1\tau/\rho$，地区 1 的消费者面对的工业品价格指数为：$P_{M1}=(\beta/\rho)(\lambda_1L_1/\alpha\sigma)^{1/(1-\sigma)}(\lambda_1w_1{}^{1-\sigma}+\lambda_2\tau^{1-\sigma}w_2{}^{1-\sigma})^{1/(1-\sigma)}$，可求得地区 1 的工资水平为：$w_1=\rho\beta^{-\rho}\left[\frac{u}{(\sigma-1)\alpha}\right]^{1/\sigma}(Y_1P_{M1}{}^{\sigma-1}+Y_2\tau^{1-\sigma}P_{M_2}^{\sigma-1})^{1-\sigma}$，在对称两部门情况下，对上述公式的变量标准化，最终可获得一组反映工业地区分布变化对价格指数影响的方程：

$$(1-\sigma)\frac{\mathrm{d}P_M}{P_M}=\frac{L}{u}\left(\frac{P_M}{w}\right)^{\sigma-1}(1+\tau^{1-\sigma})\left[\frac{\mathrm{d}L}{L}+(1-\sigma)\frac{\mathrm{d}w}{w}\right] \tag{4-21}$$

$$\sigma\frac{\mathrm{d}w}{w}=\frac{Y}{w}\left(\frac{P_M}{w}\right)^{\sigma-1}(1+\tau^{1-\sigma})\left[\frac{\mathrm{d}Y}{Y}+(\sigma-1)\frac{\mathrm{d}P_M}{P_M}\right] \tag{4-22}$$

上述均衡的价格指数方程与工资方程反映了地区市场规模大小、工业部门份额与名义或实际工资收入的关系。假定工业劳动力流动自由，供给具有完全弹性，则 $\mathrm{d}w=0$，而且 $(1-\sigma)<0$，$\tau>0$，由方程（4－21）和方程（4－22）可以得出：$\frac{\mathrm{d}L}{L}$与$\frac{\mathrm{d}P_M}{P_M}$的变化方向相反，说明当集聚导致地区的就业人数 L 上升时，地区一般价格指数将会相应下降，显示出负效应，这是导致区域扩散的一种力量，即经济集聚的价格指数效应（Price Index Effect）。价格指数效应意味着，一个地区集聚人数越多，产业份额越大，那么一般价格指数也就越低。

为方便起见，定义一个代表贸易成本的指数 $Z=\frac{1-\tau^{1-\sigma}}{1+\tau^{1-\sigma}}$，通过 Z 消去上面两个方程中的$\frac{\mathrm{d}P_M}{P_M}$，可得：

$$\left[\frac{\sigma}{Z}+Z(1-\sigma)\frac{\mathrm{d}w}{w}\right]+Z\frac{\mathrm{d}L}{L}=\frac{\mathrm{d}Y}{Y} \tag{4-23}$$

由式（4－23）可知，$\frac{\mathrm{d}L}{L}$与$\frac{\mathrm{d}Y}{Y}$的变化方向相同，说明当本地市场需求Y每扩大1%，本地就业人数将会上升$1/Z$（>1）个百分点，这就是经济集聚的本地市场放大效应（Home Maket Effect），本地市场效应实际上就是指一个拥有较大市场规模的地区能够通过市场放大效应，最终拥有一个远超过其市场规模所占比例的产业部门。

（二）空间扩散效应驱动机制与分散力

1. 市场拥挤效应

市场拥挤效应，也称本地竞争效应、价格竞争效应或市场挤出效应（Market Crowding Effect），是指企业过于集中使市场竞争激烈而带来的不利影响，因此企业选择生产区位时会考虑竞争者数量因素，偏好向竞争者相对少的地区集中，是企业的区域扩散。经济活动在某一地区开始聚集后，由于本地市场效应和价格指数效应的联合作用，带来各种外部性经济，导致集聚规模不断扩大，但该地区的空间集聚倾向并不必然地无限扩大，因为需要更多的土地资源、劳动力等生产要素，但这些要素的数量在某一时期是一定的，导致生产成本以及生活成本不断上涨。而且随着众多的企业或者要素过于集中在既定中心地区时，在其他条件相同的情况下，企业之间面临争夺有限的本地市场需求的激烈竞争，造成单个企业市场份额下降，降低企业的盈利能力，从而减少核心区的吸引力，促使企业迁出经济活动聚集区，流向企业较少的地区。市场拥挤效应构成抑制企业聚集的力量——分散力。市场拥挤效应的强度取决于贸易成本、规模经济和消费者偏好。由于市场拥挤效应的作用，致使经济活动初始聚集中心生产和生活成本不断上升，从而给城市经济活动的进一步聚集带来很大压力。在这种情况下，企业基于利润最大化的目标，会将聚集中心的部分经济活动向周边农村腹地扩散。

2. 市场拥挤效应的模型分析

（1）基本假设。假定存在一线形经济体，经济活动全部分布在一直线上；生产农产品与工业品两种产品；工业品企业在空间自由布局，而农产品生产外生给定，并在直线上均匀分布；工业品企业内部交易成本为零，工农业中心—外围地区的交易成本随经济体的发展不断降低；工业品企业能获得显著的外部经济。

（2）模型分析。定义 $f(y)$ 为线形经济体工业企业的分布密度函数，$f(m)$ 为线形经济体劳动力的分布密度函数；经济集聚中心地区 1 的某工业企业 i 从其他企业获得的总外部收益和边际外部收益分别为 $A(i)$、$a(i)$。由此我们通过积分可以得到中心地区的企业总数为 $\int_1 f(y)\,dy$、劳动力总数为 $\int_1 f(m)\,dm$、工业企业 i 的总外部收益函数为 $A(i)=a(i)\int_1 f(y)\,dy$。

设定中心地区 1 的均衡工资率和地租率分别为 W_1、R_1，同时某工业企业 i 生产中需要投入的劳动力数和土地面积分别为 L_i、S_i，由此，可以得到工资率 W_1 和地租率 R_1 分别为：

$$W_1 = F\left[\varphi\int_1 f(y)\,dy,\theta\int_1 f(m)\,dm\right]$$

$$R_1 = F\left[\alpha\int_1 f(y)\,dy,\beta\int_1 f(m)\,dm\right] \tag{4-24}$$

式（4-24）中，φ 和 θ 分别表示工业企业对劳动力的需求和劳动力供给所导致的边际工资率，α 和 β 分别表示工业企业和劳动力增长所带来的边际地租率。假定工业企业 i 的产出为 Q_i，地区 1 和地区 2 之间各类工业品的单位平均交易成本为 τ_1，主要取决于运输的空间距离 d，所以 $\tau_1=\tau_1(d)$。由此，可以得到地区 1 代表性工业企业 i 的利润函数为：

$$\pi(i)=A(i)-W_1L_i-R_1S_i-\tau_1Q_i \tag{4-25}$$

通过本地市场放大效应、价格指数效应产生的集聚力和市场拥挤效应产生的分散力的联合作用，中心地区 1 经济集聚程度加深，工资率即劳动

力成本 W_1 和地租率即用地成本 R_1 都将迅速增加到 W'_1 和 R'_1，但随着经济系统发展，市场网络体系的发展和两地区交往的密切，交易成本 τ_1 逐渐下降为 τ'_1，但工资率与地租率的增速远大于交易成本的降速。下面我们分析这三种作用力量变化的对比对经济集聚中心地区 1 工业企业 i 的经济活动空间布局调整的影响。

假设通过一段时间的过度集聚后，中心地区 1 的工资水平和地租率都迅速增加，则中心地区 1 代表性工业企业 i 的利润变为：

$$\pi'_1(i)=A(i)-W'_1L_i-R'_1S_i-\tau'_1Q_i\leqslant Exp[\pi_1(i)] \tag{4-26}$$

式（4－26）中 $Exp[\pi_1(i)]$ 为工业企业 i 的预期利润，经济集聚中心地区要素成本的上升导致此时工业企业的实际利润已低于预期利润，因此，企业为追求利润最大化，必然会把原先集中于中心地区 1 的经济活动和产业转移至劳工成本和土地租金相对低廉的经济密度相对较低的外围地区，形成新的集聚，以减少成本，增加利润，从而保持自身的生产效率，引致区域经济活动空间布局的分散化。

（三）空间经济聚集力与分散力的权衡

集聚力量与分散力量的相对强弱将决定均衡时经济活动的空间分布。吸引企业向市场规模较大地区集中的市场接近效应和生活成本效应，称为聚集力；抑制企业进一步聚集、吸引分散的市场拥挤效应，称为分散力。三种效应的共同作用使聚集力与分散力的强度发生交替变化。

而两地之间的贸易自由度 φ（或贸易成本）是影响聚集力（向心力）和分散力（离心力）强度的一个重要因素，其取值范围为 0～1。它们通常都随贸易自由度的提高（贸易成本的降低）而减弱，但分散力的减弱速度相对聚集力更快。图 4－2 是关于聚集力、分散力与贸易自由度的关系。如图所示，存在一个贸易自由度的临界值点（突破点或维持点）φ^s，具体来说，当 φ 小于该点，即贸易成本较高时，市场拥挤效应占优势，分散力大于聚集力，此时合力表现为分散力，将抑制进一步聚集，并吸引分散，两地区经济活动的空间分布保持平衡对称结构（均匀分布）；当 φ 突破该点后，即贸易成本不断下降，聚集力开始超过分散力，此时合力表现为聚集力，将加速经济活动向某一地区集中，两地区经济活动的布局将最终向中心—外围的空间分布格局转化。

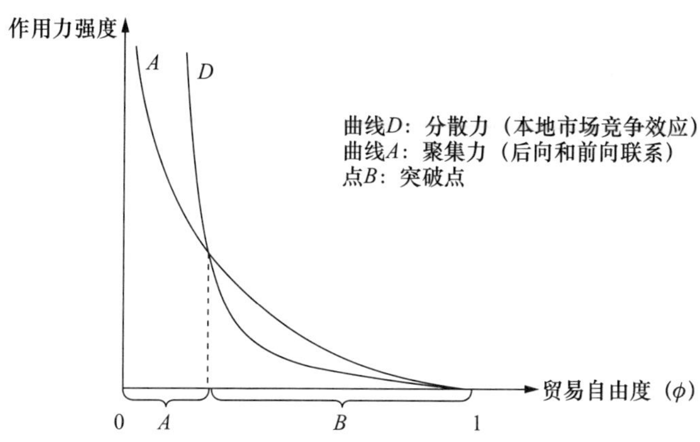

图4－2　聚集力、分散力与贸易自由度

若外部冲击导致某中心地区市场规模扩大，一方面集聚力产生市场扩大效应、价格指数效应和外部性，吸引资金、技术、人力等生产要素由外围不断向中心地区集中，城市形成和发展起来。另一方面，当集聚力达到一定程度时，过度集中将引起市场拥挤效应，产生分散力，中心地区向外围地区拓展其空间腹地，带动外围地区发展。集聚力和分散力在区域集聚过程中相辅相成，分散力源于前期集聚力，聚集力发挥到一定程度时才产生分散力，分散力的强弱取决于前期中心地区集聚力的大小，当分散力呈现为知识技术溢出时，将再次促进市场规模扩大，促进中心地区进一步产生集聚力，在更广区域范围内形成集聚力与分散力的良性循环。

城市地区聚集力因素包括本地市场效应和价格指数效应（后向关联及前向关联效应），体现为高生产率、高增长、高利润、高就业、企业创新、知识外溢、劳动力市场和要素集聚的其他外部经济；分散力因素即市场拥挤效应，体现为：市场竞争、劳动力成本、土地租金、住房成本、通勤和运输成本、污染压力、社会问题和要素集聚的其他外部不经济。此外经济活动的分散力还包括劳动力、生产技术、知识创新活动和制成品等生产要素的非流动性，劳动力流动的异质性等，如表4－1所示。

表4－1 城市经济集聚的聚集力与分散力

城市经济集聚的聚集力	城市经济集聚的分散力
货币外部性	不可流动要素，劳动力异质性
技术外部性	地租和住房、运输和通勤成本
劳动力池	市场竞争、拥挤、污染、社会成本

总体来说，这些聚集力和分散力的组合说明了在经济活动集聚初期，聚集力会超过分散力，使经济活动区域布局倾向越来越不平衡；随着经济的不断集聚以及一体化程度的加深，分散力增强，到某一节点，将超过聚集力，从而导致经济活动布局分散化，区域经济不平衡布局得到逆转。

二、核心—边缘模型的三大效应与城乡收入分配

克鲁格曼（Paul Krugman）在迪克希特—斯蒂格利茨（Dixit－Stiglits，D－S）垄断竞争框架下建立的核心—边缘模型（Core－Periphery Model，C－P模型）被认为奠定了空间经济学（新经济地理学）的基础，它通过运输成本把空间这一维度纳入传统的一般均衡分析框架中，揭示经济体内部经济布局的内在机理。该模型不仅在某些行业部门得到验证，也给我国区域协调发展、城乡统筹发展很多有意义的启示。

核心—边缘模型通过数理分析解释工业核心区和农业边缘区是如何通

过制造业人口的迁移流动与产业转移内生地演化而成的，其重要特征是由规模报酬递增、运输成本与要素流动之间的相互作用所形成的集聚力与分散力。

核心—边缘模型改进了马歇尔规模报酬不变的假设，其二元发展空间结构的假设也完全符合中国当前城乡经济社会结构的现实情况，对于研究中国的城乡收入差距问题具有启发性，提供了一个新的理论视角。应该说，借鉴核心—边缘模型，从地理空间维度来研究城乡收入差距，这是从城乡两地区异质性的假设出发，抓住了城乡收入差距的实质。

因此，我们利用新经济地理学的核心—边缘模型来研究城乡两地区之间的关系，即探求要素和经济活动在城乡间空间分布的演化。首先，将模型中地区与地区之间的设定改为城市核心区与农村边缘区的空间结构；其次，通过劳动力和企业等经济活动从农村向城市集聚所产生的三大效应，即本地市场效应、价格指数效应、市场竞争效应来分析其对城乡收入分配差距的影响机制。

（一）基本假设

核心—边缘模型所考虑的经济系统只涉及两地区、两部门、两要素，也可看成是“2×2×2 模型”，其基本假设如下：

（1）空间的设定。空间的存在导致经济主体间交易中存在运输成本；空间是非同质的，在自然条件及要素禀赋上都存在很大差异。

（2）经济中有北部和南部两个地区，两地域在偏好、技术、开放度以及初始要素禀赋方面都是对称的。本书中，用北部代表城市地域，用 U 表示；南部代表农村地域，用 R 表示。

（3）生产部门分为以迪克希特—斯蒂格利茨框架下的垄断竞争、规模收益递增为特征的现代工业部门（用 M 表示）和以瓦尔拉斯一般均衡框架下的完全竞争、规模收益不变为特征的传统农业部门（用 A 表示），其投入要素分别为工业劳动力和农业劳动力。

（4）工业产品具有差异性，对消费者来说，任意两种工业产品间存在

相同的替代弹性 σ（消费者对产品多样化偏好的程度），而农产品同质，存在完全替代。

（5）工业企业需要一定量工人的固定成本和每单位产出 a_M 单位的可变成本，其成本函数为 w_M（$F + a_M x$），而农业部门每单位产出需要 a_A 单位的劳动力作为可变成本，其成本函数为 $a_A w_A$。

（6）为追求效用最大化，劳动力根据城市和农村两个地域之间实际工资的差异而选择跨区流动、迁移，可简单表达为 $S_H^* =（w - w^*）S_H（1 - S_H）$，其中 S_H^* 表示区际间工人流动数量；S_H 表示地域 U 上的劳动力数占总劳动力人数的比例，即工人份额；w 为实际工资水平，$w - w^*$ 为两个地域间的工资差异。长期情况下，工资差异为 0，流动量为 0，此时劳动力在两个地域分布不变（对称）。

（7）城乡间的贸易成本遵循冰山交易成本 τ（运输费用及贸易障碍引起的广义交易成本），即产品价值在运输过程中损失或“融化”掉的一个固定比例，用 τ（$\tau < 1$）度量，城乡贸易自由度 $\varphi = \tau^{1-\sigma}$ 也可看作广义的运输成本。如果用 p_U 表示城市地域 U 在本地出售产品的价格，用 p_R 表示将产品运输到农村地域 R 出售的价格，那么，为弥补运输途中的损失，在农村地域 R 要索取更高的价格，即 $p_R = (1 + \tau) p_U$。

（二）三大效应对城乡收入分配的影响机制

1. 本地市场效应对城乡收入分配的影响

在本书模型中城乡收入差距体现为城市与农村的实际工资水平差异，城乡工资差异正是导致劳动力流动和企业迁移的最根本动因。因为城市地域的工资水平高于农村地域，为寻求收益最大化，劳动力和企业势必从农村地域开始向城市地域流动和迁移。当劳动力和企业从农村转移到城市时，其消费支出也一定是产生在城市本地，在总支出固定时，这样的流动会引起消费支出的转移，即流入地城市地区的消费支出会越来越大，而流出地农村地区的消费支出会越来越小，带来城市消费市场规模大于农村市场规模的连锁反应，进而使城市与农村之间的消费市场规模差距

三、空间经济的集聚效应、极化效应、扩散效应与溢出效应

（一）集聚效应、扩散效应、极化效应与溢出效应

1. 集聚效应

集聚效应是指生产要素和经济活动在地理空间上表现为向某一中心地区集中和聚合的趋势。中心地区凭借其在区位条件、经济基础、交通运输、设施水平、人口规模等诸多方面的优势，成为区域经济发展的增长极，对区域内资本、劳动力、技术等产生强大吸引力，促使区域内各类生产要素和经济活动向中心地区集中。因此，集聚效应促使经济中心形成，并通过生产要素的聚集带来的规模效应和外部经济效益促使中心地区进一步发展。

2. 扩散效应或涓滴效应

扩散效应是指劳动力、资本、技术等生产要素由分布密集的中心地区向外围地区扩展和分散的趋势。根据增长极理论，经济中心地区是外围地区经济增长的动力源，伴随自身规模的扩大和发展层次的提高，依靠其较强的经济资源优势，通过向外围低梯度地区的生产要素扩散、产业关联效应等带动周围地区的经济发展。

3. 极化效应或回程（波）效应

极化效应也称回流效应，是指随着中心地区的高度发展和竞争力的加强、投资收益和劳动收入的明显提高，形成中心地区与外围地区在劳动力、资本、技术等生产要素的收益率的差距，外围地区的人才、资金、原材料等生产要素大量流向收益率高的中心地区的情况。而且根据缪尔达尔累积循环理论，中心地区的优势地位会持续累积地加速增长，聚集优势和

需求的增长提高人们对未来的收益预期，导致投资环境改善，投资增加，再次提高区域内需求，由此通过规模经济效应和乘数效应促进了这种往复循环，像滚雪球样越滚越大，不断地吸引生产要素向中心地区集中，形成要素的回流。特别是中心地区对外围地区的生产要素需求具有选择性，产生虹吸效应，导致外围地区高质量生产要素不断地流向中心地区。这会进一步导致外围地区的要素资源流失和不足，削弱了外围地区的发展环境，致使外围地区的经济进一步衰退，迫使外围地区处于相对劣势和被支配地位，从而中心地区与外围地区的差距进一步扩大。

4. 溢出效应（Spillover Effect）

经济增长的四种机制是乘数效应、剥夺效应、聚集效应和扩散效应。溢出是指经济活动的外部性，地区间经济溢出作用源于聚集力和扩散力的合力，集聚效应与扩散效应的综合影响表现为溢出效应。当集聚效应大于扩散效应时，溢出效应为负，溢出效应不明显；当集聚效应小于扩散效应，溢出效应为正，溢出效应明显。

（二）集聚效应与扩散效应发展的阶段特征

集聚效应使区域经济从分散的均质状态逐渐发展为区域经济二元结构状态；而扩散效应则会使区域经济内部极化中心逐步向整个区域推进，从而使区域内部经济发展渐趋均衡，最终走向区域空间一体化。我们认为，在经济活动空间聚散的全过程，集聚效应、扩散效应与回程效应三者综合起作用，共同制约着区域空间经济结构的演变，成为推动中心与外围地区互动的基本方式。三种效应在区域经济发展的不同阶段呈现不同的作用强度和作用方式，三种效应的力量此消彼长。

在区域经济集聚过程的初始阶段，集聚效应、回程效应大于扩散效应，集聚效应占主导，溢出效应不明显。中心地区表现出强烈的极化效应，吸引外围地区的劳动力和资本等大量生产要素不断向中心地区集中，区域空间逐渐形成中心—外围结构，中心地区经济增长加速，居民收入水平不断上升，而外围地区经济增长缓慢，居民收入水平较低，中心与外围地区收入差距迅速扩大；随着中心地区集聚规模的逐渐扩大，集聚效应不断加强，当三种效应的作用平衡时，区域非均衡程度达到最大，区域空间的中心—外围结构保持相对稳定；当集聚超过一定程度后，集聚效应、回程效应逐渐减弱，而扩散效应不断增强甚至超出集聚效应而占主导，溢出效应较明显，使二元结构逐渐减弱。中心地区过度集聚带来资源短缺和激烈竞争，产生集聚不经济，从而将资源要素转移扩散到外围地区，对外围地区经济产生扩散辐射效应，中心与外围地区的收入差距逐步缩小并渐趋平衡。如图 4－3 所示。

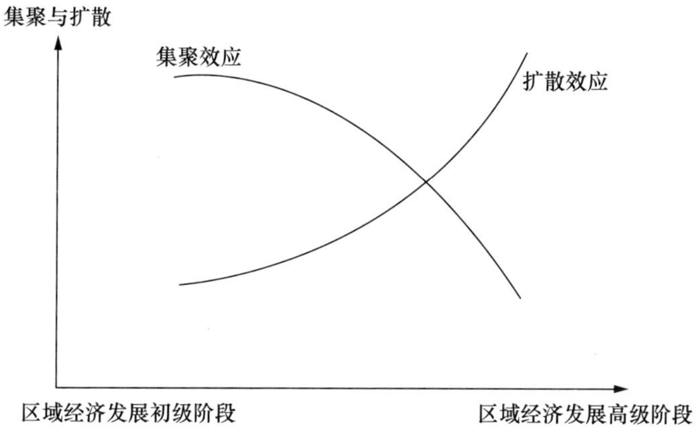

图 4－3　区域空间演变各阶段的集聚效应与扩散效应

扩散效应与集聚效应的综合影响为地区间溢出效应，在区域空间演变初期阶段，扩散效应小于集聚效应，溢出效应为负；在区域空间演变中期阶段，集聚效应与扩散效应相等，溢出效应为零；在区域空间演变后期阶段，集聚效应不断减弱，扩散效应却日益增强，扩散效应甚至超过集聚效应，溢出效应由负转为正，如图 4－4 所示。

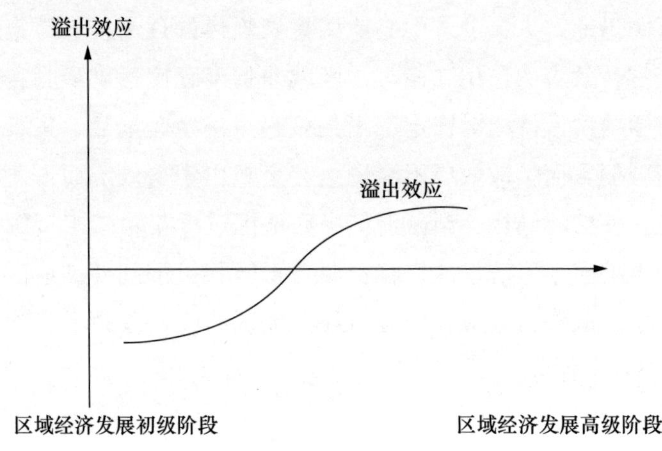

图 4-4　区域空间演变过程中的溢出效应

四、城市经济集聚与城乡收入差距的空间作用机制

（一）城市经济集聚与扩散效应的成因

城市集聚效应形成的原因主要为外部经济和规模经济，包括：第一，联系效应与中间投入品和服务的关联效应。有着内在关联的企业在空间上的相对集中和接近显然有助于形成中间投入品供给上的规模经济，企业能以更低的成本获得中间投入品供给，节约了中间产品供应商的经营成本，提高了产业内分工网络的经营效率。更容易接近众多的为之服务和配套协作的机构和企业。第二，市场接近效应。经济活动集中于城市地区，带来市场的扩大，为集众聚多的企业提供了就近的产品销路和原材料以及中间产品供给。第三，劳动力市场匹配效应。空间集聚可以形成地方劳动力池

效应（Labor Force Pooling），可以节省雇主和雇员双方大量的市场信息搜寻费用，提高劳动力市场供需双方的匹配效率，有助于企业以更低的成本获得所需要的人力资源。同时，节省了企业的培训费用，也使劳动力求职工作中的交通费用大为降低。第四，知识溢出效应。各类经济活动在城市地区的空间集中大大便利了同行业企业之间信息、技术的交流和传递扩散，使信息交流成本下降，意味着知识外溢性的增加，面对面的交流加速了技术知识，特别是意会知识（Tacit Knowledge）的交流，促进企业技术创新，提高生产率。第五，生产和消费多样性带来的消费收益。消费产品品种的差异化和多样化，满足和丰富了消费者的效应。第六，现代化的基础设施。众多的企业集聚在一个地方，共同使用这些基础设施与公共服务，降低了生产成本与相关费用，促进了城市基础设施外部经济的实现。

城市扩散效应形成的原因主要是城市集聚规模的扩大引发的城市集聚不经济，主要有：第一，土地或场地费用的增加。城市集聚程度越大，土地越稀缺，地价就越高。第二，劳动力价格即工资水平上升。城市经济集聚程度较高的地区，劳动力工资水平也就较高，企业生产成本上升。第三，拥挤成本和市场竞争。拥挤成本是由当城市经济资源过度聚集时，城市公共物品供应能力不足造成的。拥挤成本对居民的直接影响是地价、水电和房租等非贸易品价格上升，拥挤还导致了居民交通费用支出增加，这些无疑都提高了城市的生活成本，而且因市场竞争加剧将导致企业营利水平下降。第四，社会成本。随着城市空间集聚规模的扩大，也会出现资源危机、环境恶化、生态破坏等社会成本。这样，城市地区的生产要素和经济活动都会向土地和劳动力廉价的农村地区转移扩散。

（二）城市经济集聚对城乡收入差距的作用机制

城市经济的集聚和扩散同时并存，互为促进，集聚意味着扩散，扩散又含有集聚。集聚和扩散在不同层次上交错进行，贯穿城乡经济空间演化的整个过程。城市在集聚的同时总是在不断地进行扩散辐射，扩散保证了集聚在一个合适的度内进行，是对集聚的一种有效保护和促进，通过扩散进一步增强集聚的能力，寻求更高质量和水平的聚集。城市经济的扩散功能主要源于城市地区自身结构的优化。城市经济对周边乡村经济辐射作用的大小同城市经济集聚程度成正比。

城市经济集聚能产生很强的规模效应和外部经济，给集群范围企业提供巨大的外部性，对城乡居民收入提高均具有重要意义。它一方面既可以提高城市规模收益，增加城市居民收入，也可以通过产业带、产业园等产业集群吸引大量农村劳动力就业，给农村地区带来大量汇款资金，提高农业投入水平，同时缓解农村人口与土地资源的矛盾，提高农村劳动生产率，带动农村发展，提高农民收入。另一方面，城市地区不具有比较优势的生产要素和经济活动会自发向小城镇和农村地区梯度转移，使城市经济活动在空间布局上形成较大的网络基地，产生集聚规模效益，吸引大量农村劳动力就业，带动农村初级加工业和农业产业化经营，延长农业产业链，优化农业内部结构，带动农村发展，提高农民收入。

考虑区域内城乡统筹发展问题，那么中心地区就是指城市地区，外围地区就是指城市发展的腹地即广大农村地区。在城乡经济活动空间聚散的全过程，集聚效应、回程效应与扩散效应三者协同起作用，但三种力量在不同阶段的作用强度和作用方式不同，它们与生产要素的流动结合在一起，成为推动城市与周边农村地区互动的基本方式。城市对农村的集聚效应可以提高城乡资源配置效率，促进城乡整体经济发展，而扩散效应则可有效促进农村发展，缩小城乡差距。伴随城市地区经济集聚的边际效益的阶段性变动，集聚效应、回程效应和扩散效应的强度在交替变化，其综合作用影响着区域内城乡经济发展和城镇、农村居民的收入水平进而导致城乡居民收入差距变动。集聚效应、回程效应与扩散效应均通过引致城市自身生产效率、产业优势的变化以及城乡间生产要素的流动与转移对城乡收入差距产生影响。城市经济集聚通过集聚效应与扩散效应影响城乡收入差距的具体途径如图 4 –5 所示。

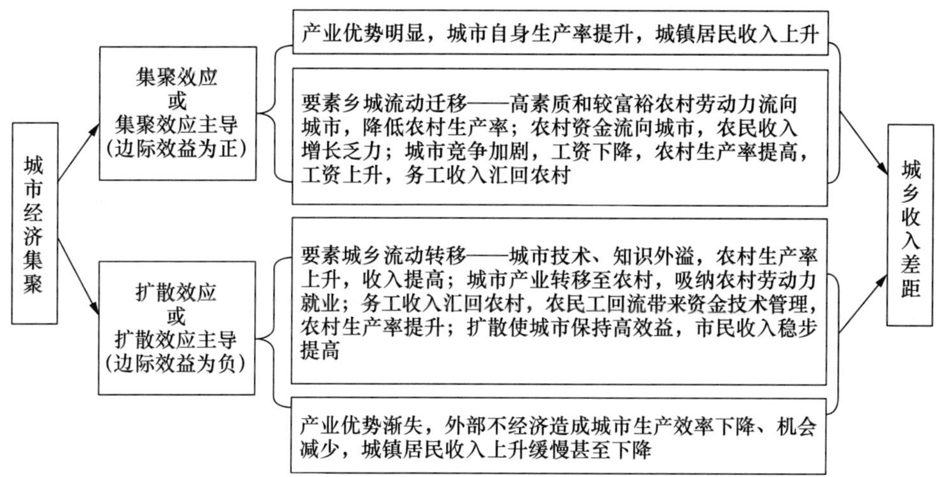

图4－5　区域城市经济集聚影响城乡收入差距的宏观途径

城乡收入差距的变化取决于城市对其周边农村地区集聚效应与扩散效应强度的交替变化。在区域内城乡空间经济结构演化的初期，城市对农村的集聚效应大于扩散效应，集聚效应主导，中心城市凭借其在诸多方面的优势，吸引农村地区各种生产要素和产业不断向其集中，集聚效应使中心城市在区域内的地位进一步上升，提高了其劳动生产率，其发展更为突出，城乡收入差距持续扩大；然而中心城市的集聚效应并不是无限的，城市集聚的规模效益并非要求城市集聚规模无限扩大，因为存在两方面的制约因素，一是生产要素边际收益递减规律的作用，企业发展到一定规模后，其边际效益开始下降，对生产要素投入的吸引力减小。二是城市空间容量、环境容量和经济容量有限。当中心城市经济集聚到一定规模时，生产成本、生活费用必然会提高，如地价高涨、交通拥挤、环境污染、能源紧张、社会混乱等，产生集聚不经济，制约了集聚的进一步发展。为追求更高的边际收益，中心城市被迫优化自身经济结构，城市扩散效应开始发挥主导作用，外溢效应凸显，中心城市一部分生产要素和相关产业逐步向空间广阔和劳动力廉价的外围小城镇和农村地区转移和扩散，把以前属于农村范围的土地和人口变成城市的一部分，这样乡村地区经济加速发展，同时中心城市内部经济结构也完成了转型升级，中心城市增长新空间得到扩大，城乡之间在更高层次上实现了分工协作，广大农村地区收入水平持续增加，城乡收入差距开始缩小。

由于促进城市经济集聚的根本目的是发挥城市对农村的扩散效应，从而快速有效地辐射带动农村地区的经济发展，最终逐步缩小区域城乡收入差距。也许现阶段城市地区对农村地区的经济集聚效应明显大于扩散效应，但是可以通过改善空间内部城市地区经济扩散效应的影响因素，促使其对周边农村地区的扩散效应尽快尽多地发挥，从而缩小扩散效应与集聚效应强弱的差距，扩大其对农村的溢出效应，就可以提前实现城乡收入差距的缩小和城乡统筹发展。

五、本章小结

本章基于微观基础与宏观效应的角度分析了城市经济集聚影响城乡收入差距的理论机理。城市化进程实质上是经济活动在空间集聚在某一片区域的过程，是某种集聚力量与分散力量共同作用的结果。空间经济学认为，经济集聚是基于微观主体的行为选择，揭示了区域内部经济布局的内生机制，这对解释我国城乡收入差距和城乡协调发展很有启示。

首先，以空间经济理论为基础，分析了城市地区经济聚散驱动的微观基础，即聚集力与分散力。集聚力促进企业和劳动力向市场规模大的地区集中，而分散力则排斥企业和劳动力向企业数量多的地区集中。聚集力产生于本地市场效应（自身市场规模大小）和价格指数效应，分散力产生于市场拥挤效应。本地市场效应是指企业集中在大市场生产以满足本地消费，并出口到小市场的趋势。价格指数效应是指消费者或劳动力更愿意居住在厂商数量多的地区，以享受更多样化的产品、更低廉的价格以及更便利的生活。这两种效应形成需求关联与成本关联的循环累积因果关系。市场拥挤效应是指过度集中带来的竞争使部分企业向竞争者较少的地区转移的趋势。

基于微观主体最优决策对三种效应的作用机理通过数理模型进行了分析。区域经济布局取决于聚集力和分散力的相对大小，随着经济集聚的不断加强，分散力将从小于聚集力到某一节点再超过聚集力，导致区域经济布局从不均衡到均衡的逆转。并利用新经济地理学的核心—边缘模型（C－P模型），通过劳动力和企业等经济活动从农村向城市集聚所产生的上述三大效应来分析其对城乡收入分配差距的影响机制，认为城乡收入差距在三大效应的作用下会呈现先扩大后缩小的变化趋势。

其次，从空间经济的集聚效应、扩散效应与溢出效应及其发展的阶段性特征分析了区域内部经济空间结构的演变。集聚效应使区域内部经济结构从分散的均质状态逐渐发展为区域经济二元结构状态，而扩散效应则会使区域内部极化中心逐步向整个区域推进，从而使区域内部经济发展渐趋均衡，最终走向区域空间一体化；集聚效应与扩散效应的综合影响为空间溢出效应。当集聚效应大于扩散效应时，溢出效应为负，反之则反是。在区域内部经济活动空间聚散的全过程，集聚效应、回程效应与扩散效应同时起作用，共同制约着区域经济空间结构的演变，但三种效应在不同阶段作用强度和作用方式不同，力量此消彼长，集聚效应不断减弱，扩散效应却日益增强。随着经济集聚的逐步加强，空间溢出效应由负转为正，区域空间结构经历由分散均质先逐渐演变为聚集非均衡然后渐趋均衡与一体化的过程。

最后，分析了城市经济集聚对城乡收入差距的空间作用途径。集聚与扩散是城乡经济空间演化的两种最基本的力量，它们的相互作用成为推动城市与其周边农村地区互动的基本方式。城市经济集聚效应主要源于外部经济和规模经济，而扩散效应则源于边际收益递减和城市空间容量制约产生的集聚不经济。城市对其周边农村地区的集聚效应可以提高城乡资源配置效率，促进城乡整体经济发展，而扩散效应则可有效促进农村发展，缩小城乡差距。伴随城市地区经济集聚边际效益的阶段性变动，其对周边农村地区集聚效应和扩散效应的强度在交替变化，它们通过引致城市自身生产效率、产业优势的变化以及城乡间要素的流转影响区域内城乡经济发展和城镇、农村居民的收入水平，进而对城乡收入差距产生影响。

我们可以通过改善经济扩散效应的影响因素，强化城市对其周边农村地区的扩散效应，缩小城市对农村扩散效应与集聚效应的差距，从而扩大其对农村地区的溢出效应，更好地辐射带动农村地区发展，提前实现城乡收入差距的缩小和城乡统筹发展。

第五章　城市经济集聚与城乡收入差距：模型构建与实证检验

一、引　言

城市化过程实际上就是一个人口、资本、产业等生产要素和经济活动不断从农村向城市集聚的动态结构转变过程，城市化的本质特征就在于经济资源要素受市场机制作用在一定地理空间上的集中性。非农经济的空间集聚是城市的天然属性和内在要求，没有集聚就不可能有城市，城市的形成与发展过程实际上就是集聚经济的产生与演变过程。而城市经济集聚效益是城市化和城市形成与成长的内生动力。由于集聚效应的存在，城市经济具有规模效益和外部经济效益的特点。

城乡作为同一区域系统内两个不同形态的地域，在资源禀赋和经济条件等方面存在较大差异，导致在经济活动强度和密度方面也存在很大差异。城市之所以成为区域经济集聚的中心，其根本原因在于城市具有农村难以比拟的发展优势，其显著特征表现为：经济活动的空间集聚性、经济活动外部效应的广泛性以及产业结构的非农性和多样性，因而城市与农村之间具有明显的生产效率差异。这将吸引资源、人口以及产业等可流动要素资源不断向城市集中。

城市地区凭借其特有的诸多优势，对区域内生产要素和经济活动表现出强大的吸引力和极化作用，拉动其大规模向城市非农产业集中，同时通过扩散辐射效应，推动经济要素向周边地区扩散，从而有效带动农村地区发展。城市化进程中集聚、扩散过程就是城乡经济社会发展一体化格局的形成过程，城市经济集聚与扩散的协同作用促进城乡经济社会结构的转变，推动区域内城乡经济互动发展，最终缩小城乡收入差距。

区域中心城市的经济集聚对区域经济活动具有较强的集聚功能和辐射功能，能产生很强的集聚规模效应和外部经济，给集群范围企业提供巨大的正外部性，产生对周围地区要素和经济活动的溢出效应，带动周边地区经济发展。因此，城市经济集聚对城乡经济发展和城乡居民收入的提高都具有重要意义。城乡居民均可从集聚空间外部性中获益，它既可以提高城市集聚经济效应，增加城市居民收入，也可以通过产业带、产业园等产业集群吸引大量农村劳动力就业，提高农村劳动生产率和农民收入。

城市在辐射带动农村发展中发挥着重要作用，城市地区的集聚与扩散是影响区域城乡收入差距的重要机制。本章借鉴空间经济学（新经济地理学）的相关理论，基于城乡有别的生产函数，在城市部门经济集聚空间外部性条件下，探讨我国城乡收入差距的影响因素，为缩小城乡收入差距提供依据。

二、模型构建

（一）检验模型的推导：城乡不同生产函数的构建

现有多数研究侧重从一系列显性的城乡非均衡制度等外生因素来寻求

城乡差距整体上持续扩大的根本原因，但这些因素毕竟只是影响收入创造的外部环境，对城乡收入差距持续扩大的原因难以作出清楚的解释。事实上，从长期来看，收入水平取决于经济增长，城乡收入差距主要体现为城乡经济增长源泉即城乡生产函数的差异。而且，多数研究割断城乡间劳动力、产业及资本等要素的联系，忽视经济集聚及其外部性对城乡居民各自收入的影响。为弥补上述不足，我们将空间经济学产业集聚与地区经济发展差距的理论运用到城乡收入差距的研究中，在城市生产函数中引入集聚空间外部性，构建城乡有别的生产函数，从城乡经济增长源泉即城乡生产函数的差异来解析城乡收入差距持续扩大的成因。并基于此以劳动力市场工资均衡为媒介，推导出城市经济集聚等因素影响城乡收入差距的检验模型。

转型期的中国是典型的城乡二元经济，城市和农村具有异质的生产函数，从而具有不同的收入增长源泉。考虑到城市相比农村分散经济具有明显的集聚优势，同时依据 Marshall“知识外溢、专业劳动力市场共享、中间投入品规模经济是集聚效应的三个来源”的观点，以及 Krugman 和 Fujita 新经济地理学“集聚与地区经济增长内生互动”的思想，本节将中间产品投入和集聚经济空间外部性分别引入农村和城市部门生产函数，推导出均衡条件下以城市经济集聚为核心的城乡收入差距决定因素方程，以深入研究城市经济集聚等因素对城乡收入差距的影响。

假定某一区域划分为农村和城市两个地区，其主要产业分别为农业和非农产业；农村居民收入水平取决于农村经济增长，城市居民收入水平取决于城市经济增长；城市地区为农村地区提供中间产品投入，这种生产资料的价格是城市地区分享农村地区经济成果的唯一渠道；市场机制健全，社会制度富于弹性，经济资源能在城乡之间自由流动。

考虑到城市通过中间产品价格分享农村经济成果，为了不割断城乡经济联系，参考 Restueeia 等（2008）的生产函数，在农村生产函数中引入中间产品投入，即将中间产品投入看作一种要素用于农业生产过程，则构建农村部门规模报酬不变的 C－D 生产函数为：

$$Y_1 = A_1F(L_1, K_1, I_1) = [(A_1L_1)^aK_1^b]^cI_1^{1-c} = A_1^{ac}L_1^{ac}K_1^{bc}I_1^{1-c}, 0<a, b, c<1 \tag{5-1}$$

式中，Y_1、A_1、L_1、K_1、I_1 分别表示农村总产出、全要素生产率、劳动力投入、资本投入和中间产品投入；a、b、c 分别表示农村部门劳动贡献率、资本贡献率、资本与劳动力的规模报酬，$a+b=1$，表示规模报酬不变；中间产品 I_1 的价格设为 P_1。在市场完全竞争状态下，农村部门要素投入达到均衡的必要条件为劳动力工资收益 W_1 即劳动力价格及中间产品价格 P_1 应分别等于各自的边际产出，则式（5-1）对 L_1、I_1 求偏导可得：

$$W_1 = \partial Y_1/\partial L_1 = acA_1^{ac}L_1^{ac-1}K_1^{bc}I_1^{1-c} \tag{5-2}$$

$$P_1 = \partial Y_1/\partial I_1 = (1-c)A_1^{ac}L_1^{ac}K_1^{bc}L_1^{-c} \tag{5-3}$$

由式（5-3）可求出：$I_1^{1-c} = [(1-c)/P_1]^{(1-c)/c}A_1^{a(1-c)}L_1^{a(1-c)}K_1^{b(1-c)}$，代入式（5-2）最终可得：

$$W_1 = ac[(1-c)/P_1]^{(1-c)/c}A_1^aL_1^{a-1}K_1^b \tag{5-4}$$

Ciccone 等（2002）认为集聚经济的空间外部性来自区域经济活动的分布密度，且集聚经济效应将带来当地经济效率的改进。由于工业和服务业在城市集聚是城市集聚经济有别于农村分散经济的重要特征，因此，我们在其城市生产函数的基础上，将集聚空间外部性引入城市生产函数中。考虑到其测度集聚经济的因子过于简单，只有经济密度，未考虑集聚规模，而集聚经济的微观基础却有赖于集聚规模。我们在其城市生产函数中新增集聚规模指数，并沿用空间就业密度与产出密度来测度城市经济集聚程度，使改进的模型与通常的经济集聚概念一致。假定城市内部土地均质，非农产业在其中均匀分布，城市生产函数就可由单位土地面积上的生产函数加总得到，则包含空间就业密度、产出密度与集聚规模指数的城市部门生产函数为：

$$\begin{aligned} Y_2 &= A_2F(L_2, K_2; Q, N, S, z) \\ &= (A_2L_2)^aK_2^b(z^dQ/S \times N/S)^{(\theta-1)/\theta} \\ &= A_2^aL_2^aK_2^b(z^dQ/S \times N/S)^{(\theta-1)/\theta}, 0<d<1 \end{aligned} \tag{5-5}$$

式中，Y_2、A_2、L_2、K_2 分别表示城市总产出、全要素生产率、劳动力投入和资本投入；$0<a$，$b<1$；因 $0<c<1$，所以 $a>ac$，$b>bc$，这体现了城乡劳动力、资本边际生产率的差异，也就是城乡生产函数式（5－5）和式（5－1）的差异；Q 表示地区产业的产出，用市区非农二、三产业产出表示，S 表示市区土地面积，Q/S 表示地区空间产出密度；N 表示地区产业的就业人数，用市区非农二、三产业就业人数表示，N/S 表示地区空间就业密度；z 表示集聚规模指数，是地区某产业在全国所有该产业部门中的比重，d 为未知参数；θ 是经济集聚参数，假定该城市地区生产密度的产出弹性 $(\theta-1)/\theta$ 不变，当 $\theta>1$ 时，$(\theta-1)/\theta>1$，城市经济密度和集聚规模引致城市产出正的空间外部性，即城市经济集聚促进城市经济与收入增长。

在完全竞争市场状态下，城市部门劳动力要素投入达到均衡的必要条件为劳动力工资收益 W_2 即劳动力价格应与其边际产出相等，则式(5－5)对 L_2 求偏导可得：

$$W_2=\partial Y_2/\partial L_2=aA_2{}^{a}L_2{}^{a-1}K_2{}^{b}(z^{d}Q/S\times N/S)^{(\theta-1)/\theta} \tag{5－6}$$

把城市与农村劳动力按照各自的边际产出获得的城乡人均收入相比，可得城乡收入差距，即式（5－6）两端除以式（5－4）两端，可得：

$$R=W_2/W_1=(1/c)[P_1/(1-c)]^{(1-c)/c}(A_2/A_1)^{a}(L_2/L_1)^{a-1}(K_2/K_1)^{b}(z^{d}Q/S\times N/S)^{(\theta-1)/\theta} \tag{5－7}$$

式（5－7）两端取对数，整理后，可得城市经济集聚等因素影响城乡收入差距的检验模型，如下：

$$\ln R=-[(1-c)/c]\ln(1-c)-\ln c+a\ln(A_2/A_1)+(a-1)\ln(L_2/L_1)+b\ln(K_2/K_1)+[d(\theta-1)/\theta]\ln z+[(\theta-1)/\theta]\ln(Q/S)+[(\theta-1)/\theta]\ln(N/S)+[(1-c)/c]\ln P_1 \tag{5－8}$$

令 $A_2/A_1=A$，$L_2/L_1=L$，$K_2/K_1=K$，$Q/S=g$，$N/S=n$，各变量前的系数设为待估参数，可得待估模型，如下：

$$\ln R=\alpha_0+\alpha_1\ln A+\alpha_2\ln L+\alpha_3\ln K+\alpha_4\ln z+\alpha_5\ln g+\alpha_6\ln n+\alpha_7\ln P_1+\varepsilon \tag{5－9}$$

（二）模型的分析讨论

由式（5-9）各变量前系数的符号，可推测城市经济集聚过程中城乡收入差距的影响因素：城乡全要素生产率比、城乡资本比、农村中间产品投入价格对城乡收入差距的作用为正；城乡劳动力比对城乡差距的作用为负；城市空间经济密度和集聚规模指数对城乡收入差距的作用方向跟 θ 有关。城市经济集聚对城乡收入差距的影响方向取决于集聚的发展阶段和城乡居民谁从集聚空间外部性中受益更多；常数项表示制度等不可观测的因素。

从微观基础来看，城市地区经济聚散驱动的微观基础是聚集力与分散力。聚集力产生于本地市场效应（即市场规模大小）和价格指数效应，分散力产生于城市市场拥挤效应，聚集力和分散力的综合作用即为城乡间经济溢出效应。在由城市—农村构成的核心—边缘模型（C-P 模型）框架中，劳动力和企业等经济活动从农村向城市集聚所产生的上述三大效应影响城乡收入分配的变化，城乡收入差距在三大效应强度交替变化的作用下会呈现出先扩大后缩小的变化趋势。

从宏观效应来看，在区域内部经济活动空间聚散的不同阶段，城市对农村的集聚效应与扩散效应同时起作用，但在不同阶段作用强度此消彼长、交替变化。伴随城市地区经济集聚边际效益的变动，城市对其周边农村经济的空间溢出作用即扩散效应与集聚效应的差值也在发生动态变化，通过引致城市自身生产效率、产业优势的变化以及城乡间要素流转影响区域内城乡经济发展和城镇、农村居民收入水平进而对区域内城乡收入差距产生影响，导致城乡收入差距变动呈现不同的阶段特征。

综上，基于式（5-9）推断，城市经济集聚变量：城市空间经济密度和集聚规模指数对城乡收入差距的影响方向跟 θ 有关。伴随城市地区经济集聚边际收益的变动，城乡收入差距的变动轨迹可能呈现如下的阶段性特征：

（1）极化效应阶段。当 $\theta>1$ 时，集聚效应占主导地位，城市地区经济集聚的边际效益为正，集聚经济的正外部性要大于集聚的负外部性，城乡收入差距扩大。在这个阶段，城乡收入差距吸引农村地区大量劳动力、资本（金）、产品等要素开始向城市二、三产业极化与集中，形成技术、知识、信息传递、人力资本积累等方面的优势，促使城市生产率不断提高。在此过程中，城乡居民收入的增加均受到城市地区集聚空间外部性的作用，但受距离和技术等因素的影响，城市居民收入增加的速度高于农村居民，城乡收入差距不断扩大，反过来又引起农村地区要素进一步向城市地区集聚，促进城市地区经济的进一步集聚。这个过程集聚的边际效益可能也经历了由递增达到最大后再到递减的阶段，但只要城市地区经济集聚的边际效益还为正，这个过程就会如此循环往复。

（2）平衡效应阶段。当 $\theta=1$ 时，城市地区经济集聚的边际效益为零，集聚经济的正外部效应与负外部效应动态平衡，城乡收入差距保持不变状态。城乡间生产要素和经济活动处于平衡互动状态，城乡之间生产率和人均产出的差异保持不变，在这个阶段，综合效应对城乡居民收入的影响处于平衡。

（3）扩散效应阶段。当 $\theta<1$ 时，扩散效应占主导地位，随着集聚成本上升速度快于集聚收益上升速度，城市地区经济集聚的边际效益递减，直至拥挤成本超过集聚经济收益，导致边际效益为负，城乡收入差距开始缩小。在这个阶段，集聚已达到一定规模，集聚经济效应减弱，集聚不经济和阻滞效应增强，城市地区生产、生活成本加速上升，如资源短缺、人口稠密、环境恶化、交通拥堵、资本过剩等，城市生产率开始下降，扩散效应不断增强并逐渐占主导，劳动力、产业、资本、知识、技术等要素通过横向扩散效应和纵向涓滴效应开始自动、逐步地向周边相对低成本的农村地区扩散和外溢，从而辐射带动农村地区发展，城市居民收入增加的速度开始小于农村居民，城乡收入差距趋于缩小。

因此，在计量模型中，城市经济集聚变量前的系数测度的实际上就是集聚效应和扩散效应的综合影响，即城市对农村的溢出效应。上述所有推测有待实证检验。

三、方法与模型

新经济地理学和空间计量经济学的发展，为产业集聚与地区差距的研究提供了一个新的研究视角和方法路径。新经济地理学开始从集聚经济空间外溢性的角度来考察地区经济差距的演变。而空间计量经济方法使关于集聚经济外部性的研究结论更准确。Anselin（2004）认为，空间截面和板块的回归须纳入空间关联性从而降低结果偏差，因为所有空间数据都存在空间自相关或空间依赖性。考虑到我国幅员辽阔，区域差异明显，地区联系紧密，要素流动频繁，忽视各区域城乡收入差距在地理空间上的关联性不合现实。为得到更稳健和符合实际的分析结果，考虑个体间的空间相关因素，我们采用空间面板计量方法进行实证检验。

空间计量经济学打破大多数经典统计和计量分析中相互独立的基本假设，主要解决如何在横截面数据和面板数据的回归模型中处理空间相互作用（空间自相关）和空间结构分析的问题。空间计量经济理论认为各区域之间的数据存在与时间序列相关相对应的空间相关，即一个区域空间单元上的某种经济地理现象或某一属性值与邻近区域空间单元上同一现象或属性值是相关的。

（一）空间相关性

检验区域变量是否存在空间相关性，研究中常采用空间相关指数 *Moran'I*，其定义如下：

$$Moran'I = \frac{\sum_{i=1}^{n}\sum_{j=1}^{n} W_{ij}(Y_i - \bar{Y})(Y_j - \bar{Y})}{S^2 \sum_{i=1}^{n}\sum_{j=1}^{n} W_{ij}} \tag{5-10}$$

式中，$S^2=\frac{1}{n}\sum_{i=1}^{n}(Y_i-\bar{Y})$，$\bar{Y}=\frac{1}{n}\sum_{i=1}^{n}Y_i$，$Y_i$ 为第 i 地区的观测值，n 为地区总数，W_{ij}为二进制邻接空间权值矩阵中的任一元素。邻接矩阵设定如下：主对角线上的元素为0，若 i 地区与 j 地区相邻，则 $W_{ij}=1$，否则为0，并经标准化处理使每行元素之和为1。*Moran' I* 可视为各地区观测值的乘积和，取值在 -1 到 1 之间。一个地区与周围邻近地区的关系可依序划分为：高—高、低—高、低—低、高—低四个象限的集群模式：高—高、低—低表示空间正自相关，代表相邻地区相似观测值的集聚；低—高、高—低表示空间负自相关，代表相邻地区不存在相似特征值；零空间自相关出现在当各地区观测值均匀分布于四个象限时。

（二）空间计量经济模型

空间相关性体现在因变量的滞后项和误差项两方面：一是相邻地区间的经济联系客观存在，尤其是区域一体化和经济全球化的今天，地区间经济联系更加密切；二是不同地区经济变量样本数据的采集可能存在空间上的测量误差。因此，纳入了空间效应（空间相关和空间差异）的空间回归模型包括空间自回归模型（Spatial Autoregressive Model，SAR）和空间误差模型（Spatial Error Model，SEM）两种。

空间自回归模型（SAR）：$Y=\rho Wy+X\beta+\varepsilon$

空间误差模型（SEM）：$Y=X\beta+\varepsilon$，$\varepsilon=\lambda W\varepsilon+\gamma$

式中，Y 为因变量；X 为 $n\times k$ 的外生解释变量矩阵，β 为变量系数；ε 为随机误差向量；W 为 $n\times n$ 的 0 ~ 1 邻接空间权值矩阵，Wy 为空间邻近因变量，是一内生变量，反映地理距离对区域行为的影响；ρ 为空间自回归系数，反映相邻区域观测值 Wy 对本区域观察值 Y 空间溢出作用的方向和程度；λ 为 $n\times 1$ 的因变量向量的空间误差系数，度量邻接区域关于因变量 Y 的扰动误差冲击对本区域观察值 Y 的影响程度；γ 为正态分布的随机误差向量。空间计量模型若仍采用 OLS 估计，系数估计值会有偏或无效，一般通过极大似然法（ML）来进行估计。R^2、$\log L$ 越大，模型拟合效果越好，$\log L$ 最大的模型最好。

四、模型设定及数据来源

（一）模型设定及经济意义

为检验前文基于新经济地理学理论推导出的结论，设定用于实证分析的面板数据线性回归模型如下：

$$\ln R_{it} = \alpha_0 + \alpha_1 \ln A_{it} + \alpha_2 \ln L_{it} + \alpha_3 \ln K_{it} + \alpha_4 \ln z_{it} + \alpha_5 \ln g_{it} + \alpha_6 \ln n_{it} + \alpha_7 \ln P_{1,it} + \varepsilon_{it} \quad (5-11)$$

式中，α 为待估参数，i 为 1，2，…，N 个地区，t 为 1，2，…，N 年，ε_{it}为随机误差项。考虑到我国各区域城乡收入差距在地理空间上可能存在空间关联性，为使研究结论更具解释力，在传统面板回归方程中纳入空间效应，设定空间面板自回归模型（SAR）为：

$$\ln R_{it} = \alpha_0 + \alpha_1 \ln A_{it} + \alpha_2 \ln L_{it} + \alpha_3 \ln K_{it} + \alpha_4 \ln z_{it} + \alpha_5 \ln g_{it} + \alpha_6 \ln n_{it} + \alpha_7 \ln P_{1,it} + \rho \sum_{j=1}^{n} W_{ij} \ln R_{jt} + \varepsilon_{it} \quad (5-12)$$

系数 ρ 反映邻近区域解释变量的影响力，即区域 j 城市经济集聚等解释变量通过影响本区域城乡收入差距，进一步将作用传递和迭加到邻近区域 i（$i \neq j$）的城乡收入差距上。若邻近区域扰动误差的冲击对本区域有影响，即区域外溢是模型以外随机冲击的结果，可设定空间面板误差模型（SEM）如下：

$$\ln R_{it} = \alpha_0 + \alpha_1 \ln A_{it} + \alpha_2 \ln L_{it} + \alpha_3 \ln K_{it} + \alpha_4 \ln z_{it} + \alpha_5 \ln g_{it} + \alpha_6 \ln n_{it} + \alpha_7 \ln P_{1,it} + \lambda \sum_{j=1}^{n} W_{ij} \varepsilon_{it} + \gamma_{it} \quad (5-13)$$

（二）样本选择、变量指标与数据来源

经济只有达到一定的集聚密度，外溢效应才会产生。通常认为，经济活动分布密度引致的外部性溢出受空间距离的影响非常明显，集聚空间外部性的溢出随距离的增加而递减。城市经济集聚过程中对农村的外溢效应与空间邻近有关，通常被认为只存在于较小的地域范围之内。

鉴于目前研究集聚问题文献的空间尺度都过于宏观，本书又主要基于空间外部性理论，研究城市经济集聚对农村的溢出效应从而对城乡收入差距的影响，最好采用相对微观的地理单元。由于省份层面过大，县域层面由于街道、镇的数据缺乏又难以获取，而且县域内部很多区域人口稀少，并非均质单元，不能反映区域真实的经济集聚状况，因此，我们采用地级市层面的数据。

《中国城市统计年鉴》的统计数据对地级市分别列出全市和市辖区两项，这样就能得到各地级市市辖区与全市扣除市辖区的大片农村地区两方面的统计数据。由于市辖区不包括下辖县和农村，是一个地级市的主体和中心区域，地级市各项功能特别是非农经济集聚主要集中于经济活动密度较高的城区。为体现集聚经济的本质和内涵，我们对城市经济集聚的空间范围界定为市辖区层面，有关经济集聚的指标均为市辖区的数据。而且假定城市地区内部土地均质，非农产业在其中均匀分布。

另外，应注意到，《中国城市统计年鉴》中一部分地级市市辖区土地面积由于行政区划的调整在不同年份里发生过变动，这种变动的原因不是城市集聚经济本身，而是外力。为保持数据的一致性，反映真实连贯的经济密集度的变化情况，我们使用市辖区土地面积各年平均值。

选取包括直辖市、副省级市在内的全国 286 个地级及以上城市（不含港澳台，因行政区划调整，剔除了巢湖和 2011 年及以后新设地级市）2003～2014 年的面板数据，考虑到各邻近地级市之间可能存在相互影响，我们在传统面板回归方程中纳入空间相关因素，采用空间面板方法对构建的检验模型及其推断进行实证检验。各变量指标均采用比率或指数，为便

于比较和减少异方差，所有数据均取对数。所需数据主要来自历年《中国区域经济统计年鉴》、《中国城市统计年鉴》、《中国农村统计年鉴》、《中国统计年鉴》、中经网统计数据库和各省统计年鉴。

1. 城乡收入差距 R_{it}（被解释变量）用相对指标，即各地级市的城乡实际收入比度量

《中国区域经济统计年鉴》中地级市的城镇居民人均可支配收入和农村居民纯收入的数据完整可靠，且既有区域的中心城市地区，又有大片乡村地区。考虑到价格指数效应，价格指数的下降将使地区实际工资上升和市场规模进一步扩大，我们用当年城乡居民消费价格指数 CPI 对原数据折算。由于缺少各地级市城乡居民消费价格指数，我们以各省市区的城乡居民消费价格指数 CPI 对各省份范围内地级市的城镇居民人均可支配收入与农村居民人均纯收入进行消胀处理，得到城乡实际收入比。

2. 城市经济集聚程度（核心解释变量）

衡量地区经济集聚的指标有很多，大多采用区位熵、赫芬达尔—赫希曼指数、空间基尼系数、E－G 指数等来衡量经济集聚程度，而 Ciccone 和 Hall（2002）认为，相对于城市规模，经济活动的空间分布密度即每单位土地面积上承载的经济活动量（以下简称经济密度）更能反映一个地区经济活动空间上的集聚程度和差异分布，因此空间密度变量是一个很好的衡量空间集聚程度的指标。鉴于本书含有集聚经济空间外部性的城市生产函数，我们主要借鉴 Ciccone 和 Hall（2002）定义的空间经济活动密度概念来捕捉一个城市内部经济活动的密集程度和自身市场需求规模（本地市场效应）的大小。当地市场规模越大，产生的集聚效应越明显，当地人均收入水平也就越高。我们分别以空间产出密度和就业密度衡量经济密度。

（1）空间产出密度。第二和第三产业的空间产出密度 g_{2it}、g_{3it}，用单位市辖区土地面积上的二、三产业产值表示，为反映产出随时间的变化，产值采用各地级市所在省份当年 GDP 平减指数调整为 2003 年不变价格的实际值，各省份 GDP 平减指数来源于《中国统计年鉴》。

（2）空间就业密度。该指数本身就隐含着地区具有的市场规模水平，

较厚的市场规模是引致规模报酬递增地方化的源泉之一，可以用来衡量本地市场效应。第二、第三产业空间就业密度 n_{2it}、n_{3it}，用单位市辖区土地面积上的二、三产业就业人员数表示。

（3）集聚规模指数。考虑到多数测度经济集聚的因子只有经济密度，没有集聚规模，而集聚经济的三个微观基础却有赖于集聚规模，我们在沿用经济密度测度的同时，新增集聚规模指数 z_{it}：某地级市市区非农产值占全国所有地级市市区非农产值的比重来测度经济集聚程度，使之与通常的经济集聚概念更一致。该指标衡量产业内企业间联系紧密的程度，代表城市间的产业分工与专业化。

因为城乡间的经济溢出效应源于本地市场效应（即市场规模，用空间经济密度衡量）和价格指数效应（用城乡 CPI 衡量）产生的聚集力，以及市场拥挤效应产生的分散力的综合作用，所以我们采用这些与经济溢出机制紧密相关的城市经济集聚程度指标体现了集聚的本质。

3. 城乡全要素生产率比、城乡劳动力比、城乡资本存量比及农村中间产品投入价格

（1）城乡全要素生产率比。Nelson 和 Phelps（1966）认为教育投入等人力资本因素决定了全要素生产率（技术进步率）的增长扩散：

$$TFP_t/TFP=\phi(h)[(TFP^*-TFP)/TFP]，\phi(0)=0，\phi'(h)>0$$

所以城乡全要素生产率比 A_{it} 与城乡人力资本存量比正相关。估计人力资本的方法有收入法、投入法、教育年限法等，本书采用各地级市城乡 6 岁以上人口的人均受教育年限比来衡量城乡人均人力资本存量比。设定小学及以下、初中、高中及大专以上学历水平的受教育年限分别为 6 年、9 年、12 年、16 年。平均受教育年限根据各年度城市和农村各层次受教育程度的人口比例乘以相应的教育年限得到。在这里，根据各地级市市辖区与全市扣除市辖区的农村地区的普通高校、高中阶段、普通中学、小学在校学生数计算出各地级市城乡居民各层次受教育程度的比例，并根据下式得到城乡居民平均受教育年限：

$$Edu=1\times Ratio_{illiteracy}+6\times Ratio_{pri}+9\times Ratio_{mid}+12\times Ratio_{high}+16\times Ra\text{-}$$

tio_{univ} (5-14)

(2) 城乡劳动力比。用各地级市按城乡分年底就业人数比度量城乡劳动力比 L_{it}。

(3) 城乡资本存量比。由于目前尚没有按城乡分别统计的地级市资本存量的数据，考虑数据的可得性，我们用各地级市城乡分全社会固定资产投资比估计城乡物质资本存量比 K_{it}，数据来自《中国区域经济统计年鉴》。之所以这样考虑，是因为龚六堂和谢丹阳（2004）就通过假定固定资产投资额与固定资产存量的比例大致一定，估计了江西和广东改革前的固定资产投资的价值。他们根据这个比值乘以 1952 ~ 1977 年固定资本形成额的估计值，由此得到了固定资产投资额的估计值。

(4) 农村中间产品投入价格（%）。代表城乡经济联系。农业生产用的中间产品投入包括商业化的种子、饲料、化肥、农药、燃料、能源和农业科技服务等，农业生产中间产品投入成本越高，预期农民实际收入越低。由于缺少价格数据，我们利用《中国区域经济统计年鉴》中的数据将以下四个指标通过主成分分析综合为一个指标来代理农村中间产品投入价格 $P_{1,it}$：农业机械总动力、化肥使用量、农村生产用电量、水浇地比例（有效灌溉面积与农作物总播种面积比值）。

4. 空间邻近变量

R_{jt} 为某地级市周边一定距离范围内所有邻近地级市的平均城乡收入差距，采用邻近地级市总的城市居民实际可支配收入与邻近地级市总的农村居民实际纯收入之比表示。

5. 空间权重矩阵 W_{ij}

我们没有简单套用二元邻接矩阵，而是充分考虑到地理距离邻近但并不相邻的两地级市也可能存在相互影响，利用各地级市中心经纬度坐标和公式计算出所有地级市间地表最短距离，以距离 100 千米为半径构建二进制空间距离权重矩阵：

$$W_{ij}=\begin{bmatrix} w_{11} & w_{12} & \cdots & w_{1n} \\ w_{21} & w_{22} & \cdots & w_{2n} \\ \cdots & \cdots & \cdots & \cdots \\ w_{n1} & w_{n2} & \cdots & w_{nn} \end{bmatrix}=\begin{bmatrix} 0 & w_{12} & \cdots & w_{1n} \\ w_{21} & 0 & \cdots & w_{2n} \\ \cdots & \cdots & \cdots & \cdots \\ w_{n1} & w_{n2} & \cdots & 0 \end{bmatrix} \tag{5-15}$$

对角元素 $w_{ii}=0$，非对角线元素 w_{ij}（$i \neq j$），若两地级市距离在 100 千米内，$w_{ij}=w_{ji}=1$；否则，$w_{ij}=w_{ji}=0$。地级市中心经纬度坐标取自国家基础地理信息系统 1∶400 万地形数据库。

6. 其他控制变量

增加反映城市经济结构、城市拥挤效应、城市规模等影响城乡收入差距的控制变量。

（1）城市经济结构 Ind_{it}。城市经济体系须以合理的经济结构作为基础。为反映我国城市地区内部二、三产业（工业、服务业）之间协调发展的情况，我们用一个地级市市辖区 GDP 中第二产业产值比重来表征城市的经济结构和功能模式。

（2）城市市场拥挤效应。市辖区人均拥有道路铺装面积 Prd_{it}（平方米）可以作为城市人均公共服务的一个直观反映，我们用其来考察城市地区的市场拥挤效用，其值越大，表示拥挤程度越低，越能促进城市人均收入增长。

（3）城市规模变量 S_{it}。由于不同规模城市在城乡收入差距上可能存在差异，我们增添城市规模考察其对城乡收入差距的影响，城市规模采用各地级市市辖区非农人口数计算。

由上述所有解释变量和控制变量的说明，我们最终设定用于计量的回归模型如下：

$$\ln R_{it} = \alpha_0 + \alpha_1 \ln A_{it} + \alpha_2 \ln L_{it} + \alpha_3 \ln K_{it} + \alpha_4 \ln z_{it} + \alpha_5 \ln g_{it} + \alpha_6 \ln n_{it} + \alpha_7 \ln P_{1,it} + \alpha_8 \ln Ind_{it} + \alpha_9 \ln prd_{it} + \alpha_{10} S_{it} + \rho \sum_{j=1}^{n} W_{ij} \ln R_{jt} + \varepsilon_{it} \tag{5-16}$$

$$\ln R_{it} = \alpha_0 + \alpha_1 \ln A_{it} + \alpha_2 \ln L_{it} + \alpha_3 \ln K_{it} + \alpha_4 \ln z_{it} + \alpha_5 \ln g_{it} + \alpha_6 \ln n_{it} + \alpha_7 \ln P_{1,it} + \alpha_8 \ln Ind_{it} + \alpha_9 \ln prd_{it} + \alpha_{10} S_{it} + \lambda \sum_{j=1}^{n} W_{ij} \varepsilon_{it} + \gamma_{it} \tag{5-17}$$

既要检验城乡要素比、农村中间产品投入价格，即模型新古典经济学部分，对城乡收入差距的影响；更要检验城市经济集聚核心解释变量，即模型空间经济学部分，对城乡收入差距的影响，并比较二、三产业集聚对城乡收入差距影响的差异；还要检验引入的控制变量对城乡收入差距的影响。

五、实证检验过程

（一）空间相关性检验

用分块对角矩阵 $C = I_t \otimes W_n$ 代替 *Moran*'*I* 公式中的空间权值矩阵 W，把空间截面检验扩展到面板数据，可以计算出 2003～2014 年全国 286 个地级市城乡收入差距的 *Moran* 指数及其检验值，如表 5－1 所示，从正态性统计量 Z 值和小概率 P 值可以看出，各年的 *Moran* 指数均在 1% 的显著性水平下显著为正，表明我国各邻近地级市间的城乡收入差距总体上存在明显的空间正相关性和空间相互依赖现象，即城乡差距较大（小）的地级市其周边邻近地级市的城乡差距也相对较大（小）。

表 5－1　中国地级市城乡收入差距的空间自相关性检验

年份	2003	2004	2005	2006	2007	2008	2009	2010
Moran 指数	0.3822	0.3653	0.3443	0.2709	0.2759	0.2333	0.2442	0.2561
Z 值	3.9834	3.8762	3.7592	3.5745	3.6618	3.2687	3.5287	3.5401
小概率 P 值	0.0000	0.0000	0.0011	0.0030	0.0025	0.0088	0.0051	0.0042
年份	2011	2012	2013	2014				
Moran 指数	0.2671	0.2381	0.2264	0.2688				
Z 值	3.5616	3.2974	3.2055	3.5697				
小概率 P 值	0.0035	0.0070	0.0093	0.0032				

（二）空间面板回归与结果分析

空间相关性检验已表明我国各邻近地级市间的城乡差距具有明显的正相关关系，因此，由于空间效应的存在，传统线性回归结果可能存在较大偏差，有必要考虑空间依赖性，对城乡收入差距及其城市经济集聚等影响因素进行空间面板回归分析，以消除空间相关性和异质性。

Elhorst 等（2003）把空间面板数据模型从传统面板数据所具有的固定效应和随机效应根据误差成分 ε 分解的不同分为，空间固定效应或随机效应模型。当样本是随机地抽取自所考察的总体时，随机效应模型是更恰当的设定，而当样本回归分析局限于一些特定的个体时，固定效应模型应当是更恰当的设定（Baltagi，2001），因此我们选取空间固定效应模型，控制反映随时间和区位变量交替变化的两类非观测效应。设 sF 和 tF 分别为空间固定效应的 N 维列向量和时间固定效应的 T 维列向量：

$sF=(\alpha_1,\ \alpha_2,\ \cdots,\ \alpha_N)^T$，$tF=(\delta_1,\ \delta_2,\ \cdots,\ \delta_T)^T$

则对应于每个观测值的空间和时间固定效应列向量如下所示：

$\eta=i_T\otimes sF$，$\delta=tF\otimes i_N$，其中，i_T 和 i_N 分别为 T 维和 N 维元素全为 1 的列向量。

我们利用 2003～2014 年中国 286 个地级市数据分别估计 SAR 和 SEM 的混合、空间固定、时间固定及双固定效应模型，为便于对比分析，同时给出未考虑空间效应的传统面板固定效应模型的估计结果。当空间权重矩阵的维数很大时，针对截面回归模型设计的通常的 *ML* 估计程序是有问题的，因此空间面板数据模型不能直接运用 *ML* 估计程序，但可用蒙特卡罗法近似对数似然函数中雅克比行列式的自然对数，在 *Matlab* 软件包中实现。估计结果分为全部地级市样本和不同规模地级市样本的比较两部分，具体结果如表 5－2 和表 5－3 所示。

由表 5－2 全部地级市样本的回归结果可知：空间自回归系数 ρ 和空间误差系数 λ 基本都在 10% 的水平上统计显著且为正，这进一步表明各邻近地级市的城乡收入差距确实存在明显的空间相关性，邻近地级市间的城乡收入差距存在正的相互影响，因此在模型中引入空间相关项是正确的。城市经济集聚等因素通过影响本区域城乡收入差距，进一步将作用传递和迭加到邻近区域的城乡收入差距上。

表 5-2　城市经济集聚与城乡收入差距的空间面板回归结果（全部地级市样本）

变量	传统面板固定效应	面板SAR模型				面板SEM模型			
		混合	空间固定	时间固定	双固定	混合	空间固定	时间固定	双固定
α_0		0.3211***				0.1055***			
ln*A*	0.0731	0.2819***	0.1425***	0.3165***	0.1961***	0.1971*	0.2975***	0.2007***	0.1760***
ln*L*	-0.0175	-0.1280***	-0.0510***	-0.1230***	-0.065***	-0.1120***	-0.1320***	-0.0920**	-0.0910***
ln*K*	0.0748***	0.1461***	0.0714***	0.1661***	0.0696**	0.1101*	0.1725***	0.0725***	0.0711***
ln*z*	0.0320	0.0280*	0.0355*	0.0296	0.0305**	0.0279*	0.0313*	0.0321	0.0383*
lng_2	0.0023	-0.0525	0.0786	-0.0045	0.0605	-0.0443	-0.0323	0.0656	0.0640
lng_3	0.0074	0.0563*	0.0895**	0.0233	0.1045**	0.0376*	0.0201	0.1230	0.0935**
lnn_2	0.0311	-0.0604	0.0943	-0.0230	0.0784	-0.0555	-0.0435	0.0825	0.0806
lnn_3	0.0362	0.0744*	0.1053*	0.0412	0.1214**	0.0588*	0.0413*	0.0809	0.1101**
lnP_1	-0.0035	0.0054***	0.0170	0.0636***	0.0273*	0.0263***	0.0564	0.0275**	0.0217
ln*Ind*	0.0958	0.1897*	0.1165**	0.3171	0.1930**	0.1813*	0.2581	0.1732	0.1344*
ln*prd*	0.0140	0.1670	0.1690*	0.1820	0.2240**	0.0550	0.1710	0.1060*	0.1220*
ln*S*	-0.0120	-0.0150*	-0.0230*	-0.0090	-0.0200*	-0.0110*	-0.0190	-0.0250	-0.0210*
ρ/λ		0.1342**	0.0550*	0.1338*	0.0935**	0.3011**	0.2040	0.3260**	0.2780*
Adj. R^2	0.5501	0.6225	0.7901	0.6022	0.8054	0.5849	0.7434	0.6093	0.7891
log*L*	214.6350	162.0660	253.5540	152.5410	271.4120	130.6500	235.5020	139.3060	254.9210

注：*、**、***分别表示在10%、5%、1%的水平下显著。

面板SAR模型和SEM模型的拟合优度Adj. R^2及对数似然值log*L*均明显高于传统固定效应模型，主要解释变量也都更显著，因此面板SAR模型和SEM模型较传统面板固定效应模型更合理。SAR模型的Adj. R^2和log*L*又均高于SEM模型，因此选择SAR模型比SEM模型更合适。而在SAR的四个模型中，包含时间和空间双固定效应模型的 Adj. R^2 和 $\log L$ 为最大，估计结果更稳健和可靠。综合考虑，面板 SAR 的时间和空间双固定效应模型的估计结果最优，我们以 SAR 双固定效应模型的估计结果为准，进行详细的分析与解释。

由表 5－2 可知，各解释变量的影响系数均通过了 10% 水平下的显著性检验，影响系数的符号也与理论预期一致。具体来看：空间自回归系数 ρ 在 5% 水平下显著为正，即某个地级市的邻近地级市的城乡收入差距平均扩大 1%，则该地级市的城乡收入差距将随之扩大约 9.4%。

1. 城乡全要素生产率等变量对城乡收入差距的影响

（1）城乡人力资本存量比度量的城乡全要素生产率比 A_{it} 的影响系数显著为正。依据新增长理论和内生增长模型，人力资本积累直接决定居民收入的数量和增长速度，而居民收入的增长会进一步鼓励自身提高人力资本存量，带来居民收入再次提高，使收入差距呈现为一种自我强化过程。由于人力资本积累具有递增收益，城市相对较高的投资收益吸引农村人力资本向城市大量集聚，带来城乡人力资本存量的差异，而城乡人力资本存量的差异又直接决定了城乡收入增长动力方面的差距，由此带来城乡收入差距的拉大，并产生存量效应，形成恶性循环。

（2）城乡劳动力比 L_{it} 的影响系数显著为负。表明农村劳动力向城镇流动带来的城乡就业人数比的上升将缩小城乡收入差距。与城市居民相比，尽管农村整体劳动力数量占优势，但由于人力资本存量差异，这种数量优势并未转化成收入优势，反而成为提高农民收入的一大障碍。因此，如何扩大城乡就业人数比且提高农村劳动力素质成为提高其收入水平，缩小城乡收入差距的关键。

（3）城乡资本投入比 K_{it} 的影响系数显著为正。由于城市地区体制与政策更宽松，资本、知识和人力资本更丰裕，基础设施更完善，引起资本利润率递增，陷入资本不断地从农村单向流向城市的“逆向再分配”的恶性循环，城乡发展机会不平等，城乡差距持续拉大。

（4）农村中间产品投入价格 $P_{1,it}$ 的影响系数显著为正。农业生产资料投入价格是城市部门分享农村经济成果的方式，农业生产中间产品投入价格越高，农村部门获得同样的产值将预期付出更多的生产成本，农村部门更多的收益将流入城镇部门，农民所获实际收入越低，城乡差距扩大。

2. 城市经济集聚对城乡收入差距的影响

城市非农产业的空间就业密度 n_{it} 与产出密度 g_{it} 对城乡收入差距的影响均为正，表明理论模型中 $\theta>1$。

第三产业的就业密度 $n_{3,it}$ 与产出密度 $g_{3,it}$ 显著扩大了城乡收入差距，因为城市第三产业具有很强的就业吸纳能力，将成为吸纳农村劳动力就业的主要行业；而第二产业的就业密度 $n_{2,it}$ 与产出密度 $g_{2,it}$ 对城乡差距扩大的影响相对不明显，表明作为传统的城市产业部门，第二产业已在城市内部分布过密，空间容量接近饱和，技术进步也带来对劳动技能要求的提高，集聚已导致一定程度的拥挤效应和边际报酬递减，致使城市生产效率下降，从而对城乡收入差距扩大的促进作用不明显。

城市非农产业集聚规模指数 z_{it} 的影响为正，表明某城市地区非农产值在全国所有城市地区 GDP 中所占比重越高，城乡收入差距越大。

上述结论说明当前我国城市经济集聚总体上扩大了城乡收入差距，我国城市地区总体上仍处于集聚经济效益递增的阶段，城市地区对周边农村经济的溢出效应有限，城市经济集聚通过极化效应扩大了城乡收入差距。因此，为缩小城乡差距，应加速城市化，努力提高城市地区经济集聚水平，才能对周边农村腹地产生较大的外溢与扩散效应，从而逐步缩小区域城乡收入差距。

3. 其他控制变量对城乡收入差距的影响

以城市第二产业产值占比衡量的城市经济结构 Ind_{it} 对城乡收入差距的影响显著为正。由于当前我国正处于城市化中期阶段，为发挥比较优势，多数城市经济快速增长的主要动力源于工业的快速增长，而城市服务业发展不足，中心城市的这种经济结构排斥农村劳动力等生产要素进入城市，也与农村要素结构和产业结构没有密切联系，城乡经济产生不了关联效应，不能辐射带动农村经济发展，因此扩大了城乡收入差距。第三产业具有较高的就业吸纳能力，比第二产业具有更明显的集聚效益和更大的扩散范围，中心城市只有加快第三产业尤其是现代服务业的发展，促进转型升级，才能以强大的市场扩张能力推动农村生产要素向城市集聚，促使城市集聚规模效益尽快实现，形成对农村经济的辐射带动作用，缩小城乡收入差距。

城市市场拥挤效应 prd_{it} 的影响为正。由于城市拥挤程度的提高对城市人均收入水平的持续增长有反向作用，因此该变量指标意味着城市市场拥挤效应还并不明显，从而对城乡收入差距扩大的抑制作用是有限的；而城市规模变量 S_{it} 对城乡收入差距的影响方向为负，表明城乡收入差距随城市规模的扩大而缩小。

（三）不同类型城市的回归结果与比较

由于不同类型城市在功能、定位上存在较大差异，其集聚经济效率也就存在差别，因此，除分析全部城市样本外，还要考察不同类型城市经济集聚分别对城乡收入差距的不同影响效应。我们将全国 286 个地级市按《中国城市统计年鉴》2014 年市辖区年平均非农业人口数分别归并为 200 万人以上的特大城市、100 万 ~200 万人的大城市、50 万 ~100 万人的中等城市、50 万人以下的小城市四个规模等级类型。除地级市总体样本外，还要进行不同地级市样本的分组检验，从而分析并比较不同规模等级地级市的市区经济集聚等因素对城乡收入差距的影响方向和程度，估计结果如表 5 –3 所示。

由表 5 –3 估计结果中的 z、g_2、g_3、n_2、n_3 等代表城市经济集聚程度变量的比较中可知，各类型城市的估计系数大多较显著，各类型城市经济集聚对城乡收入差距的影响效应存在较大差异。特大城市经济集聚的影响显著为负，表明近年来特大城市经济的高度集聚已产生了明显的拥挤现象，限制了规模经济的实现效果，引起集聚不经济，从而对农村地区产生较大的外溢作用，辐射带动农村地区发展，抑制了城乡收入差距的扩大。大城市经济集聚的影响系数为正，但其并不显著且绝对值相对中小城市来说偏小，说明大城市的经济集聚比中小城市更接近饱和状态，即将出现一定程度的集聚不经济，因此其对城乡收入差距产生的扩大作用就相对较小。中小城市经济集聚的影响显著为正，这说明中小城市正处于经济集聚快速发展的阶段，集聚经济效应不断凸显和加强，从而显著扩大了城乡收入差距。

表 5－3　不同类型城市经济集聚与城乡收入差距的回归结果比较（不同地级市样本）

变量	特大城市		大城市		中等城市		小城市	
	系数	t 值	系数	t 值	系数	t 值	系数	t 值
ln*A*	0.0993	1.59	0.1928**	2.28	0.1809***	2.99	0.2736***	3.87
ln*L*	-0.0331**	-2.24	-0.0711**	-2.54	-0.1310***	-3.37	-0.0980*	-1.93
ln*K*	0.0141**	2.29	0.6740***	3.03	0.1209**	2.56	0.0340***	3.52
lnz	0.0103*	1.97	0.0215*	2.04	0.0612**	2.38	0.0465**	2.45
$\ln g_2$	-0.0901**	-2.45	0.0148	-1.77	0.0959***	2.98	0.1551***	4.22
$\ln g_3$	-0.0859**	-2.57	0.0228	1.81	0.1483***	6.26	0.2029***	8.66
$\ln n_2$	-0.0875**	-2.41	0.0175	1.66	0.1135***	2.97	0.1845***	5.30
$\ln n_3$	-0.0797**	-2.73	0.0262	0.98	0.1704***	4.39	0.2154***	3.46
$\ln P_1$	0.0065**	2.80	0.0178**	2.67	0.0548*	1.88	0.0617	0.86
ln*Ind*	-0.0106	1.34	0.0597*	2.11	0.3189**	2.74	0.4521***	6.54
ln*prd*	-0.0014*	1.90	0.0093	1.31	0.2682***	8.11	0.3833***	7.36
ρ	0.0464*		0.0967**		0.1455*		0.2118**	
Adj. R^2	0.7670		0.8678		0.7890		0.7153	
log*L*	228.948		294.913		246.196		198.822	

注：*、**、***分别表示在10%、5%、1%的水平下显著。

这个结果对于我们针对不同类型城市（或区域）理性选择不同的发展模式将具有重要的启示。合理的区域发展模式既有利于城市地区自身良性发展，又有利于辐射、带动周边乡村地区发展，缩小城乡收入差距，实现区域城乡统筹。因此，为缩小城乡差距，应针对各类型地级市（或区域）

内部所处的不同城乡空间发展阶段给予不同的政策引导。

对上述结果的一个可能的解释是，近年来，农村居民收入来源构成中工资性收入增长较快。农民纯收入可分为工资性收入与非工资性收入两部分，从图5－1可以看出，人均工资性收入占农民纯收入的比重越来越大，已经成为农村居民收入增长的主要来源，这与现阶段农村劳动力外出进城务工潮有密切关联。

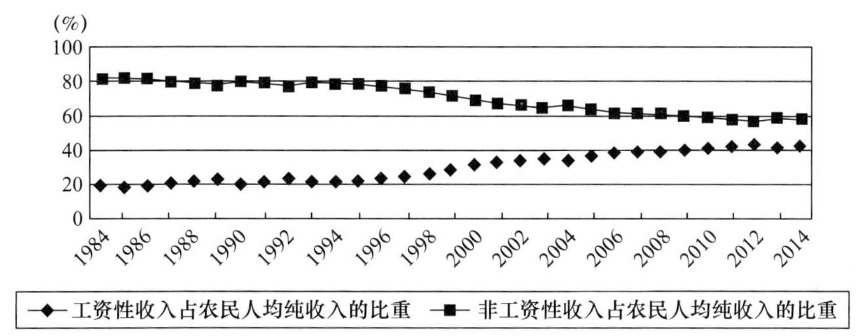

图5－1 历年我国农村居民两部分收入占其人均纯收入比重的变化

由于城市地区的非农产业（特别是劳动密集型制造业和现代服务业）相比于农业，分工更具体细致，生产过程更紧凑科学，具有更高的专业化水平、迂回生产程度，中间产品种类数也较多，其产生的集聚效应能够提供外部经济，尤其是其投资扩展效应和就业引致效应能吸纳大量农村劳动力在其中就业，有效提高其边际生产率，从而获得较高的工资性收入。因此，城市地区经济和非农产业的快速发展同时为农村劳动力提供了大量的非农产业就业机会，能有效提高农村劳动力进城务工的工资性收入，增加农民收入，从而缩小城乡收入差距。

因此，出现这种现象的原因是，各区域城市地区对乡村地区的辐射和带动作用有很大差异。发达地区大城市经济发展迅速，资源丰富，交通等基础设施发达，工业化和城镇化水平较高，城乡要素流转顺畅，经济联系紧密，工业对农业、城市对其周边农村的辐射带动作用强，农民就业机会相对较多，其获得的打工收入也相对较高，农民收入提高较快，从而相对有利于缩小城乡收入差距。而经济欠发达地区的城市经济发展较慢，工业化和城镇化水平相对较低，工业对农业、城市对农村的辐射带动作用有限，吸纳农村劳动力就业能力较弱，农村居民收入难以提高，相对不利于缩小城乡收入差距。这从表5－4中可以看出。

表5－4　2007～2012年各地区农村居民人均工资性收入　　单位：元

年份	全国平均	东部地区	中部地区	东北地区	西部地区
2007	1596.22	2795.66	1492.18	1049.38	944.31
2008	1853.73	3189.47	1744.52	1233.11	1098.56
2009	2061.25	3543.10	1902.44	1354.71	1233.75
2010	2431.05	4116.51	2244.58	1629.84	1499.31
2011	2963.43	5014.77	2809.46	2020.90	1811.41
2012	3447.00	5790.96	3328.08	2377.68	2124.39

注：东部包括京、津、冀、沪、苏、浙、闽、鲁、粤、琼；中部包括晋、皖、赣、豫、鄂、湘；西部包括内蒙、桂、渝、川、贵、云、藏、陕、甘、宁、新、青；东北包括黑、吉、辽。

资料来源：由历年《中国统计年鉴》整理得到。

六、本章小结

（一）结论

与现有多数文献研究视角和方法不同，考虑到城市相比农村分散经济具有明显的经济集聚优势，本章将空间经济学集聚经济与地区差距的相关理论运用到城乡收入差距的研究中，不割断城乡间生产要素及经济活动的联系，在城市和农村部门生产函数中分别引入集聚空间外溢性和中间产品投入，构建城乡有别的生产函数，从城乡生产函数的差异来解析城乡收入差距的成因。首先以劳动力市场工资均衡为媒介，推导出城市经济集聚等因素影响城乡收入差距的检验模型，并基于模型推断了伴随城市地区经济集聚边际效益的变动，城乡收入差距的变动呈现集聚效应主导时扩大和扩散效应主导时缩小的特征。其次考虑到我国城乡收入差距等空间上的关联性，在方程中纳入空间相关因素，基于中国地级市市辖区数据采用空间面板计量方法对模型推断进行了实证检验，结果发现：

（1）*Moran* 指数检验表明我国各邻近地级市间的城乡收入差距总体上存在较强的空间相互依赖；面板 SAR 的时空双固定效应模型的估计结果最优，空间自回归系数显著为正，再次说明邻近地级市间的城乡收入差距存在正的相互影响。

（2）总体上，城乡人力资本存量比衡量的城乡全要素生产率比、城乡资本投入比、农村中间产品投入价格以及城市第二产业产值比重衡量的城市经济结构、人均道路铺装面积衡量的城市拥挤效应均扩大了城乡收入差距，城乡劳动力比、城市规模缩小了城乡收入差距。

（3）作为核心的城市经济集聚解释变量：城市非农产业的空间就业密度、产出密度和集聚规模指数均扩大了城乡收入差距，其中第三产业就业、产出密度较第二产业的影响更显著，这是由于城市第二产业空间容量已接近饱和以及技术进步所带来的要求。这表明理论模型中 $\theta>1$，当前我国城市地区经济集聚总体上扩大了城乡收入差距。城市地区对周边农村经济的溢出效应不明显，城市经济集聚通过极化效应扩大了城乡收入差距。

（4）不同类型城市的经济集聚对城乡收入差距的影响效应存在较大差异。特大城市经济的高度集聚对农村经济产生较明显的外溢作用，抑制了城乡收入差距的扩大；大城市的经济集聚对城乡收入差距的拉大产生相对较小的促进作用；中小城市正处于经济集聚效应不断加强的阶段，其快速集聚显著扩大了城乡收入差距。因此，为逐步缩小区域城乡收入差距，应加速城市化进程，努力提升城市地区经济集聚水平。

（二）政策启示

从以上研究结论和基本逻辑可得如下启示：

我国邻近地级市间的城乡收入差距有较强的空间相互依赖作用，为缩小城乡收入差距，应注重区域之间的空间联系和地理集群现象，加强区域间政策制定的协调与合作，加强区际间经济联系，加快区际间要素资源的流动扩散与优化配置，实现区域内部经济资源要素的共享与整合，从而达到区域间资源要素的互补和区域优势的共增与传递，推进地区间一体化进程，最终缩小城乡收入差距。

虽然目前我国城市经济集聚总体上造成了城乡收入差距的不断扩大，但我们不能因噎废食，否定城市经济集聚。发达国家的城市化进程大都经历了发展初期的集中化特征以及后期的分散化特征。而且城乡协调发展不能简单地通过行政手段减缓城市经济集聚来实现，城市经济集聚本身没有错，问题在于长期以来中国农村居民缺乏分享城市经济集聚成果的合理机制。中国城乡收入差距的缩小长期内仍要靠发展城市来解决，在城市经济集聚中实现城乡经济协调发展，是一条平衡与效率携手并进的道路。

首先，要最大限度地发挥城市经济的扩散效应和农村经济的聚集效应。当前我国城市经济集聚水平总体仍不高，集聚程度不够，还有相当大的发展空间，导致城市难以充分发挥其集聚规模效应。所以，为缩小城乡差距，要加速城市化，继续提升城市地区经济集聚水平，充分发挥城市集聚效应。中心城市只有自身经济实力增强了，才能对周边农村腹地产生足够大的溢出与扩散效应，辐射带动其快速发展，缩小区域城乡收入差距。从集聚到扩散是一个长期过程，在这个过程中城乡差距可能会持续扩大，农村地区不应坐等城市扩散效应的到来，而应增强自身发展能力，提高承接城市辐射的能力，积极创造吸纳经济集聚的条件。

其次，也要发挥政府调节作用，切实建立起工业反哺农业、城市带动农村的长效机制。打破城乡分割壁垒，加强城乡间要素及三次产业链的互动联系，实现城乡三次产业的相互融合、合理分工与协调发展，加快集聚外部性向农村地区扩散，更好地辐射带动农村地区经济发展，使集聚溢出效应更多地受益于农民，提高农民收入，从而缩小城乡发展差距。

为此，一是继续加快发展城市非农产业集群，提高非农产业集群规模、技术水平和自主创新能力，调整优化集群结构，培育和发展集团化连锁，大力推行品牌化经营，促使集聚规模经济效益早日实现，从而确保产生足够大的扩散溢出效应。

二是积极改善和创造农村接受中心辐射的条件，提升农村各种载体对城市资源要素的集聚力和吸引力。①推动户籍与就业制度改革，加快完善城乡一体的要素市场，降低城乡间经济资源集聚的成本，健全城乡要素自由流动、公平竞争、平等享有公共服务的机制，促进经济要素充分流动，加速城市经济集聚，使落后农村地区从城市经济集聚中尽快尽多受益，从而缩小城乡差距。②改善农村地区交通、通信等公共设施和投融资、创业、就业条件等软硬环境，促进城乡市场一体化，为资金、管理、技术、知识等要素以资本的形式从城市持续快速地流入农村疏通渠道，吸引劳动力、人力资本要素由城市流向农村，支持高素质人才前往农村创业，支持民工返乡创业；建立有效的城→乡反哺机制，加大对农村人力资本、资本和科技投入力度，出台入资农村的优惠政策，使农民能够及时消化、吸收集聚经济的知识、技术溢出与就业机会。③稳定甚至降低农村中间产品投入价格，在农村生产中间品部门和农业生产的联系上，特别是有关价格体系方面对农业生产予以支持，减少农民生产投入成本，缩小城乡收入差距。

三是理性选择城市（或区域）发展模式。合理的区域发展模式既有利于城市地区自身良性发展，又有利于辐射、带动周边乡村地区发展，实现区域城乡统筹。由于总体上我国城市集聚规模还不够大，对城乡协调发展仍不利，因此，应该重视扩大城市规模特别是一些中小城市的规模。中等城市是我国城市的主体，其发展更应受到重视。应针对不同规模地级以上城市给予不同的政策引导：①特大城市已产生明显的集聚不经济，应促进其从外延式扩张向内涵式扩张转变，并引导其市区经济活动进一步、有规律地扩散渗透以带动周边农村腹地发展，缩小城乡差距。②大城市即将产生一定的集聚不经济，进一步集聚产生外部性的空间已接近饱和，须充分发挥其经济集聚与扩散功能，使其进一步发展壮大，发挥其经济中心优势，辐射带动农村地区发展，缩小城乡差距。③中小城市尤其是人口重心所在的中等城市的发展潜力巨大，应采取措施尽快提高其市区经济活动集聚水平，促进市区内部资本、技术和人口集聚水平的提高，使其尽快实现城市经济集聚规模效益，同时也要引导其适度地扩散。④积极发展小城镇，在原有城乡之间形成梯次城镇，鼓励产业和生产要素向这些城镇集聚，以城镇化建设推进农村地区产业园区建设，促进产业本地化集聚。⑤走分散型城市化道路。城市的发展要充分考虑资源制约和集聚效应的变动趋势，分散型城市化道路能使中心城市向外扩散更突出，形成合理的集聚中心和城市层级结构，缩小城乡收入差距。

四是促进城市地区经济结构升级。对农村经济或产业的辐射带动能力起决定作用的是城市地区经济结构。我国多数城市工业占主导，服务业发展严重不足，这种经济结构排斥农业劳动力进入城市，也与农村要素结构和产业结构没有密切联系，产生不了关联效应，不能带动农村发展。城市地区只有实现经济结构的不断优化升级，才能有效促进众多生产要素集聚，使城市经济集聚效益早日实现，也才能以强大和广阔的市场扩张能力形成对农村经济的辐射带动力，促进农村收入水平持续增加，缩小城乡差距。因此，应促进城市经济结构的转型升级，加强城市第三产业发展，调整第三产业内部结构，实现由商品零售、餐饮、建筑、运输仓储等层次较低的传统服务业向为农村生产和为城乡居民服务的新型产业升级，大力发展生产性服务业。

五是促进非农产业集群在城乡间的合理网络布局。打破城乡产业分割的格局，推动城市现代产业对农村产业的有效改造，加快城乡间产业链的联系和融合。充分利用丰富而廉价的农村劳动力资源优势，积极发展乡镇企业和农业产业化经营，尤其是农产品加工业，提升农村产业集聚水平，延长农业产业链，优化农业内部结构，带动农村发展，提高农民收入。合理引导城市地区不具有比较优势的劳动密集型产业向农村小城镇地区梯度转移，使非农产业在空间布局上尽快形成较大的网络和基地，产生集聚规模效益。

六是引导大中城市、沿海发达地区的劳动密集型产业和资源加工型企业向中西部农村梯度转移。改革开放30多年来，我国东部地区借助发达的商品流通网络和初始的政策倾斜，生产要素大量向该地区流动，形成了珠三角、长三角和京津唐等经济集聚区。但随着集聚程度的提高，这些地区集聚规模不经济必将出现，面临着产业的升级和转移。中西部落后地区应培育和增强本地承接产业转移和劳动力回流的能力，吸纳农村劳动力本地城镇就业，促进集聚规模经济的形成。

第六章　城市经济集聚最优规模的分析

一、引　言

我们知道，外部性和规模报酬递增是集聚经济的原因，而城市劳动生产率或人均收入提高是城市集聚经济促进作用的结果。这就提出了一个问题，是否集聚经济规模越大，城市劳动生产率越高？或者说是否存在一个使城市劳动生产率或人均收入达到最大值的城市经济集聚规模的临界值？如果存在的话，那么城市经济集聚对城乡收入差距的影响就会发生阶段性转变，即在集聚初期扩大了城乡差距，而过了临界点后就会逐步缩小城乡差距，城市经济集聚（效率）与城乡协调发展（公平）就不存在矛盾，可以兼顾。因此，为了缩小城乡收入差距，在实际集聚规模没达临界值之时，即临界点之前，不应引导城市地区经济集聚的分散化，而应重点加速城市经济的高效集聚，使城市集聚规模效益尽快实现，通过城乡间要素流转使农村尽快尽多地分享城市集聚的空间外部性；如果实际集聚规模已超越临界值，即临界点之后，则应加快推进城市地区经济向周围农村地区的扩溢。

答案是肯定的。集聚不能一直持续下去，集聚经济效应也并不是无限的，存在一个临界点，当集聚规模超过这一点后，就会出现集聚不经济，因为在经济集聚过程中同时存在促进与制约集聚规模扩大的两种力量。这两种力量是一个不断循环反馈增强的过程。其中，促进经济集聚的因素包括知识外溢、中间投入品共享、劳动力供需匹配等外部经济效应（见图6－1），而抑制集聚规模扩大的因素则包括区域土地、水和资源拥挤等产生的集聚成本。当集聚规模过大导致外部资源供给紧张、土地要素等投入成本提高，就会产生集聚外部不经济；城市基础设施和公共服务的供不应求以及生态环境的承载压力制约集聚规模不断扩大；城市集聚的外在成本、门槛成本和疏散成本的逐渐增大制约集聚进一步继续（见图6－2）。

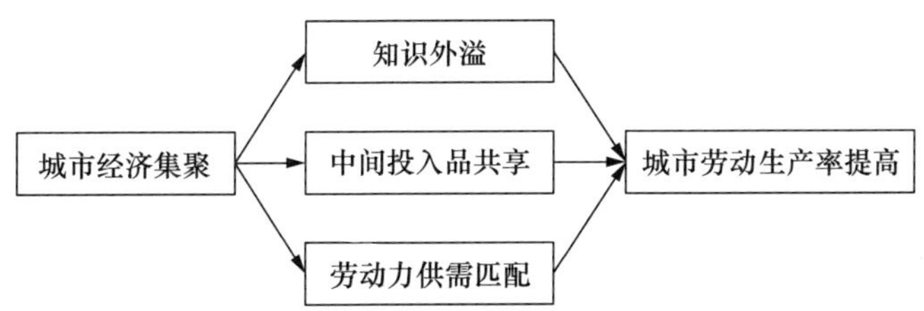

图6－1　城市经济集聚促进城市劳动生产率的作用机理

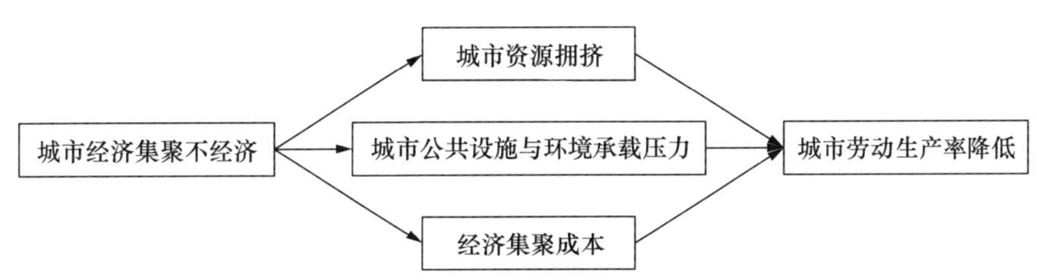

图6－2　城市经济集聚不经济抑制城市劳动生产率的作用机理

总之，由于城市的空间容量、经济容量和环境容量有限，城市经济集聚规模不可能一直持续扩大，集聚除会带来正外部效应外，还会引致拥挤效应，存在一个集聚边际收益由递增到递减的过程。在城市发展初始阶段，经济活动集聚主要带来正外部性，促进城市劳动生产率或人均收入提高，但随着集聚程度进一步增大，集聚带来的拥挤成本将产生负外部性，在某一临界点上，聚集力将超过分散力，拥挤成本提高速度快于集聚正效应增强速度，出现边际收益递减甚至为零和负值，城市经济集聚变得不可持续，逐渐向外围农村地区扩散，缩小城乡收入差距。城市集聚对城市劳动生产率可能存在先促进后抑制的倒 U 形非线性效应（见图 6 –3）。

图 6 –3　城市经济集聚最优规模的形成

假定某区域可划分为城乡两地区，那么我国城市地区的集聚规模究竟有没有达到最优规模呢？要是没有达到，实际集聚规模与最优规模的偏差到底又有多大呢？要解决这个问题，必须首先弄清楚什么是城市经济集聚最优规模，然后利用统计数据对目前我国城市经济集聚的实际规模与最优规模进行比较判断。如果实际集聚规模还没有达到最优规模，就应加快城市经济的高效集聚，使城市集聚规模效益尽快实现，通过城乡间要素流转使农村尽快尽多地分享城市集聚的空间外部性。如果已超越最优规模，则应加快城市地区经济向周围农村地区的扩溢，缩小城乡收入差距。

如果说上一章的研究是假设城市经济集聚因子对城市劳动生产率或人均收入的影响稳定，不随集聚程度的变化而变化的话，本章就假设城市经济集聚因子对城市劳动生产率或人均收入的影响随集聚程度因子的变化而变化，以此找到城市地区经济集聚与扩散的均衡点，分析城市经济是集聚效应抑或溢出效益主导，再一次佐证上一章所得结论。

二、基本模型的构建

实证研究中估计城市集聚经济效应最常用的方法是将城市每个企业的生产函数加总。从城市层面来看，根据外部性理论，集聚经济的存在意味着城市经济活动不单是一般要素投入的函数，同时还是该地区经济集聚规模和集聚类型的函数。那么在要素投入一定的情况下，城市的总产出会随外部规模经济的增加而上升，产出的平均成本随之下降。测度集聚经济最直接的方法是估计生产函数：

$$y_{ij} = g(S_j)f(K_{ij}, L_{ij}, G_{ij}, Z_{ij}) \tag{6-1}$$

式中，y_{ij}表示城市 j 的总产出，K_{ij}、L_{ij}、G_{ij}、Z_{ij}分别表示资本、劳动力、公共基础设施和其他投入。生产函数$f(\cdot)$ 通常假定报酬不变，也可能因公共基础设施的引入报酬递增。集聚经济引起生产函数的移动，集聚外部经济 S_j 可以是城市总就业或总人口，反映城市化经济（所有产业间）的大小，也可以是产业就业人数或产出量，反映本地化经济（产业内）的大小，同时引入可反映两类集聚经济形式的大小。转换因子 $g(\cdot)$ 的一阶导数大于零，即本地化经济或城市化经济为正的集聚效应。式（6－1）两边同除以 L，可得城市平均劳动生产率：

$$(y/L)_{ij} = g(S_j)f[(K/L)_{ij}, (G/L)_{ij}, (Z/L)_{ij}] \tag{6-2}$$

直到 Ciccone 和 Hall（1999，2002）提出用单位土地面积上承载的劳动力和物质资本等要素数量（经济活动密度）衡量集聚经济外部性以来，用经济活动空间分布密度衡量城市经济空间集聚程度越来越受到重视。经济活动密度越高，生产者之间更容易实现基础设施共享，降低运输成本，实现专业化和多样化的提高，促进技术创新和知识外溢，实现中间投入品和最终产品间信息共享；消费者可选择更多更集中的商品和服务；其产生的劳动力池效应、劳动力匹配性提高、职业搜寻成本降低都有利于劳动者。因此，借鉴他们的模型来分析城市劳动生产率或人均收入与城市经济集聚的关系更接近集聚经济的本质。我们在参考其模型的基础上，构建基于C－D 生产函数的城市单位土地面积产出模型，如下：

$$q_j = \Omega_j f(n_jH_j,\ k_j;\ Q_j,\ A_j) = \Omega_j((n_jH_j)^{\beta}k_j^{1-\beta})^{\alpha}\left(\frac{Q_j}{A_j}\right)^{(\lambda-1)/\lambda},\ 0\leqslant\alpha\leqslant1,\ 0\leqslant\beta\leqslant1 \quad (6-3)$$

其中，q_j 是城市地区 j 单位土地面积上的生产总值，H_j 为单位面积上的平均人力资本水平，即劳动力数量的质量，k_j 表示单位面积上的物质资本投入量，n_j 为单位面积上的就业人数，n_jH_j 为单位面积上的有效就业数，Q_j 为城市 j 的生产总值，A_j 为城市 j 土地面积。Ω_j 为城市 j 全要素生产率，指技术进步率。β 为有效劳动力的贡献份额，α 为单位面积有效劳动力和物质资本投入对城市产出的报酬份额，其值均小于 1，表明要素边际报酬递减，即所谓拥挤效应。λ 是经济集聚参数。

考虑到其经济集聚测度指标过于简单，未考虑集聚规模，而集聚经济的微观基础却有赖于集聚规模。在要素投入一定的情况下，城市经济集聚还会通过专业化、多样化等特征影响城市人均收入增长，由此我们引入集聚规模的两种指数：城市相对多样化水平 C_j 测度城市化经济、城市相对专业化水平 B_j 测度地方化经济，使改进后的模型与通常的经济集聚概念更一致，即

$$q_j = \Omega_j((n_jH_j)^{\beta}k_j^{1-\beta})^{\alpha}\left(C_jB_j\frac{Q_j}{A_j}\right)^{(\lambda-1)/\lambda} \quad (6-4)$$

假定城市地区内部土地均质，生产要素和非农产出在其中均匀分布，则单位土地面积上的生产函数可加总为城市部门生产函数，如下：

$$Q_j = A_jq_j = A_j\Omega_j((N_jH_j/A_j)^{\beta}(K_j/A_j)^{1-\beta})^{\alpha}\left(C_jB_j\frac{Q_j}{A_j}\right)^{(\lambda-1)/\lambda} \quad (6-5)$$

式中，N_j、H_j、K_j 分别表示城市 j 就业总数、人力资本总量和资本投入总量。假定 N_j、H_j、K_j、Q_j、A_j 分别为城市 j 非农就业人数、非农就业人力资本、物质资本投入、非农总产出、非农用地总面积，则可得城市地

区非农平均劳动生产率，如下：

$$\frac{Q_j}{N_j}=\Omega_j^{\lambda}\left(H_j^{\beta}\left(\frac{K_j}{N_j}\right)^{1-\beta}\right)^{\alpha\lambda}\left(\frac{N_j}{A_j}\right)^{\alpha\lambda-1}(C_jB_j)^{(\lambda-1)} \tag{6-6}$$

用城市平均劳动生产率反映城市经济的集聚、扩散效应或溢出效应状况。由式（6-6）可知：当 $\alpha\lambda>1$ 时，城市经济集聚（就业密度）对城市平均劳动生产率或人均收入提高的促进作用强于抑制作用，即集聚净效应为正，本地市场规模源源不断地扩大，农村生产要素受利益驱使持续流入城市，集聚效应进一步放大，形成循环累积动态效应，城市平均劳动生产率或人均收入不断提高，此时集聚效应大于扩散效应，溢出效应为负。当 $\alpha\lambda=1$ 时，城市经济集聚对城市平均劳动生产率或人均收入提高的促进作用与抑制作用恰好相抵，处于平衡状态，此时净集聚效应即溢出效应为零。当 $\alpha\lambda<1$ 时，市场拥挤效应带来的抑制作用增加速度快于集聚外部经济产生的促进作用的提高速度，导致集聚对城市平均劳动生产率或人均收入提高的净效应从递增达到最大后转为递减，直至达到净效应为零和负值，集聚成本超过集聚收益，城市平均劳动生产率或人均收入开始下降，此时集聚效应小于扩散效应，溢出效应为正。

三、实证模型的设定

由上述方程可知，影响城市平均劳动生产率 Q_j/N_j 的因素主要有：城市非农就业密度 N_j/A_j、人力资本水平 H_j、劳均物质资本投入 K_j/N_j、相对多样化水平指数 C_j、相对专业化水平指数 B_j。

我们将上述方程变换为对数线性形式，考虑到经济体制因素对城市劳动生产率的影响，在模型中增加城市外商直接投资 FDI 和政府干预经济程度 Gov（政府支出）两个控制变量以更准确测度城市经济集聚与劳动生产率的关系。因 C_{it}、B_{it}、FDI_{it}、Gov_{it}均为相对量，不进行对数变换，待估模型扩展如下：

$$\ln prod_{it} = \alpha_0 + \alpha_1 \ln dens_{it} + \alpha_2 \ln percap_{it} + \alpha_3 \ln H_{it} + \alpha_4 C_{it} + \alpha_5 B_{it} + \alpha_6 FDI_{it} + \alpha_7 Gov_{it} + c_i + \mu_{it} \quad (6-7)$$

式中，$prod_{it}$定义为城市平均劳动生产率，是模型因变量；$dens_{it}$为城市非农就业密度，代表城市经济集聚水平即经济活动分布密度，是本章核心解释变量；$percap_{it}$为劳均物质资本投资；H_{it}为总人力资本水平；C_j、B_j 分别为相对多样化和相对专业化水平；FDI_{it}为城市外商直接投资水平，Gov_{it}表示政府干预度；α（1，…，7）为待估参数，α_0 为常数项；i 为 1，2，…，N 个地级市，t 为 1，2，…，T 年；c_i 表示不可观测的地区固定效应，μ_{it}为随机误差项，表示影响城市劳动生产率的其他未观测因素。因城市全要素生产率难以估计，各城市土地面积又具有历史性和稳定性，我们将这种效应纳入各城市固定效应中。

考虑到城市劳动生产率变化速度较慢，而且当期城市平均劳动生产率很可能与滞后一期的劳动生产率水平相关，即模型可能存在内生性。为有效克服内生性问题，并用以反映被解释变量城市平均劳动生产率前后两期“连锁”变动的趋势，我们在估计模型中纳入城市劳动生产率的一阶滞后项 $\ln prod_{it-1}$作为解释变量，构建动态面板数据模型（DPD），以此解决模型设定偏误，并消除解释变量内生性偏误，得到一致估计。所建立的动态面板一阶回归模型如下：

$$\ln prod_{it} = \alpha_0 + \alpha_1 \ln prod_{it-1} + \alpha_2 \ln dens_{it} + \alpha_3 \ln percap_{it} + \alpha_4 \ln H_{it} + \alpha_5 C_{it} + \alpha_6 B_{it} + \alpha_7 FDI_{it} + \alpha_8 Gov_{it} + c_i + \mu_{it} \quad (6-8)$$

由于城市集聚经济规模在达到一定水平后会呈现集聚不经济，降低城市劳动生产率，为找出从集聚正效应转为集聚负效应的理论临界值，因此引入城市集聚因子：就业密度的平方项 $\ln dens_{it}^2$，使模型出现曲线特征，反映城市劳动生产率或人均收入随城市经济集聚程度因子变化的非线性关系：当存在集聚效应时，就业密度提高促进劳动生产率增大，若市场拥挤效应导致经济开始扩散，那么劳动生产率对就业密度的弹性会呈边际递减甚至小于零。本章最终的估计方程为：

$$\ln prod_{it} = \alpha_0 + \alpha_1 \ln prod_{it-1} + \alpha_2 \ln dens_{it} + \alpha_3 \ln dens_{it}^2 + \alpha_4 \ln percap_{it} + \alpha_5 \ln H_{it} + \alpha_6 C_{it} + \alpha_7 B_{it} + \alpha_8 FDI_{it} + \alpha_9 Gov_{it} + c_i + \mu_{it} \quad (6-9)$$

四、数据来源与变量说明

（一）数据来源

由于集聚经济效应只存在于较小的地域范围内，并且随距离的增加而递减。省份层面过大，县域层面由于街道、镇的数据缺乏又难以获取，且县域内部很多区域人口稀少，并非均质单元，不能反映区域的真实经济集聚状况。因此，我们采用相对微观的地理单元，即地级市的数据。

《中国城市统计年鉴》对各地级市分别列出全市和市辖区的统计数据，市辖区不包括下辖县和农村，是一个地级市的中心和主体区域，地级市各项功能特别是非农经济集聚效应主要集中在经济活动分布密度较高的城区，由于我们分析的是一个地级市市区经济集聚对市区平均劳动生产率的影响，所以本章研究的各种指标均采用地级市市辖区的统计数据。而且，假定市辖区内部土地均质，非农产业在其中均匀分布。

另外，《中国城市统计年鉴》中一部分地级市市辖区土地面积由于行政区划调整在不同年份发生过变动。为反映真实连贯的经济密度数据的变化情况，本章使用市辖区土地面积各年平均值。

为增加样本容量和估计的可靠性，本章同样采用全国 286 个地级市 2003～2014 年的数据进行实证检验。为反映更多信息，各变量指标多采用比率或指数。所需数据主要来自历年《中国城市统计年鉴》、《中国区域经济统计年鉴》、《中国统计年鉴》和中经网统计数据库。

（二）变量、指标说明

模型涉及的变量有城市平均劳动生产率 $prod_{it}$、城市非农就业密度 $dens_{it}$、人力资本水平 H_{it}、劳均物质资本投入 $percap_{it}$、城市相对多样化水平 C_j 和相对专业化水平 B_j、城市外商直接投资水平 FDI_{it}、政府干预力度 Gov_{it}。

1. 城市平均劳动生产率 $prod_{it}$

这是模型因变量，选取城市地区非农平均劳动生产率来反映城市经济的集聚效应、扩散效应或溢出效应状况，为地级市市区二、三产业 GDP 之和与市区二、三产业就业总人数比值，单位为元/人。为反映产出随时间的变化，产值采用各地级市所在省份当年 GDP 平减指数平减为 2003 年不变价格的实际值，各省份 GDP 平减指数来自《中国统计年鉴》。

2. 城市非农就业密度 $dens_{it}$

用来衡量城市地区经济集聚规模，是我们最关心的解释变量。城市经济集聚通过企业和劳动力地理临近降低交易成本，提高市场潜能，实现资源共享、加速知识交流与技术外溢，提高城市劳动生产率。Ciccone 和 Hall（2002）认为，相对于城市规模，经济活动的分布密度即每单位土地面积上承载的经济活动量更能反映一个地区经济活动空间集聚的规模和差异分布。我们主要借鉴他们定义的空间经济活动密度概念来捕捉一个城市内部经济活动的密集程度和自身市场需求规模大小，显示城市集聚经济效应。理论上，经济密度越高，知识外溢、劳动力池、专业化投入品等集聚效应越强，生产率越高。考虑到产值受价格波动影响较大，相对来说就业人数衡量经济空间集聚规模更直接方便，而且就业密度可衡量本地市场效应，空间就业密度增加，通过扩大本地市场规模，增加企业和产品数量，引致规模报酬递增，从而提高地区劳动生产率。城市非农就业密度用一个地级市市区单位土地面积上的二、三产业就业总人数表示，单位为人/平方千米。

3. 城市人力资本水平 H_{it}

人力资本水平估算方法有多种，通常采用平均受教育年限，由于没有直接度量地级市人力资本含量的数据，我们选用一个地级市市辖区就业人员每万人中拥有普通高等学校专任教师数这一指标作为测度城市人力资本水平的替代变量。这主要基于以下假设：

（1）高校专任教师数越多，培养人力资本含量高的劳动力数也越多，则该城市人力资本含量越高。

（2）本地教育培养的人才主要输往本地就业。由于知识、技能存在外溢效益，人力资本能够提高劳动者对实物资本的使用效率，对城市劳动生产率的影响具有长期性。其为相对数，无单位。

4. 城市劳均物质资本投入 $percap_{it}$

城市劳均资本投入用市区固定资产投资总额与市区非农就业人数之比代理，单位为元/人。为反映城市固定资产投资总额随时间的变化，城市劳均固定资产投资指标采用各地级市所在省份当年 GDP 平减指数平减为 2003 年不变价格的劳均实际固定资产投资值，各省 GDP 平减指数来源于《中国统计年鉴》。

5. 城市相对多样化水平 C_{it}

指某城市内所有不同的产业集聚形成的范围经济带来的递增收益，用来衡量不同行业的企业在特定城市内集聚形成的 Jacobs 型城市化经济，该指数越大，城市整体行业的多样性越大，不同行业企业间溢出效应越强。公式如下：

$$C_i = 1/\sum_j |S_{ij} - S_j| \quad (6-10)$$

其中，S_{ij}和 S_j 分别表示城市 i 的产业 j 的就业在该城市就业中所占份额和产业 j 的就业在所有城市就业中所占份额。

6. 城市相对专业化水平 B_{it}

代表某城市内同一产业生产相似产品的企业的空间邻近所带来的递增收益，即 MAR 型地方化外部经济，测度公式如下：

$$B_i = \max(S_{ij}/S_j) \quad (6-11)$$

其中，S_{ij}和 S_j 含义同上，S_{ij}是 i 城市 j 产业就业人数占 i 城市总就业人数比重，S_j 是 j 产业就业人数占所有城市就业人数比重，该指数实际上为城市各产业区位熵中的最大值，代表一个城市在某产业上的相对专业化程度。其值越大，表明城市某产业规模扩张速度越快于全国平均水平，则该城市在某产业上的专业化优势超出全国平均专业化水平越高。

两类集聚经济形式：城市相对多样化和相对专业化均为相对数，无单位。相关数据来自《中国城市统计年鉴》按行业分组的单位从业人员数（市辖区）。产业间外部性和产业内外部性都能产生规模报酬递增，共享的中间产品投入、专业化的劳动力市场以及产业间的技术外溢等外部性因素推动了城市经济集聚，从而降低了城市企业平均生产成本，促进劳动生产率提高。

7. 城市外商直接投资水平 FDI_{it}

衡量城市经济活动开放程度对城市经济集聚进而对城市平均劳动生产率的影响。我们采用各地级市市辖区实际利用外商直接投资额占固定资产投资额和实际利用外商直接投资额之和的比重作为外商直接投资水平的度量指标。实际利用外商直接投资额按照《中国统计年鉴》历年人民币汇率平均价格折算成等值人民币价值。一个城市的外商直接投资不仅可以增加该城市的物质资本存量，还可以通过引入新的生产技术和管理经验，产生知识技术外溢效应，促进城市劳动生产率提高。单位为百分比。

8. 政府干预力度 Gov_{it}

用来表示一个城市政府的经济活动干预力度对该城市劳动生产率的影响。这里由一个地级市扣除教育和科技支出后的政府财政支出占 GDP 的比例来表示一个城市政府对经济的参与程度，也可以看作城市中政府的规模，反映政府投资等行为对城市劳动生产率的影响。单位为百分比。

五、实证分析过程

由于城市经济集聚对城市平均劳动生产率既有促进作用，也有抑制作用，下面将通过引入城市经济集聚规模的平方项，实证检验城市经济集聚与城市劳动生产率的关系。

经济变量大都具有非平稳性，对非平稳序列直接回归会造成伪回归，因此，首先对各变量面板数据进行单位根检验，考察变量平稳性。如果变量同阶单整，则须对各变量序列进行协整检验，以确定变量之间是否存在长期均衡关系，最后在序列存在协整的基础上，对模型进行动态面板回归分析。

（一）实证检验

1. 面板数据平稳性检验

根据数据生成方式的不同，面板数据的单位根检验可分为同质面板检验与异质面板检验。具体来说，主要有 LLC、Hadri、Breitung、IPS、Fisher - ADF 和 Fisher - PP 等检验。每一种检验都有其局限性，为避免单一检验方法的缺陷，提高检验结果的可靠性，我们针对变量数据生成特点采用 ADF、PP、LLC、Hadri 检验四种方法进行面板数据的单位根检验，并对结果进行综合比较，检验结果如表 6 - 1 所示。

表 6 - 1　城市平均劳动生产率及各影响因素的面板单位根检验结果

变量名称	检验方法						
	ADF		PP		LLC	Hadri	
	Fisher Chi - square	Choi z - stat	Fisher Chi - square	Choi z - stat		Hadri z - stat	Consistent z - stat
$\ln prod_{it}$	2. 365	-1. 131	2. 713	-1. 135	-1. 323	0. 975	0. 975
$\ln dens_{it}$	0. 877	0. 328	1. 749	-0. 191	-1. 222	2. 247 **	2. 247 **
$\ln percap_{it}$	1. 835	-0. 335	1. 835	-0. 335	-0. 709	2. 452 **	2. 452 **
$\ln H_{it}$	3. 469	-1. 173	3. 132	-1. 136	-1. 523	1. 782 *	1. 782 *
C_{it}	0. 699	0. 869	0. 271	1. 631	-0. 764	1. 465	1. 465
B_{it}	1. 645	-0. 245	7. 638 **	-2. 601 **	-2. 001 *	2. 512 **	2. 512 **
FDI_{it}	1. 832	-0. 704	2. 863	-1. 737	1. 661	1. 399	1. 399
Gov_{it}	2. 853	-1. 285	1. 391	-0. 708	-1. 859	-2. 111 *	-2. 111 *

注：***、**、* 分别表示在 1%、5%、10% 的显著性水平下拒绝原假设；Hadri 检验的原假设是不含单位根，而 ADF、PP、LLC 检验的原假设是含单位根；检验滞后阶数由软件自动选择。

表6-1给出了各变量水平值的面板单位根检验结果，结果显示，城市平均劳动生产率ln$prod_{it}$、城市经济集聚水平ln$dens_{it}$、劳均物质资本投入ln$percap_{it}$、人力资本水平lnH_{it}、城市外商直接投资水平FDI_{it}、政府干预程度Gov_{it}、城市相对多样化水平C_{it}和相对专业化水平B_{it}都仅部分通过检验，没有完全通过ADF、PP、LLC和Hadri检验。其中，城市平均劳动生产率ln$prod_{it}$、城市外商直接投资水平FDI_{it}和城市相对多样化水平C_{it}的ADF、PP、LLC检验结果均不显著，接受了不平稳的原假设；城市经济集聚水平ln$dens_{it}$、劳均物质资本投入ln$percap_{it}$、人力资本水平lnH_{it}和政府干预程度Gov_{it}在ADF、PP、LLC检验中统计量均不显著，接受了不平稳的原假设，在Hadri检验中统计量显著，拒绝了平稳的原假设；城市相对专业化水平B_{it}的ADF检验结果不显著，接受了不平稳的原假设，Hadri检验结果反而显著，拒绝了平稳的原假设。

上述检验表明，城市平均劳动生产率ln$prod_{it}$、城市经济集聚水平ln$dens_{it}$、劳均物质资本投入ln$percap_{it}$、人力资本水平lnH_{it}、城市外商直接投资水平FDI_{it}、政府干预程度Gov_{it}、城市相对多样化水平C_{it}和相对专业化水平B_{it}的水平值都具有一定程度的非平稳性。对上述变量一阶差分后再进行检验，结果如表6-2所示。

表6-2 城市平均劳动生产率及各影响因素差分后的面板单位根检验结果

变量名称	检验方法						
	ADF		PP		LLC	Hadri	
	Fisher Chi-square	Choi z-stat	Fisher Chi-square	Choi z-stat		Hadri z-stat	Consistent z-stat
Δln$prod_{it}$	5.484*	-2.012*	5.484*	-2.012*	-2.316**	0.787	0.787
Δln$dens_{it}$	7.856**	2.233**	7.862**	-2.255**	-3.675***	0.905	0.905
Δln$percap_{it}$	6.811**	-1.776*	6.811**	-1.776*	-2.046*	-0.077	-0.077
ΔlnH_{it}	5.650*	-1.975*	5.650*	-1.975*	-2.058*	1.308	1.308
ΔC_{it}	6.150*	-2.045*	6.210**	-1.993*	-2.588**	0.724	0.724
ΔB_{it}	6.620**	-2.293**	5.953*	-1.958*	-2.985***	0.762	0.762

续表

变量名称	检验方法						
	ADF		PP		LLC	Hadri	
	Fisher Chi－square	Choi z－stat	Fisher Chi－square	Choi z－stat		Hadri z－stat	Consistent z－stat
ΔFDI_{it}	5.890*	－2.009*	5.350*	－2.015*	－3.001***	1.234	1.234
ΔGov_{it}	5.470*	－1.905*	5.490*	－1.971*	－3.021***	0.186	0.186

注：***、**、*分别表示在1%、5%、10%的显著性水平下拒绝原假设；Hadri检验的原假设是不含单位根，而ADF、PP、LLC检验的原假设是含单位根。

表6－2给出了城市平均劳动生产率、城市经济集聚水平、劳均物质资本投入、人力资本水平、城市外商直接投资水平、政府干预程度、城市相对多样化水平和相对专业化水平差分后的面板单位根检验结果。结果显示，上述各变量一阶差分后的ADF、PP、LLC检验结果均显著，都能拒绝不平稳的原假设；Hadri检验结果均不显著，都接受了平稳的原假设。以上检验表明，虽然各变量的水平值是非平稳序列，但其一阶差分都是平稳序列，均服从I（1），可以对各变量进行协整检验来分析它们之间的均衡关系。

2. 面板数据协整关系检验

对变量进行协整分析是保证非平稳数据回归分析结果有效的重要途径。上述变量同阶单整，满足进行协整检验的前提。Pedroni检验和Kao检验以E－G两步法回归残差为基础，其原假设是各变量间无协整关系。Pedroni检验有7个统计量，其中4个为组内统计量，分别是Panel－v、Panel－rho、Panel－PP、Panel－ADF，3个为组间统计量，分别是Group－rho、Group－PP、Group－ADF。我们分别采用Pedroni法和Kao法共8种方法进行城市平均劳动生产率与各影响因素的面板协整检验，分析它们之间是否具有长期稳定的均衡关系，协整检验结果如表6－3所示。

表 6-3 各影响因素与城市平均劳动生产率的面板协整检验结果

检验方法	统计量与统计值	P 值
Pedroni 残差协整检验（Engle - Granger based） H_0：不存在协整关系	Panel - v Statistic：0.5915	0.3723
	Panel - rho Statistic：4.4464 *	0.0575
	Panel - PP Statistic：-4.9731 **	0.0153
	Panel - ADF Statistic：-10.4046 ***	0.0052
	Group - rho Statistic：7.8354 **	0.0102
	Group - PP Statistic：-1.47	0.2002
	Group - ADF Statistic：-12.263 ***	0.0043
Kao 残差协整检验（Engle - Granger based） H_0：不存在协整关系	ADF：-4.5024 ***	0.0071

注：***、**、* 分别表示在 1%、5%、10% 的显著性水平下拒绝无协整的原假设；Pedroni 检验和 Kao 检验的原假设均为不存在协整。

由上述检验结果得知，Pedroni 方法下，Panel - v 统计量不显著，接受了变量间不存在协整关系的原假设，而 Panel - rho、Panel - PP 和 Panel - ADF 统计量都至少在 10% 的水平下显著，都拒绝了变量间不存在协整关系的原假设；Group - PP 统计量不显著，接受了变量间没有协整关系的原假设，而 Group - rho 和 Group - ADF 统计量都至少在 5% 的水平下显著，也都拒绝了变量间不具有协整关系的原假设；Kao 统计量在 1% 的水平下显著，进一步支持了变量间存在显著协整关系的结论。8 个统计量中有 6 个表明变量间存在协整关系，因此，可以认为各影响因素与城市平均劳动生产率间确实存在长期稳定的均衡关系。

（二）计量模型的估计与结果分析

由上述分析可知，城市平均劳动生产率与各影响因素之间存在协整关系，验证了城市经济集聚等因素对城市平均劳动生产率有影响，但这种影响的方向还不确定。对于具有协整关系的变量可以进行回归分析，以便进一步确定变量间影响的方向和程度。根据前述分析，我们使用动态面板数据模型对城市平均劳动生产率与城市经济集聚的关系进行估计。

动态面板模型是指面板模型包含被解释变量的滞后项。动态面板模型存在固有的内生性问题，因为与个体效应的相关性导致其极易与随机扰动项存在相关性，而且这种相关性并不随截面样本数量的增多而减少，因此，OLS、固定效应和随机效应的估计方法都是有偏且不一致的。GMM 估计使用的是差分转换数据，可以克服遗漏变量问题以及不可观察变量与解释变量相关的问题。只要选择合适的工具变量，动态面板 GMM 估计就能有效控制内生性问题。为有效克服滞后项与扰动项相关的内生性问题，在此采用 GMM 估计，估计结果如表 6-4 所示。

表 6-4 城市经济集聚对城市平均劳动生产率影响的动态面板回归结果

解释变量	回归变量	系数估计值	t - Statistic
常数项	α_0	1.0005 ***	6.082
城市平均劳动生产率滞后值	$\ln prod_{it-1}$	0.6135 ***	43.160
城市就业密度	$\ln dens_{it}$	0.4954 ***	8.650
城市就业密度平方项	$\ln dens_{it}^2$	-0.04329 ***	-7.760
城市劳均资本投入	$\ln percap_{it}$	0.4589 ***	29.123
城市人力资本水平	$\ln H_{it}$	0.3918 ***	6.196
城市相对多样化水平	C_{it}	0.0135	1.465
城市相对专业化水平	B_{it}	0.0060 **	2.284
城市外商直接投资	FDI_{it}	0.0012 ***	3.843
政府干预力度	Gov_{it}	-0.0178 ***	-9.345
P - Sargan Test	0.5360		
P - Hansen Test	0.7570		
P - AR（1） Test	0.0050		
P - AR（2） Test	0.3490		

注：***、**、* 分别表示在 1%、5%、10% 的水平下显著。

从表 6-4 的 GMM 估计结果可知，检验工具变量联合有效性的 Sargan 统计量等对应 p 值不能拒绝工具变量有效的零假设；检验残差自相关的

AR（2）统计量对应的 p 值也表明模型残差无自相关性，因此工具变量设定合理且其滞后阶数合适，上述回归的整体估计结果是理想的。同时各解释变量系数都具有较高的显著性。其中：

（1）城市平均劳动生产率受以往年份 $\ln prod_{it-1}$ 大小的正向影响较明显，说明城市平均劳动生产率变动速度较缓慢，具有一定的历史惯性。

（2）核心解释变量城市非农就业密度 $\ln dens_{it}$ 对城市平均劳动生产率的影响系数显著为正，表明在一定集聚规模范围内，我国各地级市市区经济集聚效应确实存在，城市经济密度的提高促进了城市劳动生产率的增加。就业集聚产生的人力资本外部性、技术外溢和本地市场效应能够引致规模报酬递增，提高当地劳动生产率；城市非农就业密度平方项 $\ln dens_{it}^2$ 的影响系数显著为负，说明超过一定的经济集聚水平，城市劳动生产率随集聚规模的增加而递减。

（3）城市劳均物质资本投入 $\ln percap_{it}$ 的影响系数显著为正，说明一个地级市人均固定资产的增长将促进劳动生产率的上升。由于当前我国各地级市仍以劳动密集型产业为主，资本对劳动力的边际技术替代率很高，所以人均资本投入推动城市劳动生产率增长的力量强劲。随着资本所需数量的增加以及技术水平的转型升级，亟待提高资本密集度。

（4）城市人力资本水平 $\ln H_{it}$ 的影响显著为正。因为人力资本水平的提升促进了知识的生产和专业化人力资本的积累，提高了劳动者技术创新和吸收知识外溢的能力，产生集聚外部经济，从而推动了劳动生产率的增长。

（5）度量 MAR 型本地化经济的城市相对专业化指数 B_{it} 的影响显著为正，表明各城市与其他所有城市平均水平相比，在某些产业上的相对规模更大，即具有更高的专业化水平，从而拥有更高的平均劳动生产率。

（6）度量 Jacobs 型城市化经济的城市相对多样化指数 C_{it} 的影响系数虽然也为正，但实际影响并不显著。这说明我国各地级市不同行业和企业间的知识技术外溢效应并不明显，并未发现城市产业多样性能显著促进其平均劳动生产率提高，所以本地化经济相比城市化经济对城市平均劳动生产率提升的作用更明显。因此，地方政府在加快城市经济集聚时应充分发挥本地区的传统和特色优势，促进专业化集聚区的形成。

（7）城市外商直接投资水平 FDI_{it}的影响系数显著为正。由于引进外资的同时还带来了技术，所以实际外资利用水平越高，从外资企业引进的管理经验和新技术越多，外资对本地的知识外溢和技术扩散以及本地的成功模仿、吸收、消化和创新会促进城市劳动生产率和工资水平的提高。

（8）政府干预力度 Gov_{it}的影响系数显著为负，表明地方政府对经济活动的干预并不利于城市劳动生产率的提升，过多的政府财政干预造成市场资源配置功能扭曲，增加了贸易成本，阻碍了生产要素合理流动，不利于城市经济集聚和增长，引起城市劳动生产率和平均工资的下降。

六、城市最优经济集聚规模的分析

（一）最优经济集聚规模的含义

什么样的经济集聚规模才是最优集聚规模呢？根据经济学一般原理，经济集聚的集聚成本与集聚收益达到均衡，即集聚正负净效应为零时的集聚规模才是最优集聚规模，此时城市地区集聚与扩散处于均衡，也即集聚经济转为不经济的点。当规模小于这个点时，集聚力大于扩散力，有继续扩大的动力；当规模超过该点时，会存在集聚不经济。

经济集聚对城市劳动生产率既有促进作用，也有抑制作用，抑制作用源自集聚过程中的过度拥挤。集聚规模不是越大越好，集聚规模的逐步扩大会导致集聚的促进作用与抑制作用同时上升，但促进作用呈边际递减趋势，而抑制作用呈边际递增趋势。在集聚规模达到一临界值后，集聚的促进作用逐渐减弱，抑制作用却逐渐增强，并超出促进作用，从而导致集聚不经济，降低城市劳动生产率或人均收入。集聚对劳动生产率的影响实际上是促进作用扣除抑制作用后的净效用，其随着集聚规模的增长，有一个先上升后下降到零直至负值的过程，最优集聚规模就是使这种净效应为零的规模。图 6－4 刻画了城市经济集聚对平均生产率提高的净效应先升后降到零和负值的变动过程。

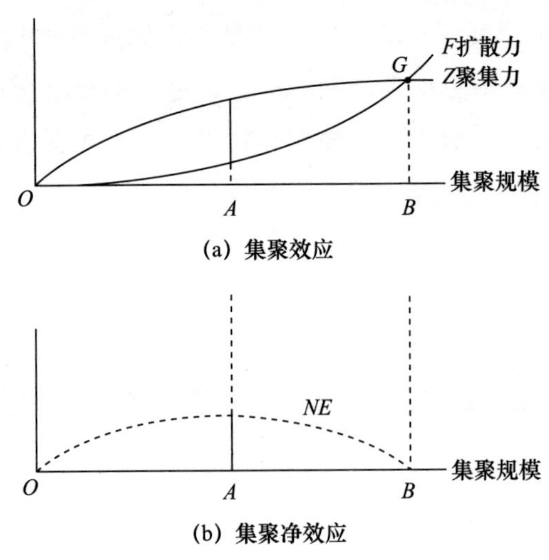

图 6－4　城市经济集聚最优规模的形成过程

图 6－4（a）中的横轴表示集聚规模，纵轴表示集聚对城市劳动生产率的影响，沿纵轴向上绝对值增大。上面一条线反映集聚对劳动生产率的促进作用，代表城市集聚力，下面一条线反映集聚产生的拥挤效应对生产率的抑制作用，代表城市扩散力。给定一个集聚规模，两曲线间的垂直距离代表集聚对生产率的净效应，图 6－4（b）为集聚的净效应曲线。两条曲线相交于 O 点和 G 点。从 O 点到 A 点，随着集聚规模逐渐增大，集聚效应促进作用提高速度快于拥挤效应抑制作用上升速度，集聚对生产率的净效应递增，在 A 点达最大。当集聚规模超过 A 点后，拥挤效应抑制作用的上升速度开始快于集聚效应促进作用的增加速度，集聚对生产率的净效应

逐渐下降，集聚规模突破 B 点时，集聚正效应和负效应恰好相抵，净效应为零。超过 B 点再集聚下去，集聚对生产率的净效应变为负，开始引起集聚不经济，导致劳动生产率下降。由此可见，从 O 点到 B 点，随着集聚规模逐步上升，集聚净效应呈先升后降的变化特征，在 B 点之前集聚对生产率的净效应一直为正，而超过 B 点后净效应变为负，因此拐点 B 所对应的集聚规模就是使集聚经济效益或平均劳动生产率最大化的最优经济集聚规模。在该点，集聚规模的边际增长不再带来城市劳动生产率或人均收入的增长。超过该点后，会出现集聚不经济，集聚经济效益和城市劳动生产率或人均收入开始下降。因此，集聚经济效益大小随集聚规模增长呈倒 U 形变化特征。

（二）我国城市最优经济集聚规模的估计

为判断我国城市地区经济集聚是否已达到最优规模，据前文所述，我们设计了包含城市经济集聚规模即城市非农就业密度平方项的动态面板拟合模型，由此，可得城市平均劳动生产率相对城市经济集聚规模的偏效应：

$\frac{\partial \ln prod_{it}}{\partial \ln dens_{it}} = \alpha_2 + 2\alpha_3 \ln dens_{it}$，该式反映了城市经济集聚规模因子的变动对城市平均劳动生产率变动的边际影响：若估计系数 $\alpha_3 = 0$，说明城市经济集聚规模对劳动生产率的边际影响保持不变，即城市经济集聚规模与劳动生产率的关系为线性；若 $\alpha_3 < 0$，说明城市经济集聚规模对劳动生产率的边际影响随集聚规模变化而递减，但累积影响却在增加，在超过某临界值后开始下降，即城市经济集聚对劳动生产率的影响为非线性曲线，存在一个使集聚经济效益最大化的最优集聚水平；若 $\alpha_3 > 0$，说明城市经济集聚规模对劳动生产率的边际影响随集聚规模变化而递增，即累积影响在不断增加，这显然不符合实际。

由此可见，当城市非农就业密度较小时，本地市场规模也很小，存在明显的集聚经济效应，城市劳动生产率随非农就业密度的增加而边际递增。当本地市场规模逐渐扩大时，市场拥挤效应导致的分散作用逐渐增强，当集聚力与分散力的差距达到最大值后，城市劳动生产率随非农就业密度的提高而边际递减，直至临界点时变为零，超过临界点后最终转为负值。这就出现了倒U形变化过程。

我们估计城市非农产业整体的最优集聚规模。由表6－4的估计结果，可写出如下动态面板回归方程：

$$\ln prod_{it} = 1.0 + 0.614\ln prod_{it-1} + 0.495\ln dens_{it} - 0.0433\ln dens_{it}^2 + 0.459\ln percap_{it} + 0.392\ln H_{it} + 0.0135C_{it} + 0.006B_{it} + 0.0012FDI_{it} - 0.0178Gov_{it} + \mu_{it} \quad (6-12)$$

从城市劳动生产率与非农就业密度的关系来看，就业密度一次项系数显著大于零，其平方项系数显著小于零，这与我们的理论预期相符，说明城市集聚规模对劳动生产率的影响确实呈先升后降的倒U形关系，存在一个使城市集聚经济效益最大化的最优集聚规模。由上述方程可得到城市平均劳动生产率对城市非农就业密度的偏效应，并令其等于零，可求出城市平均劳动生产率对城市非农就业密度的偏效应由正开始转为负的就业密度的临界水平 $dens_{\theta} = 305.48$ 人/平方千米。

同时，由于非农产业整体内二、三产业的集聚效率存在差异，导致其对城市平均生产率的影响也存在差异。伴随城市经济结构的转型升级，第三产业即服务业在城市经济总量中的比重逐步提高，服务业集聚在城市经济增长、劳动生产率提高和人均收入增加中的作用越来越重要。因此，我们将城市非农产业整体分二、三产业分别估计其最优经济集聚规模，对比考察城市服务业与工业（第二产业）是否协调发展。同上，我们利用类似估计整体产业最优集聚水平的方法模型来分别估计二、三产业的最优集聚水平，估计结果如表6－5所示。

表6－5　分第二、三产业城市经济集聚与城市平均生产率的回归结果

解释变量	第二产业		第三产业	
	系数	t值	系数	t值
α_0	2.0406	1.4713	4.3578***	11.060
$\ln prod_{it-1}$	0.5384***	23.3100	0.6548***	59.330

续表

解释变量	第二产业		第三产业	
	系数	t 值	系数	t 值
$\ln dens_{it}$	0. 1759 *	1. 9500	0. 7185 ***	7. 150
$\ln dens_{it}^2$	-0. 01757 **	-2. 5430	-0. 06084 ***	-5. 580
$\ln percap_{it}$	0. 5974 ***	8. 6320	0. 1776	1. 567
$\ln H_{it}$	0. 4342 ***	5. 9820	0. 1038	1. 246
C_{it}	0. 0308	1. 6100	0. 0090	1. 450
B_{it}	0. 0038 **	2. 4310	0. 0126 **	2. 603
FDI_{it}	0. 0008 **	2. 3860	0. 00214 ***	4. 331
Gov_{it}	-0. 0245	1. 7690	-0. 0091 ***	-11. 670
P - Sargan Test	0. 2510		0. 659	
P - Hansen Test	0. 5710		0. 815	
P - AR（1） Test	0. 0101		0. 002	
P - AR（2） Test	0. 2860		0. 477	

注：***、**、*分别表示在1%、5%、10%的水平下显著。

从表6-5可以看出，二、三产业就业密度平方项系数均显著为负，说明分产业的城市经济集聚规模与城市平均劳动生产率间也呈倒U形关系，如图6-5所示。

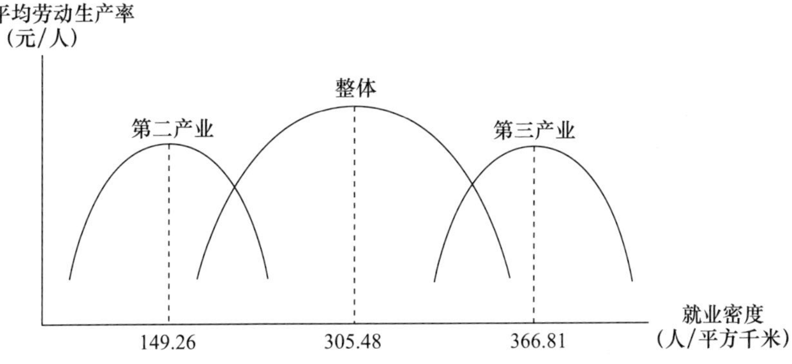

图6-5　城市平均劳动生产率与城市非农就业密度间的非线性关系

我们同样可分别求出二、三产业的最优就业密度：$dens_{\theta 2}$ = 149.26 人/平方千米，$dens_{\theta 3}$ = 366.81 人/平方千米，因此，第二产业的最优集聚水平低于第三产业最优集聚水平。原因可能是第二产业的产品是有形的商品，容易过早产生集聚不经济，而第三产业的产品是无形的服务，集聚经济效应明显，不会过早产生集聚不经济。相比于工业，服务业特别是生产性服务业用地面积较少，能承担更高的城市土地租金以及水电价格等外部资源成本，对城市公共服务设施的供给能力和生态环境的承载能力的依赖性较弱；工业产品的交易依赖于节约运输成本，而服务产品通过无形网络交易，依赖的是节约信息传输费用，由于运输成本会随集聚程度提高而加大，而信息传输费用则不会，所以服务业比工业更容易节约集聚成本。总之，服务业集聚的负外部性要小于工业集聚的负外部性，所以服务业的最优集聚规模要大于工业的最优集聚规模。因此，为扩充城市地区经济空间集聚容量，须加快城市地区经济结构的转型升级。

（三）实际集聚规模与最优集聚规模的比较

下面我们对当前我国城市地区经济集聚的实际水平与最优经济集聚水平进行比较分析。考虑到不同类型城市在经济集聚程度、集聚效应等方面可能存在较大差异，我们仍然将全国 286 个地级市样本根据《中国城市统计年鉴》2012 ~ 2014 年市辖区年均非农人口数区分为特大城市、大城市、中等城市和小城市四个规模等级，采用 2012 ~ 2014 年各年数据，考察各类型地级市的市区实际集聚规模与最优集聚规模之间的偏离情况。根据本书整理的数据，我们可得表 6 – 6。

表 6 – 6 的结果显示，我国全部地级市样本 2012 ~ 2014 年各年以及 3 年平均的市区经济集聚实际水平均低于最优集聚水平。而对于各规模等级地级市来说，其中，占全部地级市样本较小份额的特大城市的实际经济集聚均值水平已明显超过最优集聚水平；大城市的经济集聚均值水平也低于最优集聚水平，但其相对中小城市来说更接近最优集聚水平；而占全部地级市样本大部分份额的中等城市和小城市的实际经济集聚均值水平都还明

表 6－6　我国不同类型城市实际经济集聚规模与最优集聚规模的比较（市辖区）

城市分类	城市数量（个）	2012 年实际集聚规模均值（人/平方千米）	2013 年实际集聚规模均值（人/平方千米）	2014 年实际集聚规模均值（人/平方千米）	3 年实际集聚规模均值（人/平方千米）	最优集聚规模（人/平方千米）	实际集聚规模与最优集聚规模的比较
特大城市	48	325.26	331.44	336.88	331.19	305.48	高于
大城市	84	260.43	267.88	277.08	268.46	305.48	低于
中等城市	104	201.33	207.72	215.78	208.28	305.48	低于
小城市	50	138.12	140.60	143.10	140.61	305.48	低于
全部城市	286	228.44	234.43	245.30	236.06	305.48	低于

资料来源：根据国家统计局编 2013～2015 年《中国城市统计年鉴》相关数据测算整理。

显低于最优集聚水平。这说明，尽管我国城市地区经济集聚水平已通过城市化进程得到快速提升，但集聚程度仍偏低，各城市的实际经济集聚规模普遍小于所求出的最优集聚规模，只有少部分城市的经济集聚水平超过或相对接近最优点，大部分城市的实际经济集聚水平还未能达到这一临界值。因此，我们可以认为目前我国总体及大多数城市还正处于倒 U 形曲线的上升阶段，即集聚经济效益递增的发展阶段，集聚效应尚未得到充分发挥，集聚程度总体存在严重不足。正是因为这样，目前我国出现了城乡收入差距随着城市地区经济集聚水平的提高而呈现持续扩大的现象。鉴于我国城市经济集聚总体水平还不够高，城市地区经济仍存在进一步集聚的动力和必要性，只有这样才能真正地促进区域城乡经济空间结构的不断优化，从而达到逐步缩小区域城乡收入差距的目的。

七、本章小结

（一）结论

本章主要分析城市经济集聚的最优规模。通过分析城市地区经济集聚与扩散的均衡，考察城市经济集聚的最优点，并对当前我国城市实际经济集聚规模与最优规模进行比较，判断城市经济是处于集聚效应抑或溢出效应主导的阶段，进一步佐证上一章所得出的结论，为加快城市地区经济向周边农村地区的扩散、缩小区域城乡差距提供政策指导。

在拓展劳动生产率与空间经济集聚关系相关模型的基础上，构建城市平均劳动生产率与城市经济集聚关系的二次函数检验模型，并加入其他控制变量，为控制模型可能存在的内生性问题，利用我国地级市市辖区的 Panel Data，采用动态面板 GMM 方法实证分析了我国城市经济集聚（用空间经济密度衡量）等因素对城市平均劳动生产率（反映城市经济的集聚、扩散效应或溢出效应状况）的影响，确定是否存在一个使我国城市集聚经济效益最大化的集聚水平，结果发现：

（1）城市非农就业密度对城市平均劳动生产率的促进作用确实呈先升后降的倒 U 形非线性变化特征，即存在一个使我国城市经济集聚效益最大化的最优集聚规模。城市平均劳动生产率滞后值、劳均物质资本投入、人力资本水平、相对专业化指数和外商直接投资对城市平均劳动生产率具有明显的促进作用，而相对多样化指数对城市平均劳动生产率的促进作用并不明显，地方政府干预度则抑制了城市平均劳动生产率的提升。

（2）何为城市经济集聚最优规模？最优集聚规模应该是使集聚正负净效应为零的规模，此时城市地区聚集力与扩散力处于均衡，城市集聚经济效益达到最大。

我们估计出了城市非农产业整体及分二、三产业的最优经济集聚规模，发现第二产业的最优集聚规模小于第三产业，这是因为工业集聚的负外部性要明显大于服务业集聚的负外部性，更容易产生集聚不经济。在此基础上，利用最近几年数据，对当前我国城市总体及细分各类型城市经济集聚的实际水平与最优集聚水平的偏差进行了分析。发现：全部城市的集聚均值低于最优水平，仅占全部城市较小份额的特大城市的集聚均值已明显超过最优水平，大城市的集聚均值也低于但相对中小城市更接近最优水平，而占全部城市大部分份额的中小城市的集聚均值均明显低于最优水平，由此可以认为，目前我国总体及大部分城市的经济集聚程度普遍偏低，实际经济集聚水平还未能达到最优集聚水平。这说明，尽管我国城市地区经济集聚程度已通过城市化进程得到很大提升，但当前我国城市经济集聚总体水平仍不够高，还处于集聚经济效益递增和集聚效应主导的发展阶段，集聚效应尚未得到充分发挥，仍存在进一步集聚的动力和必要，因此须在推动城市地区经济活动快速高效集聚中促使其最优水平尽早实现，缩短从集聚主导转向扩散主导的时间，逐步缩小区域城乡收入差距。

（二）政策启示

由于当前我国大部分城市实际经济集聚规模还未达到最优点，城市地区经济集聚程度总体存在不足，还有相当大的发展空间。因此，为缩小城乡收入差距，各城市都应积极加快经济活动的高效集聚，扩大经济集聚规模，进一步提升城市地区经济集聚水平，使城市经济集聚规模效益尽快尽好地实现，缩短从集聚转向扩散的时间，推动城市地区经济向周边农村地区扩溢，使农村更快更多地分享城市经济集聚的空间外部经济，在城市经济集聚过程中逐步实现区域城乡收入差距的缩小。

因为城市经济实际集聚水平与最优水平的偏离受到集聚经济程度、市场离散程度与要素流动性的影响，所以具体的政策涵义有：

（1）应针对各类型地级市（或区域）内部所处的不同城乡空间发展阶

段给予不同的政策引导，使其城乡经济空间结构不断优化。

第一，对于经济集聚水平还未达最优点的中小城市尤其是占主体的中等城市，政府应采取措施鼓励其经济活动进一步集聚，提高其经济活动集聚水平，使其尽快达到最优规模。努力提升市区内部劳动力、资本、人力资本和技术等生产要素和经济活动的集聚水平，优化城市非农经济结构，促进集群技术创新，提升城市产业生产效率，使其尽快实现集聚规模效益，从而缩短由集聚主导转为扩散外溢的时间，促进城市经济向农村的扩散，拉动农民收入增长，最终缩小城乡收入差距。

第二，对于集聚水平已超越或即将超越最优点的特大城市和大城市，由于过度集聚带来了市场拥挤效应，已产生或即将产生一定程度的集聚不经济，其市区经济活动亟待向外围农村城镇地区扩散，政府应积极引导其市区的一些生产要素和经济活动有规律地向周边农村地区延伸渗透。这样既可以提高农村腹地经济发展水平，也可以促进城市自身发展空间扩张和经济效率的进一步提升，从而发挥其区域经济中心与主体优势，辐射带动农村发展，实现区域城乡经济统筹协调发展。

（2）城市地区经济集聚发展到一定程度后，由于市场拥挤效应带来的分散力作用，会存在向周边不发达农村地区扩散转移的动力，但生产要素和经济活动并不会随机向外扩散，而且从集聚到扩散是一个长期过程，这个过程中城乡差距会持续扩大，因此农村地区不应坐等扩散作用的到来，而应寻求跟进、超越和突破，利用农村地区自身优势，积极创造经济集聚的条件，通过加强农村市场和服务配套等投资软硬环境的建设，增强农村经济的集聚吸纳力和内生发展能力，为农村地区承接城市经济的外溢与扩散效应创造条件，使农民更好地享受城市经济集聚带来的收益，缩小城乡差距。

（3）提高城乡市场一体化水平，促进城乡要素充分流动。改善区域内部城乡间交通、通信、物流等基础设施条件，降低城乡贸易成本，促进农村生产要素向城市快速集聚，加强城乡经济融合与密切联系，以工带农，以城促乡，为缩小城乡差距贡献力量。现行土地制度和户口制度等城乡分层体制阻碍城乡生产要素的自由流动，不利于城市经济聚集机制的正常运转，制约城市地区经济集聚规模的扩大和规模效益的充分发挥，导致城市扩散效应滞缓，不利于城市经济活动向农村的溢出，导致城乡差距扩大。要进一步打破城乡行政壁垒，促进要素顺畅流动，消除城乡间资源要素集聚的阻力，加快城市地区经济集聚，促使城市经济集聚最优水平尽早实现，加速集聚转向扩散时刻的到来，使农村从城市经济集聚中尽快尽多受益，缩小城乡差距。

第七章　城乡收入差距的 ARMA 模型预测与分析

一、引　言

改革开放以来，随着我国经济的快速增长与国力的不断增强，城乡居民的收入水平与生活水平均显著提高，但是城乡居民之间的收入差距整体上也在持续扩大，我国已成为世界上收入不等状况较为严重的国家之一。城乡居民收入差距过大和扩大问题，有碍社会公平的实现，影响社会和谐，不利于我国经济的进一步发展，引起了社会各界的高度关注。缩小城乡居民收入差距，统筹城乡一体化与协调发展已经刻不容缓。

那么我国城乡收入差距未来的走势会是怎样？城乡居民收入差距是否会伴随经济增长到达 Kuznets 倒 U 假说的拐点，出现下降趋势呢？因此，分析预测我国的城乡居民收入差距具有重要的理论及现实意义。

预测方法主要分为截面预测方法和时序预测方法。截面预测法通常用多个影响因素来预测一个现象的结果，优点是符合实际意义，便于分析，缺点是残差自相关，忽略了变量之间的交互效应，精度不高，但可以作为很好的前期探索性工具。而时间序列预测方法假定序列发展是有规律的，把市场现象按时间发生顺序先后排列，根据历史规律对变动趋势预测，具体方法有指数平滑法、ARMA 模型、VAR 模型、多项式分布滞后模型、GARCH 模型、ARCH 模型、灰色系统预测模型、BP 神经网络模型等。

现实中的时间列都是非平稳的，其变化受许多因素的影响。有一些时间序列是由时间组成的一组随机变量，构成这个时间序列的单个序列虽不稳定，但其组成的整体发生变化时具有一定规律，这一规律可以用数学模型进行描述。可以根据该数学模型分析出这一时间序列的结构和特征，从而进行预测判断。

ARMA 时间序列模型是有限参数线性模型，是一种确定型时间序列模型预测方法，其预测精度高于简单模型，应用广泛且比较成熟的随机时序模型，由 Box - Jenkins 提出，亦称 B - J 方法。Box - Jenkins 时间序列预测方法的基本思想是：多数经济时间序列存在惯性，通过对这种惯性的分析可以由过去和现在值对未来进行预测分析。在预测一个现象的未来变化时，用该现象的过去行为来预测未来，即通过时间序列的历史数据揭示现象随时间变化的规律，将这种规律延伸到未来，从而对该现象的未来作出预测。这种建模方法不受有关经济理论指导，不考虑其他解释变量的影响，只依据时序变量本身的变化规律，利用外推机制描述时序的变化规律，用于预测。

由于收入情况与多种因素相关，很难用一个理论经济模型对其加以描述。ARMA 模型具有简约方便、预测精度高、适应实际需要的特点，实践中经常使用，是一种可以用来预测未来我国城乡居民收入差距的合适方法，所以本章选取 1978 年以来城镇居民人均可支配收入减去农村居民人均纯收入计算得到的城乡居民收入绝对差距时间序列数据，运用经典 B - J 非结构化方法尝试对城乡收入差距序列建立合适的 ARMA（p，q）模型，并利用此模型对中国城乡收入差距的变化趋势进行预测和分析，为相关部门提供参考数据。

二、ARMA 模型及建模步骤

（一）ARMA 模型介绍

ARMA 模型，是先将非平稳时间序列转化为平稳时间序列，然后将因变量仅对它的滞后值以及随机误差项的现值和滞后值进行回归所建立的模型。ARMA 模型根据原序列是否平稳以及回归中所含部分的不同，分为自回归过程（AR）、移动平均过程（MA）以及自回归移动平均过程（ARMA）。

1. 自回归 AR（p）模型

AR（p）模型也称自回归模型，它的预测方式是通过时序变量自身过去的观测值和当前的随机扰动值的线性组合进行预测。如果时间序列 y_t 是它的前期值和随机项的线性函数，即可表示为：

$$y_t = \phi_1 y_{t-1} + \phi_2 y_{t-2} + \cdots + \phi_p y_{t-p} + e_t \tag{7-1}$$

则称该时间序列 y_t 是自回归序列，为一个平稳时间序列。式（7－1）为自回归模型，记为 AR（p）。p 为自回归模型的阶数，实参数 ϕ_i（$i = 1, 2, \cdots, p$）称为自回归系数，是模型的待估参数。随机误差项 e_t 是相互独立的白噪声序列，且服从均值为 0、方差为 σ_e^2 的正态分布。随机项 e_t 与滞后变量 y_{t-1}，y_{t-2}，…，y_{t-p} 不相关。不失一般性，在式（7－1）中假定序列 y_t 均值为 0。若 $Ey_t = \mu \neq 0$，则令 $y'_t = y_t - \mu$，可将 y'_t 写成式（7－1）的形式。记 B^k 为 k 步滞后算子，即 $B^k y_t = y_{t-k}$，则模型（7－1）可表示为：

$$y_t = \phi_1 B y_{t-1} + \phi_2 B^2 y_{t-2} + \cdots + \phi_p B^P y_{t-p} + e_t \tag{7-2}$$

令 $\phi(B) = 1 - \phi_1 B - \phi_2 B^2 - \cdots - \phi_p B^p$

模型可简写为：

$$\phi(B)y_t = e_t \quad (7-3)$$

AR(p)过程平稳的条件是滞后多项式 $\phi(B)$ 的根均在单位圆外，即 $\phi(B)=0$ 的根大于 1。

2. 移动平均 MA（q）模型

MA（q）模型也称滑动平均模型，它的预测方式是通过过去的随机干扰值和现在的随机干扰值的线性组合进行预测。如果时间序列是它的当前和前期的随机误差项的线性函数，即可表示为：

$$y_t = e_t - \theta_1 e_{t-1} - \theta_2 e_{t-2} - \cdots - \theta_q e_{t-q} \quad (7-4)$$

则称该时间序列 y_t 是移动平均序列，为平稳时间序列。式（7-4）为 q 阶移动平均模型，记为 MA(q)模型。q 为模型的阶数，实参数 $\theta_j(j=1, 2, \cdots, q)$为移动平均系数，为模型的待估系数。

引入滞后算子，并令 $\theta(B)=1-\theta_1 B-\theta_2 B^2-\cdots-\theta_q B^q$

则模型（7-4）可简写为：

$$y_t = \theta(B)e_t \quad (7-5)$$

移动平均过程无条件平稳。但希望 AR 过程与 MA 过程能相互表出，即过程可逆。因此要求滞后多项式 $\theta(B)$ 的根都在单位圆外，经推导可得：

$$(1-\pi_1 B-\pi_2 B^2-\cdots)y_t - \left(-\sum_{j=0}^{\infty}\pi_j B^j\right)y_t = e_t \quad (7-6)$$

其中，$\pi_0=-1$，$B^0=1$，其他权重 π_j 可递推得到。称模型（7-6）为 MA（q）模型的逆转形式，它等价于无穷阶的 AR 过程。

3. 自回归移动平均 ARMA（p，q）模型

ARMA（p，q）模型即自回归模型和滑动平均模型的组合，用于描述平稳随机过程的自回归滑动平均模型。如果时间序列 y_t 是它的当期和前期的随机误差项以及前期值的线性函数，即可表示为：

$$y_t = \phi_1 y_{t-1} + \phi_2 y_{t-2} + \cdots + \phi_p y_{t-p} + e_t - \theta_1 e_{t-1} - \theta_2 e_{t-2} - \cdots - \theta_q e_{t-q} \quad (7-7)$$

则称该时间序列是自回归平均序列，式（7-7）为（p，q）阶的自回

归移动平均模型，记为 ARMA(p，q)。ϕ_i(i=1，2，…，p) 为自回归系数，θ_j(j=1，2，…，q) 为移动平均系数，都是模型的待估参数。

引入滞后算子 B，模型（7-7）可简记为：

$$\phi(B)y_t=\theta(B)e_t \quad (7-8)$$

ARMA(p，q) 过程的平稳条件是滞后多项式 $\phi(B)$ 的根均在单位圆外。可逆条件是 $\theta(B)$ 的根都在单位圆外。

4. 自相关和偏自相关函数

在 ARMA 模型的识别过程中，主要用到两个工具：自相关函数（以下简称 ACF)，偏自相关函数（以下简称 PACF）以及它们各自的相关图(即 ACF、PACF 相对于滞后长度描图)。通过观察自相关、偏自相关系数及其图形来初步确定 ARMA 模型的自回归阶数 p 和移动平均阶数 q。

（1）自相关。构成时间序列的每个序列值 y_t，y_{t-1}，…，y_{t-k}之间的简单相关关系称为自相关。自相关程度由自相关系数 r_k 度量，表示时间序列相隔 k 期的观测值之间的相关程度。即

$$r_k=\frac{\sum_{i=1}^{n-k}(y_i-\bar{y})}{\sum_{i=1}^{n}(y_i-\bar{y})^2}$$

其中，n 是样本量；k 为滞后期；$\bar{y}$ 代表样本数据的算术平均值。

（2）偏自相关。对于时间序列 y_t，在给定 y_{t-1}，y_{t-2}，…，y_{t-k+1}的条件下，y_t 与 y_{t-k}之间条件相关关系。其相关程度用偏自相关系数 Φ_{kk}度量，有 $-1\leqslant\Phi_{kk}\leqslant1$，即：

$$\Phi_{kk}=\begin{cases} r_1 & k=1 \\ \dfrac{r_k-\sum_{j=1}^{k-1}\Phi_{k-1,j}\times r_{k-j}}{1-\sum_{j=1}^{k-1}\Phi_{k-1,j}\times r_j} & k=2,3,\cdots \end{cases}$$

其中，r_k 是滞后 k 期的自相关系数，$\Phi_{k,j}=\Phi_{k-1,j}-\Phi_{kk}\times\Phi_{k-1,k-j}$，$j=1$，2，…，$k-1$。

（二）Box-Jenkins 建模步骤

建立 ARMA 模型主要是找出它的三种形式的线性模型，在确定 p 和 q

的条件下，用非线性最小二乘法估计即可得到 y_t 与过去值及误差的预测模型，再用外推法便可预测 y_t 未来的值。建立 ARMA 模型用于预测的时间序列要求必须满足非纯随机性、平稳性以及无季节性的条件。B－J 方法建立时间序列模型通常包括四个步骤：①平稳性检验。对随机过程进行平稳性检验，若序列为非平稳序列，则通过差分变换达到平稳条件。②模型的识别（定阶）与参数估计。通过计算描述序列特征的统计量，如自相关系数和偏自相关系数，确定 ARMA 模型的合理阶数 p 和 q，同时估计模型待定参数并检验其显著性。③模型的诊断与检验。利用信息准则对估计的 ARMA 模型进行诊断分析，以证实所得模型预测值与实际观测值的数据特征相符。④模型的预测分析。基于所建立的合理模型进行预测。

三、城乡收入差距 ARMA 模型的建立与预测

（一）城乡收入差距序列的平稳性检验

1. 数据的描述性统计

根据《中国统计年鉴》1978～2014 年城镇居民人均可支配收入减去农村居民人均纯收入计算得到城乡居民人均收入的绝对差额序列 GAP_t，绘制序列 GAP_t 时序图，观察其变化趋势，如图 7－1 所示。

由图 7－1 城乡居民收入绝对差距时间序列 GAP_t 的变动趋势可知，改革开放以来，我国城乡居民收入差距从整体上看呈持续扩大的趋势，虽然在 1980～1983 年有短暂缩小，但城乡居民人均收入都在增长，城乡居民人均收入的绝对差额由 1978 年的 210 元扩大到了 2014 年的 19489 元，城乡收入差距之大和扩大已成为社会迫切需要解决的问题之一。

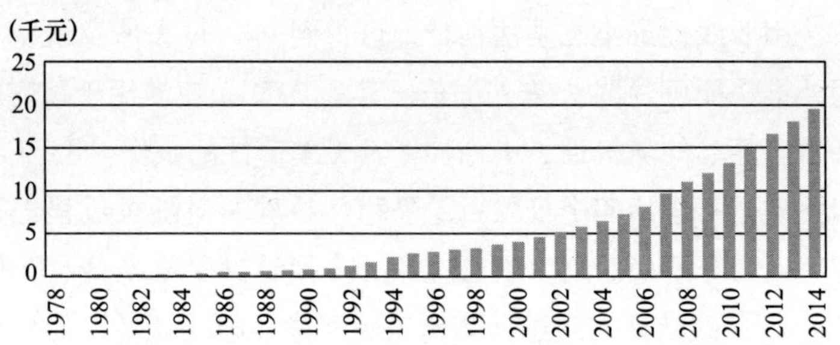

图 7-1　1978 年以来我国城乡收入绝对差距序列的变动趋势

按照其变化趋势，改革开放至今，我国城乡收入差距的变化历程大致可划分为五个阶段：1978～1983 年相对稳定，1984～1992 年逐渐扩大，1993～1999 年平缓扩大，2000～2005 年持续扩大，2006 年至今快速扩大，其长期变动存在明显的趋势性，具有明显的非平稳特征，初步判断 GAP_t 为一个非平稳时间序列。

对城乡收入绝对差距序列 GAP_t 取对数后，记为 $\ln GAP_t$，观察其时间走势图，如图 7-2 所示，我们发现 $\ln GAP_t$ 序列长期内仍旧存在明显的上升趋势，初步判断依旧为非平稳序列。当然，这两个判断都比较粗糙，需要用更准确的统计检验来进一步验证。

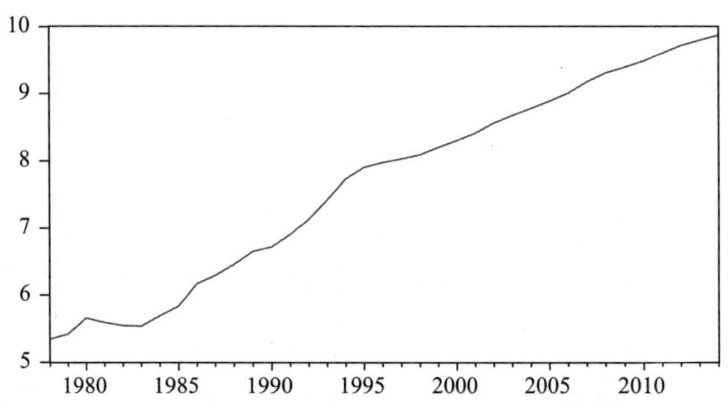

图 7-2　城乡收入绝对差距对数序列的变化趋势

2. 序列的平稳性检验

由于 Box - Jenkins 时序建模方法是基于对平稳时间序列的分析，因此首先必须考察序列的平稳性，若为非平稳序列，则须对其进行差分处理使之平稳化。我们采用比较严格的 ADF 方法对城乡收入绝对差距对数序列水平值 $\ln GAP_t$ 及其一阶差分 $\Delta\ln GAP_t$ 进行系统的平稳性检验。检验方程中 C、T、K 的选取根据相应的原则确定，根据 AIC 和 SC 值最小的准则选择最优滞后阶数 K，检验结果如表 7 - 1 所示。

表 7 - 1　城乡收入绝对差距对数序列的 ADF 检验结果

变量	检验型（C，T，K）	ADF 检验值	各显著性水平下的临界值			检验结果
			1%	5%	10%	
$\ln GAP_t$	（C，0，9）	-2.432829	-3.661661	-2.960411	-2.619160	不平稳
$\Delta\ln GAP_t$	（C，T，9）	-3.678019	-4.356068	-3.595026	-3.233456	平稳

注：Δ 表示一阶差分，检验形式（C，T，K）中的 C，T，K 分别表示检验方程包含的常数项、时间趋势项和滞后阶数，滞后阶数由软件自动选择；ADF 检验的原假设是不平稳。

由表 7 - 1 可知，序列 $\ln GAP_t$ 的水平值在 10% 的显著性水平下未通过检验，因此原序列确实是非平稳的，符合我们的初步判断，而其一阶差分序列 $\Delta\ln GAP_t$ 在 5% 的显著性水平下通过了检验，是平稳序列。我们还利用 Pillip 和 Perron（1988）的 PP 检验法进行了类似的检验，其结论与 ADF 检验的结论一致，结果在此省略。

因此 $\ln GAP_t$ 为一阶单整序列，建模前需要对其进行一阶差分变换使之平稳化，其一阶差分序列 $\Delta\ln GAP_t$ 的变动趋势如图 7 - 3 所示。

观察其平均值为 0.0983，接近零，序列不存在明显的变化趋势。由于我们采用的是年度数据，因而不存在季节因素，因此数据已满足非纯随机性与平稳性条件，可以对差分序列采用 B - J 方法建立 ARMA 模型。

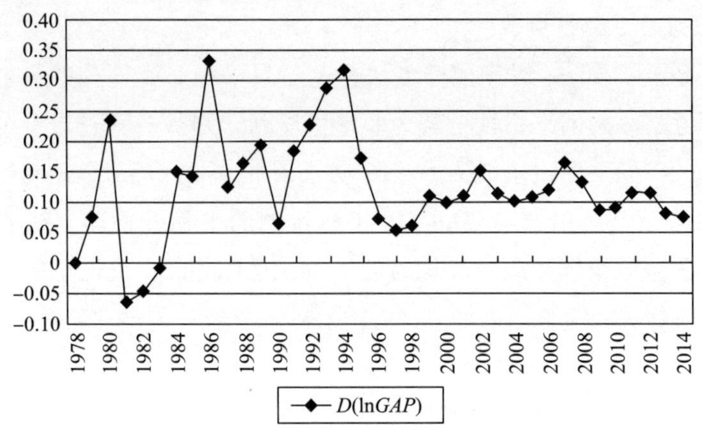

图 7-3 城乡收入绝对差距对数一阶差分序列的变动趋势

(二) 模型的识别与参数估计

对于 ARMA (p, q) 模型，可以利用其样本的自相关函数和样本的偏自相关函数的截尾性判定模型的阶数。若平稳时间序列的偏自相关函数是截尾，而自相关函数是拖尾时，则可断定此序列适合 AR 模型；若平稳时间序列的偏自相关函数是拖尾，而自相关函数是截尾时，则可断定此序列适合 MA 模型；若平稳时间序列的偏自相关函数和自相关函数均为拖尾，则此序列适合 ARMA 模型。

对序列 $\Delta \ln GAP_t$ 作自相关图（Autocorrelation，AC）和偏自相关图（Partial Correlation，PAC），看看相对于每一个滞后期的估计的自相关和偏自相关系数值，如图 7-4 所示。

从图 7-4 中 $\Delta \ln GAP_t$ 的自相关和偏自相关函数可以看出，$\Delta \ln GAP_t$ 的相关图呈指数衰减特征，是一个含有自相关和（或）移动平均成分的平稳非白噪声序列。无论是自相关还是偏自相关图均具有拖尾且依正弦趋近于零的特性。根据 Box-Jenkins 模型识别方法，可设定为 ARMA (p, q) 过程进行拟合。而且，在 1 阶之后自相关与偏自相关函数都大幅度减小。自相关系数在 $k=1$ 处显著不为 0，因此我们先设定 q 值为 1；偏自相关系数从

Autocorrelation	Partial Correlation		AC	PAC	Q-Stat	Prob.
		1	0.543	0.543	11.212	0.001
		2	0.227	-0.095	13.242	0.001
		3	-0.107	-0.272	13.703	0.003
		4	-0.310	-0.181	17.728	0.001
		5	-0.159	0.235	18.819	0.002
		6	-0.025	0.038	18.847	0.004
		7	0.038	-0.145	18.914	0.008
		8	0.008	-0.124	18.917	0.015
		9	-0.104	-0.029	19.453	0.022
		10	-0.296	-0.245	24.000	0.008
		11	-0.244	0.040	27.206	0.004
		12	-0.128	0.063	28.124	0.005
		13	0.154	0.228	29.525	0.006
		14	0.302	-0.051	35.165	0.001
		15	0.259	-0.056	39.505	0.001
		16	0.143	0.039	40.893	0.001

图 7－4 城乡收入绝对差距对数一阶差分序列的自相关与偏自相关函数

第 1 阶开始下降很大，在 $k=1$ 后很快地趋近于 0，所以 p 值也设定为 1，于是我们尝试对 $\Delta \ln GAP_t$ 序列建立 ARMA（1，1）模型进行拟合，模型估计的具体结果如表 7－2 所示。

表 7－2 城乡收入绝对差距对数一阶差分序列 ARMA（1，1）模型估计结果

	Coefficient	Sta. Error	t－Statistic	Prob.
C	0. 120754	0. 015720	7. 681582	0. 0000
AR（1）	－0. 495207	0. 133257	－3. 716184	0. 0008
MA（1）	0. 970975	0. 65570	14. 80817	0. 0000
R－squared	0. 555413	Mean dependentvar		0. 127345
Adjusted R－squared	0. 515126	S. D. dependentvar		0. 086125
S. E. of regression	0. 071274	Akaike info critrion		－2. 362749
Sum squared resid	0. 162560	Schwarz criterion		－2. 229433
Log likelihood	44. 34810	Hannan－Quinn criter.		－2. 316728
F－statistic	8. 822094	Durbin－Watson stat		1. 884059
Prob（F－Statistic）	0. 000888			
Inverted AR Roots	－0. 50			
Inverted MA Roots	－0. 97			

由于变量差分后损失了很多信息，所以上述估计的时间序列模型的可决系数一般不高。从 ARMA（1，1）模型的估计结果可知，各系数项估计值均显著，说明该模型是合理的，因此我们最终确定的是城乡收入绝对差距对数一阶差分序列的 ARMA（1，1）模型。模型中的 0.120754 是 $\Delta\ln GAP_t$ 的均值，表示城乡居民人均收入绝对差距的对数的年均增量是 0.120754，整理后得到的自回归移动平均模型的具体表达式可以写为：

$$\Delta\ln GAP_t = 0.120754 - 0.495207\Delta\ln GAP_{t-1} + e_t + 0.970975e_{t-1}$$
$$(7.681562)\quad(-3.716184)\qquad\qquad(14.80817)$$
$$R^2 = 0.555413,\ A-R^2 = 0.515126,\ F = 8.822094 \tag{7-9}$$

（三）模型的诊断与检验

1. 模型的稳定性分析

通过计算 ARMA(1，1) 模型特征多项式根的倒数，即滞后多项式 $\phi(x^{-1})=0$ 和滞后多项式 $\theta(x^{-1})=0$ 的倒数根，对所建立的模型过程进行平稳性检验，如图 7－5 所示。发现该模型所有特征根倒数的模长均小于 1，即都落在了 ARMA 根图显示的单位圆内，也就是不存在单位根。因此，

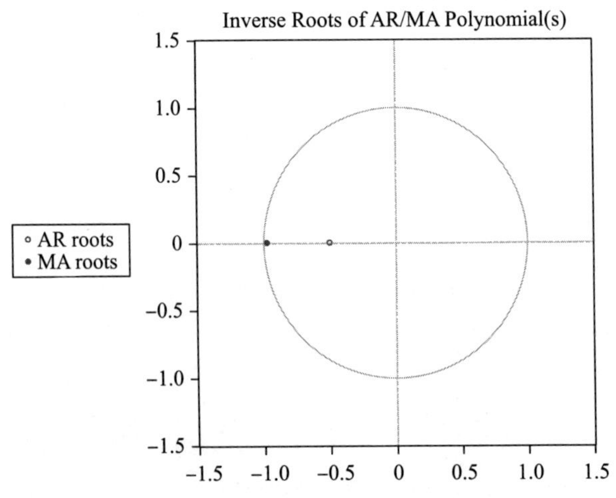

图 7－5　ARMA（1，1）模型特征多项式根的倒数

从平稳性的角度来说，模型是稳定和合理的，这与自相关与偏自相关函数的结论一致，因此模型的预测具有参考价值。

2. 残差的白噪声诊断

模型拟合完毕之后，应对其适应性进行检验，实质是对估计模型的残差序列值进行白噪声检验。若残差序列不是白噪声，说明还有一些重要信息没被提取，应重新设定模型。可以对残差进行纯随机性检验，也可以采用针对残差的 χ^2 检验。我们对估计模型的残差序列的自相关与偏自相关图进行分析，其结果如图 7－6 所示。

Autocorrelation	Partial Correlation		AC	PAC	Q-Stat	Prob.
		1	0.051	0.051	0.0963	
		2	0.047	0.044	0.1791	0.672
		3	−0.144	−0.150	1.0030	0.606
		4	−0.360	−0.357	6.3049	0.098
		5	−0.022	0.015	6.3257	0.176
		6	0.054	0.091	6.4550	0.264
		7	0.116	0.020	7.0618	0.315
		8	0.047	−0.113	7.1644	0.412
		9	0.028	0.037	7.2016	0.515
		10	−0.256	−0.219	10.534	0.309
		11	−0.140	−0.122	11.583	0.314
		12	−0.153	−0.163	12.884	0.301
		13	0.156	0.176	14.297	0.282
		14	0.248	0.102	18.057	0.155
		15	0.112	−0.035	18.858	0.170
		16	0.072	−0.026	19.206	0.205

图 7－6 ARMA（1，1）模型残差自相关与偏自相关分析

残差序列的自相关检验图显示，AC 和 PAC 显著趋向于 0，各自相关系数均落入了随机区间内，表明残差序列是独立的，不存在自相关，可直接用于预测。Q 检验统计量的相伴概率 p 值都远大于显著性水平 0.05，说明模型的残差项是白噪声序列，因此不能拒绝原假设，可以认为模型较好地拟合了实际数据，因而可以用其进行预测。拟合模型 $\Delta \ln GAP_t$ 的估计值、实际值和残差值如图 7－7 所示。由图可知，该模型拟合效果较好，残差的波动也较小。

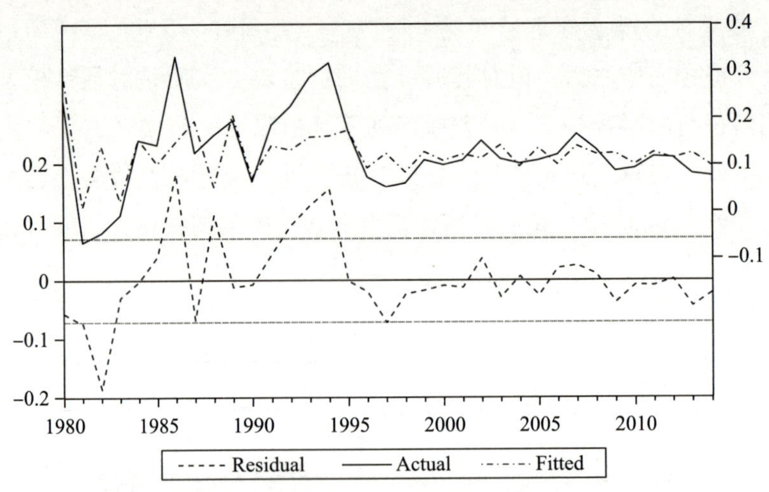

图 7－7　ARMA（1，1）模型拟合效果

（四）模型的预测分析

我们用拟合的有效模型进行试预测，预测未来几年的城乡居民收入差距。将估计的 ARMA（1，1）模型差分方程改写成一般形式，得：

$$\ln GAP_t = 0.120754 + 0.504793\ln GAP_{t-1} - 0.495207\Delta\ln GAP_{t-2} + e_t + 0.970975e_{t-1} \tag{7-10}$$

应用此方程代入相关数据，并将对数数据通过指数函数还原，可估算出城乡居民收入绝对差距 GAP_{2015} 的预测值为 21518.46 元，这当然与运用计量软件的预测功能得到的结果一致。根据国家统计局《中国统计年鉴》公布的 2015 年城镇居民人均可支配收入减去农村居民人均纯收入计算得到的城乡居民人均收入绝对差距的真实值为 21018.3 元，其与模型预测值的绝对误差为 500.16 元，相对误差为 －2.32%，小于 10%，说明模型误差较小，预测结果与实际值大体上保持一致，能较准确地反映现实情况，因此模型预测效果较好，可以使用该模型继续预测后续年份的数据。

预测方式通常有动态预测（Dynamic Forecast）和静态预测（Static Forecast）两种。前者是根据所选择的一定估计区间进行多步向前预测；后者是只滚动地进行向前一步预测，即每预测一次，用真实值代替预测值，加入估计区间，再进行向前一步预测。

根据上述 ARMA（1，1）模型，用计量软件再预测 2016 年和 2017 年的 $\ln GAP_{tf}$，进而还原得到相应的城乡居民收入绝对差距 GAP_{tf}。由于发现动态预测结果几乎是一条直线，预测效果不好，我们采用静态方法预测，得到 2016 年和 2017 年城乡收入绝对差距的预测值分别为 21897.91 元和 22389.50 元。此预测结果显示，我国城乡收入绝对差距在未来几年内有继续扩大的趋势，现阶段城乡收入差距过大和扩大问题尚未得到根本性的扭转，实现城乡统筹的宏伟蓝图仍然任重而道远。

模型静态预测效果如图 7－8 和图 7－9 所示。图 7－8 中实线代表 $\Delta\ln GAP_t$ 的预测值，两条虚线则提供两倍标准差的置信区间。从图 7－8 可以看到，随着预测时间的增长，预测值很快趋向于序列的均值（接近 0）；而图右边的 Theil 不相等系数为 0.24，表明模型预测能力较好；协方差比

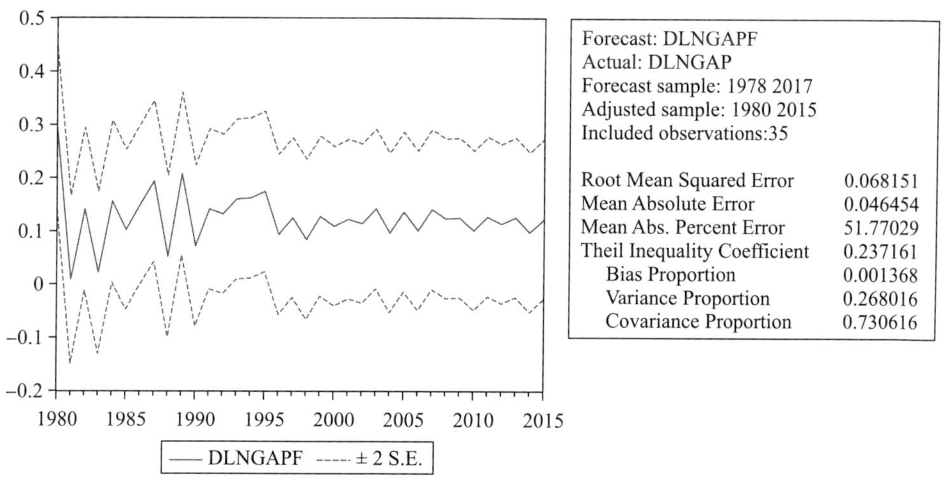

图 7－8　ARMA（1，1）模型 Static 预测结果评价

例仅为0.73，说明静态预测效果不错。而从图7-9也可以看出，模型的预测曲线与实际值曲线接近重合，两者吻合度非常重，说明静态预测模型的拟合效果比较理想。

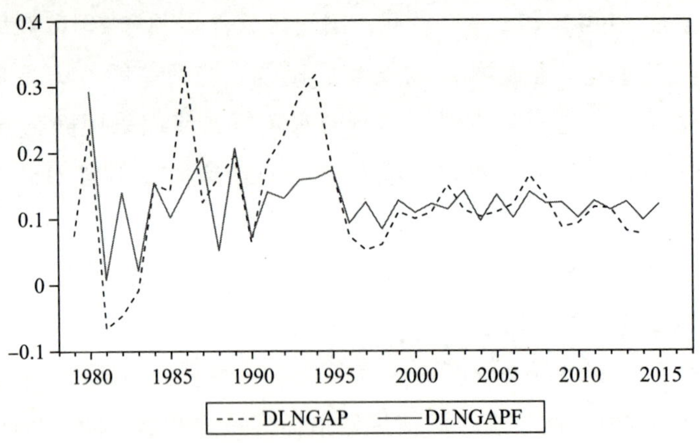

图7-9　城乡收入绝对差距对数一阶差分序列 Static 预测效果

四、本章小结

（一）结论

改革开放以来，我国城乡居民收入差距从整体上看呈持续扩大的趋势。本章选取1978年以来城镇居民人均可支配收入减去农村居民人均纯收入计算得到的城乡居民收入绝对差距时间序列数据，运用经典B-J非结构化方法尝试对城乡收入差距序列建立合适的ARMA（p，q）模型，并利用此模型对中国城乡收入差距的变化趋势进行预测和分析，为相关部门提供参考数据。

通过序列平稳性分析、模型识别、参数估计和诊断检验，最终确定建立适合城乡收入差距序列的 ARMA（1，1）模型，并基于此模型预测了未来几年我国城乡居民收入差距的发展趋势，结果显示，我国城乡收入绝对差距在未来几年内有继续扩大的趋势，现阶段城乡收入差距过大和扩大问题尚未得到根本性的扭转，实现城乡统筹的宏伟蓝图仍然任重而道远。

为解决城乡收入差距问题，可积极发挥政府的调控作用，实施统筹城乡发展的政策，促进农村经济的发展，提高农村居民收入水平，真正缩小城乡收入差距。

（二）政策建议

1. 加快农业和农村自身发展

加大财政对农村经济建设的投入力度，特别是农村科技投入和基础设施建设，缩小城乡之间发展条件的差距；优化农业经济结构，发展特色农业和现代农业，加快农村非农产业发展；提高农村劳动力素质，组织农村劳动力职业技能培训，提高其专业技能，拓宽其就业领域，增强其创收能力，从根本上缩小城乡差距；改革农村土地经营权体制，扩大农村土地流转，加速农村土地出租和集中使用，促进规模经营，提高农业生产效率。

2. 推进城乡劳动力市场一体化进程

构建统一、开放、竞争、有序的城乡劳动力市场，用市场供求机制引导劳动力在城乡之间自由流动，实现城乡劳动力资源的合理配置，使贡献与回报成正比。

3. 改革城乡分割的就业体制

深化户籍及相关的一系列制度改革，积极推进城镇化进程，消除城市偏向的歧视性政策，为城乡居民创造平等的就业机会和均等的公共服务体系，使进城农民在就业、医疗、子女教育和社会保障等方面享受与城市居民同等的公共福利。

第八章　结论与政策建议

一、研究结论

20 世纪 90 年代中期以来，随着中国市场化和工业化的发展，要素流动权利不断扩大，城乡经济联系更紧密，大量生产要素从农村流向城市非农产业，增进了城镇地区经济聚集水平，城市化进程不断加速。这促进了国民经济高速增长和居民收入水平迅速提高，然而城乡收入差距却从 80 年代中期开始整体上持续拉大。那么该如何清楚地解释我国城乡收入差距持续扩大的内在成因呢?

城乡作为同一区域内两个不同形态的地域，在要素禀赋和经济条件等方面存在较大差异，城市具有农村难以比拟的经济活动空间集聚性和规模效益、外部效益的广泛性，居于区域内城乡发展的中心地位。城市地区对区域内生产要素和经济活动具有很强的吸引力和集聚功能，同时能将财富运用、传输于周边农村地区，产生扩散与溢出效应，辐射带动农村地区经济发展，缩小城乡收入差距。因此，城市地区资源要素集聚产生的经济效应是决定城乡收入差距的重要因素。本书尝试从城市经济集聚的视角来重新解读我国城乡收入差距持续扩大的成因，从而提出缩小城乡收入差距的相应政策建议。同时，由于城市化过程实质上就是资源、人口及产业等生产要素和经济活动不断从农村向城市集中的动态过程，基于此，我们将城市发展、城市化与城乡收入差距纳入同一分析框架。

第二章对国内外相关文献做了梳理并加以述评，提出创新之处。相关文献主要包括区域经济分布规律、空间经济集聚理论和城乡收入差距理论以及城乡收入差距影响因素的研究等。

第三章分析了中国城市化进程对城乡收入差距的影响。首先对转型期我国城乡收入差距的变动情况进行了阶段性考察，由泰尔指数等相对指标的测算结果发现城乡收入差距整体趋势呈波动上升，而收入差额绝对指标的分析发现城乡收入差距呈持续扩大的趋势。其次采用经济收敛发散检验法对城乡收入差距的长期变化趋势做进一步推断，发现目前我国城乡收入差距整体上并不存在明显的收敛态势，长期内还有扩大和发散的趋势。我们认为这根源于我国城乡长期处于二元结构状态，城乡生产函数因其各自技术、制度和生产组织等的差异存在明显不同，而且城乡之间一直没有形成促进要素自由流动的统一市场。最后考虑城乡收入差距受心理惯性影响，具有自我强化作用，采用动态面板方法实证分析了城市化进程中各标志性因素对城乡收入差距变动的作用，结果表明：城乡收入差距滞后值、人口城市化、土地城市化、城乡劳动力流动率、非农产值比、GDP 增速以及市场化进程和财政支出城市偏倚度均扩大了城乡收入差距。我们认为，除城乡分割的制度性成因外，目前城乡收入差距的持续扩大主要是由于我国城市化水平不高造成的，这可以通过城市化过程自身加以修正和克服，因此长期内城乡差距的缩小仍须通过加快城市化进程来实现。

第四章基于微观基础与宏观效应角度分析了城市经济集聚影响城乡收入差距的理论机理。空间经济理论揭示了区域内部经济布局的内生机制，把城市化看作是经济活动在空间集聚在某一地区的过程，这对解释我国城乡收入差距很有启示。首先分析了城市经济聚散驱动的微观基础，即聚集力与分散力，区域经济布局就取决于两者相对强弱的演变。聚集力产生于本地市场效应和价格指数效应，分散力产生于市场拥挤效应。基于微观主体最优决策对三种效应的作用机理进行了数理分析，并利用新经济地理学的核心—边缘模型，通过劳动力和企业等经济活动从农村向城市集聚所产生的上述三大效应来分析其对城乡收入分配差距的影响机制，认为城乡收入差距在三大效应的作用下会呈现先扩大后缩小的变化趋势。其次从空间集聚效应、扩散效应与溢出效应及其发展的阶段性特征分析了区域经济空间结构的演变。在区域内部经济活动空间聚散的全过程，集聚效应、回程效应与扩散效应同时起作用，但三者在不同阶段作用强度和作用方式不同，力量此消彼长。随着经济集聚的不断加强，空间溢出效应由负转为正，区域空间结构由分散均质先逐步演变为聚集非均衡然后渐趋均衡与一体化。最后分析了城市经济集聚对城乡收入差距的空间作用路径。伴随城市地区经济集聚边际效益的变动，其对周边农村地区集聚效应和扩散效应的强度在交替变化，通过引致城市自身生产效率、产业优势的变化以及城乡间要素的流转影响区域内城乡经济发展和城镇、农村居民的收入水平进而对城乡收入差距产生影响；可以通过改善城市扩散效应的成因，强化其对周边农村的扩散效应，缩小与集聚效应的差距，从而扩大对农村的溢出效应，提前实现城乡收入差距的缩小。

第五章为城市经济集聚与城乡收入差距的模型构建与实证检验。考虑到城市相比农村分散经济具有明显的经济集聚优势，借鉴空间经济学（新经济地理学）相关理论，在城市部门生产函数中引入集聚空间外溢性，从城乡生产函数的差异来解析城乡收入差距的成因。首先构建了城市经济集聚等因素影响城乡收入差距的检验模型，并基于模型推断了伴随城市地区经济集聚边际效益的变动，城乡收入差距变动呈现集聚效应主导时扩大和扩散效应主导时缩小的特征。其次在方程中纳入空间相关因素，基于中国地级市市辖区数据采用空间面板方法对模型推断进行了实证检验，结果发现：①我国各邻近地级市间的城乡收入差距总体上存在较强的空间相互依赖和正的相互影响。②总体上，城乡人力资本存量比衡量的城乡全要素生产率比、城乡资本投入比、农村中间产品投入价格以及城市第二产业产值比重衡量的城市经济结构、人均道路铺装面积衡量的城市拥挤效应均扩大了城乡收入差距，城乡劳动力比、城市规模缩小了城乡收入差距。③作为核心的城市经济集聚解释变量：城市非农产业的空间就业密度、产出密度和集聚规模指数均扩大了城乡收入差距，其中第三产业较第二产业的影响更显著。表明当前我国城市经济集聚总体上扩大了城乡收入差距。城市地区对周边农村经济的溢出效应不明显，城市经济集聚通过极化效应扩大了城乡收入差距。④不同类型城市经济集聚对城乡收入差距的影响效应存在较大差异。特大城市经济的高度集聚对农村经济产生较明显的外溢作用，抑制了城乡收入差距的扩大；大城市经济集聚对城乡收入差距的拉大产生相对较小的促进作用；中小城市正处于经济集聚效应不断加强的阶段，其快速集聚显著扩大了城乡收入差距。为逐步缩小区域城乡差距，应加速城市化进程，努力提升城市地区经济集聚水平。

第六章分析城市经济集聚的最优规模。通过分析城市地区经济集聚与扩散的均衡，考察城市经济集聚的最优点，并对当前我国城市实际经济集聚规模与最优规模进行比较，进一步佐证上一章所得结论。在拓展劳动生产率与空间经济集聚关系相关模型的基础上，构建二次函数检验模型，为控制内生性问题，利用我国地级市市辖区数据采用动态面板方法实证分析了城市经济集聚等因素对城市平均劳动生产率的影响，结果发现：①城市非农就业密度对城市平均劳动生产率的促进作用确实呈现先升后降的倒 U 形非线性变化特征，即存在一个使城市经济集聚效益最大化的最优集聚规模。城市劳均物质资本投入、人力资本水平、相对专业化指数和外商直接投资对城市平均劳动生产率具有明显促进作用，而相对多样化指数的促进作用不明显，地方政府干预度则抑制了城市平均劳动生产率的提升。②估计了城市非农产业整体及分二、三产业的最优集聚规模，发现第二产业的最优集聚规模小于第三产业，因为工业集聚的负外部性要大于服务业的负外部性。并基于此对目前我国城市总体及各类型城市经济集聚的实际水平与最优集聚水平进行了比较，发现我国总体及大部分城市的经济集聚程度偏低，实际集聚水平还未能达到最优水平，说明当前我国城市经济集聚总体上仍处于集聚经济效益递增和集聚效应主导的阶段，集聚效应尚未得到充分发挥，仍存在进一步集聚的动力和必要，因此须在推动城市地区快速高效集聚的过程中逐步缩小区域城乡差距。

第七章为城乡收入差距的 ARMA 模型预测与分析。运用 B－J 方法对城乡收入绝对差距序列建立合适的 ARMA 模型并进行预测和分析，为相关部门提供参考数据。通过平稳性分析、模型识别、参数估计和诊断检验，建立最终合理的模型对中国城乡收入差距的变化趋势进行了预测和分析，结果显示，我国城乡收入绝对差距在未来几年内有继续扩大的趋势，现阶段城乡收入差距问题尚未得到根本性的扭转，实现城乡统筹的宏伟蓝图仍然任重而道远。

第八章为结论与政策建议。在深刻理解我国城市经济集聚影响城乡收入差距的内在机制后，得出结论并给出促进城市化、经济集聚与城乡收入差距缩小拐点早日到来的政策启示，即为逐步缩小我国区域城乡收入差距，应最大限度地发挥城市经济的扩散效应和农村经济的集聚效应，加强城乡要素和经济的紧密联系。为此，须①继续加快城市化进程和经济集聚，快速高效提升城市地区经济集聚水平，促进城市发展，使其最优水平尽快实现，从而缩短集聚转向扩散的时间。②利用农村地区自身优势，提高其集聚经济与承接外溢的能力。从集聚转向扩散是一个长期的过程，期间城乡收入差距会持续扩大，农村地区不应坐等扩散的到来，而应利用后发优势，寻求跟进、超越和突破。③以农村城镇化为纽带，构建促进城乡要素自由流动的市场网络体系，加强城乡要素和经济的紧密联系，优化城乡经济（产业）空间布局，降低农村地区生产成本。④以一定的制度创新为保障，推进城乡公共服务一体化，实现区域内城乡协调发展。

二、促进城市化、经济集聚，缩小城乡收入差距的政策建议

城市经济作为现代经济的主体，聚集了社会上主要的经济要素，居于区域内城乡发展中的关键地位，对农村经济有很强的吸引力和辐射力。在城乡资源整合中，城市大有作为，必须高度重视城市对农村的带动作用以及农村各种载体对资源要素的吸纳、聚集作用，充分发挥城市经济的扩散效应和农村经济的聚集效应；构建促进城乡要素流动的市场网络体系，培育承载要素发挥集聚与扩散作用的载体，以一定的制度改革与创新机制为保障，推进城乡间产业、交通、通信等基础设施和公共服务一体化，实现城乡协调发展。

（一）提升城市经济水平，增强城市中心地位与辐射能力

由于城市能将财富运用、传输于农村，因此，必须增强城市自身经济实力，从而扩大对周围农村地区的外溢效应，带动农村地区快速发展。以城带乡的城市经济发展水平的提升，需要充分发挥城市资金、技术、人才高度集中和基础设施完备的优势，加快发展城市非农产业，不断调整和优化城市经济结构，加快传统服务业向现代服务业的转变，大力发展生产性服务业，进一步提高集聚规模、技术水平和创新能力，优化产业空间布局，培育形成若干产业链、产业群，从而确保产生足够大的溢出与扩散效应。

（二）加快农村发展，提高农村的经济承接能力

缩小城乡差距不能只依靠城市工业和服务业的拉力作用，应该立足于

农业和农村自身的发展、提高农民收入等方面。

1. 加快对农业和农村经济结构的战略性调整，增强农民收入增长的内源性动力

实现农、林、牧、渔联动，一、二、三产业联动；积极发展农业产业化经营，带动农产品精深加工及与农业产前、产中、产后相联系的服务业向城镇转移和集聚，推进产加销一体化经营，延长农产品产业链条，提高农产品附加值，利用农村本地丰富的资源优势，增加农民来自农业的收入。以实施高效农业规模化工程为抓手，围绕主导产业、拳头产品进行战略性调整，形成高附加值的精深加工现代农业。

2. 调整农村二、三产业发展方向

发展农产品加工、服务业等劳动密集型产业，鼓励农产品深加工项目，改变农村单一输出农产品的状况，延伸非农产业链和产品价值链。加大乡镇企业结构调整和小城镇建设力度，把城镇建设成为农产品加工销售中心、农业产业化的技术信息服务中心。大力发展农村个体、私营和民营经济，扩大市场规模，有效带动农民持续增收。积极扶持农村经济合作组织，为农业的产业化、标准化、规模化奠定基础。

3. 加大对农村公共设施的建设力度，不断改善农村生产生活条件

调整财政资金支出结构，不仅增加对农村基础设施和农业科技研发的投入力度，也要加快对农村公路网、通信设施、电力等生活基础设施的投入力度，改善农村投资环境，提高农业效率，为农民增收创造条件；加快农业科技创新和推广应用，发展特色农业，培育壮大龙头企业，优化农产品品种和质量，使农业生产真正向高产、高效、高质方向发展，提升农业竞争力。

4. 提高农民人力资本积累水平

由于农村低收入对人力资本投资产生局限性，从长期来看，必须加大财政对农村教育和培训的投入力度，建立引导农民进行人力资本投资的激励机制，促进农村人力资本形成，培养造就有文化、懂技术、会经营的新型农民，增强农民创业增收能力。全面普及农村义务教育、基础教育，改

善农村基础教育办学条件，大力开展农村职业教育与科技培训，组织农民工尤其是农村青少年职业技能培训，为农村劳动力转移提供一技之长，扩大对农村的外溢效应，缩小城乡差距。

（三）加强城乡经济关联和协调发展

1. 消除城乡分割壁垒

（1）进一步改革现行户籍制度，适当降低市民化门槛，建立以居住地为标准的户口登记制度，取消农业和非农业人口的制度安排，使农村人口的职业转移与居住变迁、社会地位变迁同步进行。让那些进城务工经商多年和具有稳定收入的农民工定居下来。为保持制度之间的兼容，须在相关领域进行配套改革，形成城乡一体的就业机会和公共服务。

（2）推进城乡要素市场一体化，形成城乡统一、开放、竞争、有序的要素市场，消除进城农民工在就业和保障方面的不公平待遇，降低市场准入门槛，引导城乡生产要素充分流动，实现城乡资源的合理配置。逐步使进城农民在子女教育、就业准入、工资报酬、医疗和社会保障方面享受与城镇居民同等待遇。特别是要建立适应农村发展状况的社会保障体系，扩大农村养老、医疗、最低生活保障覆盖面，解除农村劳动力后顾之忧，加快其向非农产业和城镇转移，逐步减少农民，增加农民人均资源占有量，提高农业生产率。

2. 改革农村土地产权制度

现行的土地产权制度造成土地经营规模过于狭小，不利于土地集约经营，降低了土地生产率，制约了农民收入增长。土地产权不明晰导致流转困难以及国家、集体对农民土地使用权的侵蚀。要从法律上确保农民自由使用和处置土地的权利；健全土地流转方式，允许农民以转包、出租、转让、股份合作等方式流转土地使用权，实现城乡空间资源的合理利用和市场化流动。

3. 加强城乡产业联系

培育城乡贸工农产业链，实现城乡产业融合、互促、联动发展。以城市工业为导向，促进城乡产业融合。可采取简化审批手续、帮助融通资金、培训技术人员等，引导城市大企业不能转型升级的环节向农村延伸和扩散，鼓励城市涉农企业将加工环节延伸到城镇和农村，加强城市与农村产业的关联度，利用城市工业扩散效应发展乡村工业；加快农业产业化经营是城乡产业耦合的关键。通过农业与加工工业、服务业的互补性融合，使农业生产链条不断向加工、销售、服务一体化方向延伸，形成一个市场牵龙头、龙头带基地、基地连农户，产供销一条龙、农工贸一体化的产业经营格局。农村多元化经营是城乡产业耦合的重要手段。打破传统农业束缚，以农业结构调整为导向发展现代农业。将现代服务业的经营思想和城市服务业的经营网络延伸到农村，利用乡村自然资源，发展乡村特色产业。通过产业项目合作，促进城乡产业一体化。

4. 建立城乡一体的交通通信网络体系

完善城乡交通基础设施与社会服务设施，构建城乡一体的交通、通信、物流等网络体系，缩短城乡要素流动的时空距离，降低城乡联系成本，促进城乡要素流动，增强城乡之间的经济集聚与扩散效应，缩小城乡差距。

5. 加快农村城镇化进程

中心城市通过城镇带动外围农村发展。城镇通过发挥自身集聚效应推动城市发展，通过扩散效应拉动农村经济，最终实现统筹城乡发展目标。

贴近农村和农民的城镇是衔接中心城市和乡村的节点，是城市要素向农村扩散辐射的重要纽带。它既是吸纳中心城市经济辐射的载体和城市功能的延伸，又作为周边农村地区的经济中心，具有较强的辐射带动能力。城镇凭借其建设的较低成本以及较完备的公共设施迅速发展起来，承接了大量因生产、生活成本和资源环境问题从城市迁出的居民和产业，在一定程度上缓解了城市压力，促进了城市结构升级，为城市经济发展提供了空间和时间，也可以促使乡镇企业由农村向城镇产业园区集聚，将城市工业延伸到农村，带动农业工业化的发展，促进城乡协调发展。加快城镇化进程是缩小城乡差别的必由之路。

要充分发挥城镇对农村纵向的涓滴效应和横向的扩散效应，加强城乡经济联系。包括县城在内的小城镇是连接城乡的枢纽，是农村工业化、城镇化的载体。须发挥好小城镇的经济集聚和人口集聚作用，提升农村发展水平和层次。在扩大小城镇数量的同时，加快小城镇配套建设，完善小城镇功能，吸引乡镇企业集中。小城镇建设要与农村结构调整和农业产业化经营结合，积极培植农产品加工业，牵动当地产业向二、三产业升级。各地发展小城镇的条件不尽相同，须注重小城镇整体个性和特色，充分利用自身历史文化、区位或资源优势，树立城镇品牌形象，吸引人才、资金等要素汇聚。

走大中小城市和小城镇协调发展之路。发达国家的城市化进程大都经历了发展初期的集中化特征以及后期的分散化特征。应在大中小城市和小城镇协调发展的基础上，形成市场主导的城市化动力机制，促进要素空间集聚，提高城市集聚效益，发挥城市对农村的辐射带动作用，逐步实现城乡一体化。

6. 加快城市经济集聚向农村的扩散

集聚既可由市场力量自发产生，也可由政府引导，但其发展方向与政府规划有很大关系，政府可为集聚提供全方位服务，促进集群结构调整和空间优化。长期内可发挥政府调节作用，改善城市对其周边农村发挥扩散效应的条件，强化城市对农村的扩散效应，缩小城市对农村扩散效应与集聚效应的差距，扩大对农村的溢出效应，更好地辐射带动农村发展，提前缩小城乡收入差距。要引导大城市地区的劳动密集型产业和资源加工型企业向农村城镇地区转移，优化城市非农产业的空间布局，在增加当地农村劳动力就业机会的同时，形成城乡产业链上的联系效应，增加农村地区产品附加值，提高农民收入，缩小城乡差距。

附录1　空间计量经济模型简介

经典计量经济方法是基于空间事物无关联及均质性的假定，未考虑横截面数据之间的空间相互作用，而地区之间的经济行为一般都存在一定程度的空间效应，空间计量经济模型将空间影响效应纳入其中，可以有效地处理空间效应问题。

1. 空间效应（Spatial Effects）

空间效应包括空间自相关性（空间依赖性）和空间异质性（空间差异性）。

1.1　空间相关性（Spatial Autocorrelation）

空间相关性意味着观测值在空间上缺乏独立性，而且空间相关的程度及模式由绝对位置（格局）和相对位置（距离）共同决定。空间相关来源于相邻空间单元数据采集存在测量误差、空间交互影响的客观存在两方面。用数学公式可表示为：

$y_i = f(y_j) + x_j\beta_i + \varepsilon_i$，$i \neq j$，即 y_i 与 y_j 相关

当存在解释变量间的空间实质相关性时，可用空间滞后模型（空间自回归模型）分析；当存在残差间的空间扰动相关性时，可以用空间误差模型分析。

1.2 空间异质性（Spatial Heterogeneity）

空间异质性是指地理空间上的区域缺乏均质性，如存在中心（核心）和外围（边缘）地区、发达和落后地区等经济地理结构，从而导致经济社会发展存在较大的空间差异性，反映了空间观测单元之间经济行为关系的一种普遍存在的不稳定性。用数学公式可表示为：

$y_i = X\beta_i + \varepsilon_i$

当存在空间差异性时，参数 β_i 在各空间单元上有所变异。对于空间异质性，只要将空间单元的特性考虑进去，大多可以用经典计量经济的基本方法进行处理。空间变系数的地理加权回归模型（Geographical Weighted Regression，GWR）是处理空间异质性的一种良好的估计方法。

2. 空间相关性分析

检验空间自相关存在与否步骤是：空间权重矩阵的构建、空间自相关程度的测度、空间自相关的检验。

2.1 空间权重矩阵

空间权重矩阵 $W = (W_{ij})_{n\times n}$是一种与被解释变量的空间自回归过程相联系的矩阵，代表空间相关强度，是外生信息。W 主对角线上的元素 W_{ii} 被设定为0，而 $W_{ij}(i\neq j)$ 表示区域 i 和区域 j 空间上的紧密程度。为减少区域间的外生影响，空间权重矩阵通常被行标准化处理 $\left(W_{ij}^{*}=W_{ij}\Big/\sum_{j=1}^{n}W_{ij}\right)$，使其每行元素之和为1。

空间权重矩阵考虑地理空间关联或者经济联系，最常用的有邻接空间权值矩阵、距离空间权值矩阵和经济社会空间权值矩阵三种。前两种都是二进制0~1空间权重矩阵，用以定义空间对象的相互邻近关系，把地理信息系统（GIS）数据库中的有关属性放到研究的地理空间上对比。

（1）邻接空间权重矩阵（Contiguity Spatial Weights Matrix）。根据Rook相邻规则（文后列出了中国31个省区市地理相邻信息），邻接标准的空间权重矩阵设为：

$$W_{ij}=\begin{cases}1 & \text{当区域 } i \text{ 和 } j \text{ 有共同边界}\\ 0 & \text{当区域 } i \text{ 和 } j \text{ 无共同边界}\end{cases}$$

（2）距离空间权重矩阵（Distance Spatial Weights Matrix）。距离标准的空间权重矩阵设为：

$$W_{ij}(d)=\begin{cases}1 & \text{当区域 } i \text{ 和 } j \text{ 在距离 } d \text{ 之内（即区域 } i \text{ 和 } j \text{ 相邻）}\\ 0 & \text{当区域 } i \text{ 和 } j \text{ 在距离 } d \text{ 之外（即区域 } i \text{ 和 } j \text{ 不相邻）}\end{cases}$$

d 为预先设定的门槛距离，其取值取决于选定的函数形式［如大城市圈 $W_{ij}=1/d_{ij}$、公路之间距离 $W_{ij}=1/d_{ij}^{2}$ 或欧氏距离（Euclidean Distance）］。超过给定的门槛距离，区域间的相互作用可以忽略不计。可使用地理经纬度坐标计算地区间的质心距离或区域行政中心所在地之间的距离。

（3）经济社会空间权重矩阵。经济距离空间权重矩阵的设定需满足有意义、有限性和非负性三大条件，可根据区域间交通运输流、通信量、GDP总额、贸易流动、资本流动、劳动力流等经济关联变量确定。

附表1-1 中国31个省区市地理相邻信息

序号	地区	相邻信息	序号	地区	相邻信息
1	北京	2、3	17	湖北	12、14、16、18、22、27
2	天津	1、3、15	18	湖南	14、17、19、20、22、24
3	河北	1、2、4、5、6、15、16	19	广东	13、14、18、20、21
4	山西	3、5、16、27	20	广西	18、19、24、25
5	内蒙古	3、4、6、7、8、27、28、30	21	海南	19
6	辽宁	3、5、7	22	重庆	17、18、23、24、27
7	吉林	5、6、8	23	四川	22、24、25、26、27、28
8	黑龙江	5、7	24	贵州	18、20、22、23、25
9	上海	10、11	25	云南	20、23、24、26
10	江苏	9、11、12、15	26	西藏	23、25、29、31
11	浙江	9、10、12、13、14	27	陕西	4、5、16、17、22、23
12	安徽	10、11、14、15、16、17	28	甘肃	5、23、27、29、30、31
13	福建	11、14、19	29	青海	23、26、28、31
14	江西	11、12、13、17、18、19	30	宁夏	5、27、28
15	山东	2、3、10、12、16	31	新疆	26、28、29
16	河南	3、4、12、15、17、27			

资料来源:《中华人民共和国地图》。

2.2 空间相关性检验

判断各地区的某属性值，即因变量（被解释变量）是否存在空间自相关性或集聚现象时，常采用 Moran's I 指数和 Geary's C 比率。Moran's I 不易受偏离正态分布的影响，因此更为常用。Moran's I 在功用上可分为两类：全域空间自相关 Moran's I 和局域空间自相关 Moran's I。

（1）全域空间相关性检验（Global Spatial Autocorrelation Test）。全域空间自相关是从区域空间整体上刻画区域经济行为分布的集群状况，主要采用全域 Moran's I 指数，定义如下：

$$Moran's\ I = \frac{\sum_{i=1}^{n}\sum_{j=1}^{n} W_{ij}(Y_i - \overline{Y})(Y_j - \overline{Y})}{S^2 \sum_{i=1}^{n}\sum_{j=1}^{n} W_{ij}}$$

式中，$S^2 = \frac{1}{n}\sum_{i=1}^{n}(Y_i - \overline{Y})$，$\overline{Y} = \frac{1}{n}\sum_{i=1}^{n} Y_i$，$Y_i$ 表示第 i 地区的观测值，n 为地区总数，W_{ij}为二进制邻近空间权值矩阵中任一元素。

全域 Moran's I 可看作各地区观测值的乘积和，取值范围为［-1，1］。若其数值大于0［正态性统计量Z值大于0.05（0.01）水平下的临界值1.65（1.96）］，则表示各地区间经济行为存在空间正相关，数值越大，正相关的程度越强；若其数值小于0，则表示空间负相关，各地区间不具有相似性，绝对值越大，差异性越大；若其数值为0，则表示服从随机分布，各地区间无空间关联。

通过绘制 Moran's I 散点图可将各地区的经济行为分为四个象限的集群（Clustering），用以识别各地区与其邻近地区间的相互关系：第一、第三象限的空间正相关性表示相似属性值的集聚。其中第一象限为高观测值区域被其他高值区域包围（H—H，高—高），第三象限为低观测值区域被其他低值区域包围（L—L，低—低）；第二、第四象限的空间负相关性表示不同属性值的空间关系。其中第二象限为低观测值区域被高值区域包围（L—H，低—高），第四象限为高观测值区域被低值区域包围（H—L，高—低）；当观测值均匀分布于四个象限，则表示属性值相互独立，地区间不存在空间自相关。

（2）局域空间相关性检验（Local Spatial Autocorrelation Test）。局域空间自相关性又称为空间关联局域指标（Local Indicators of Spatial Association，LISA），LISA 可以对每个区域周围的局部空间集群状况作显著性评估，识别空间集聚和空间孤立，揭示对全局影响大的重要关联点。LISA 包括局域 Moran's I 指数和局域 Geary's C 指数，目前主要采用的是局域 Moran's I，定义如下：

$$Moran's\ I_i = Z_i \sum_{j=1}^{n} W_{ij} Z_j \quad (i \neq j)$$

式中，$Z_i = x_i - \bar{x}$，$Z_j = x_j - \bar{x}$分别表示观测值与均值的离差，x_i 表示区域 i 的观测值，W_{ij}表示空间权值矩阵，故其表示的是某区域观测值的离差与其邻近区域观测值离差的加权平均的乘积。局域 Moran's I 还可定义为：

$$Moran's\ I_i = \left(\frac{z_i}{m}\right)\sum_j w_{ij}z_j \quad (i \neq j)$$

式中，m 表示区域的数量，其值可超出［－1，1］。若 Moran's I 值为正，则表示该区域周围存在相似的空间集群；若 Moran's I 值为负，则表示该区域周围存在非相似值之间的空间集群。该指标标准化后的正态分布统计量为：

$$Z(Moran's\ I_i) = \frac{Moran's\ I_i - E(Moran's\ I_i)}{\sqrt{VAR(Moran's\ I_i)}}$$

其中，$E(Moran's\ I_i)$ 表示局域 Moran's I 值的期望值，$VAR(Moran's\ I_i)$ 表示其方差，通过此公式可以对局域空间相关性进行显著性检验。

3. 空间计量经济模型

主流的空间计量经济模型包括空间横截面数据（Cross－sectional Data）模型、空间面板数据（Panel Data）模型和离散数据的空间计量模型，其他诸如空间动态模型、空间非线性模型等正在发展中。

3.1　空间横截面数据模型

适用于截面数据的空间常系数回归模型包括空间滞后模型与空间误差模型两种，以及空间变系数回归模型——变系数地理加权回归模型（Geographical Weighted Regression，GWR）。

空间自相关性主要体现在因变量滞后项和各误差项，在基本回归模型中引入前者，就是空间滞后模型；引入后者，就是空间误差模型。

（1）空间滞后模型（Spatial Lag Model，SLM）。在基本回归模型中引入因变量的滞后项ρWy，即得空间滞后模型：

$$y=\rho Wy+X\beta+\varepsilon\Leftrightarrow y_{n\times 1}=\rho W_{n\times n}y_{n\times 1}+X_{n\times k}\beta_{k\times 1}+\varepsilon_{n\times 1}$$

式中，y为因变量；X为$n\times k$的外生解释变量矩阵；ε为服从正态分布的随机误差向量，$\varepsilon\sim N(0_{n\times 1},\ \delta^2 I_n)$；$W$为$n\times n$空间权值矩阵；$Wy$为空间滞后因变量，与$\varepsilon$相关，是一内生变量，反映空间距离对区域行为的作用；ρ为待估的空间自回归系数，反映地区间因变量相互关系，即相邻地区Wy对本地区y的影响方向和程度；参数向量$\beta_{k\times 1}$反映自变量X对因变量y的影响。

空间滞后模型也被称作空间自回归模型（Spatial Auto regressive Model，SAR），主要探讨相邻地区的各个变量对整个系统内其他地区的行为是否具有扩散效应或溢出效应，适于测度空间相互作用的存在性及强度。

（2）空间误差模型（Spatial Error Model，SEM）。在基本回归模型中引入相关的扰动误差项$\mu=\lambda W\mu+\varepsilon$，即得空间误差模型。根据对误差项设定的不同又具体分为空间误差自相关模型和空间误差移动平均模型。

空间误差自相关模型的表达式为：

$$y=X\beta+\mu,\ \mu=\lambda W\mu+\varepsilon$$

空间误差移动平均模型的表达式为：

$$y=X\beta+\eta,\ \eta=\varepsilon-\theta W\varepsilon$$

式中，y为因变量；X为$n\times k$的外生解释变量矩阵；μ，η为存在自相关的随机误差向量；ε为正态分布的随机误差向量，$\varepsilon\sim N(0_{n\times 1},\ \delta^2 I_n)$；$W$为$n\times n$空间权值矩阵；$W\mu$是空间滞后误差项；$\lambda$为$n\times 1$阶的因变量向量的空间误差系数，衡量相邻地区$y$对本地区$y$的影响方向和程度；$\theta$是空间误差移动平均系数；参数列向量$\beta_{k\times 1}$反映自变量$X$对因变量$y$的影响。

空间误差模型也被称为空间自相关模型（Spatial Autocorrelation Model，SAC），假定地区间的相互关系通过外生的随机冲击发生作用，探讨邻近地区关于因变量的误差冲击对本地区的影响，适于处理空间自回归的偏差影响。

当各解释变量之间存在空间相关性 $WX\gamma$ 时，还有空间杜宾模型（SDM）：

$$y=\rho Wy+X\beta+WX\gamma+\varepsilon,\ \varepsilon\sim N(0,\ \delta^2 I_n)$$

（3）SLM、SEM 模型的选择与检验。一般采用极大似然法（ML）估计空间滞后模型和空间误差模型的参数。判断 SLM 和 SEM 模型哪个更合适，主要通过两个拉格朗日乘子（Lagrange Multiplier，LM）LM－Error、LM－Lag 及其稳健（Robust）形式 R－LMERR、R－LMLAG 来实现。

$$LM-Error=\left(\frac{1}{N}\frac{eWe}{e'e}\right)^2\Big/ race(W^2+W'W)$$

$$LM-Lag=\left(\frac{1}{N}\frac{eWe}{e'e}\right)^2\Big/ \{[(Wxb)'M(Wxb)]+race(W^2+W'W)\}$$

式中，b 是回归方程系数的估计值。在残差独立的假定下，LM－Error 和 LM－Lag 统计量渐进服从自由度为 1 的 χ^2 分布。

具体判别准则：如果在空间相关性的检验中发现最大似然 LM－Lag 较 LM－Error 在统计上更加显著，且 R－LMLAG 显著而 R－LMERR 不显著，则选择空间滞后模型；相反，如果 LM－Error 比 LM－Lag 在统计上更加显著，且 R－LMERR 显著而 R－LMLAG 不显著，则选择空间误差模型。

除了拟合优度 R^2 检验以外，常用的检验准则还有：对数似然值（Log Likelihood，LogL）、似然比率（Likelihood Ratio，LR）、赤迟信息准则（Akaike Information Criterion，AIC）、施瓦茨准则（Schwartz Criterion，SC），其中，对数似然值（log$L$）越大，赤池信息准则（AIC）和施瓦茨准则（SC）值越小，模型拟合效果越好。

（4）空间变系数地理加权回归模型（GWR）。经典回归模型（包括空间常系数回归模型）只是对参数进行平均或全域的整体性估计，即假定参数在不同空间具有稳定性。而现实中不同区域的经济行为在空间上往往具有异质性，数据在不同截面上常表现出复杂性和变异性，使解释变量对被解释变量的影响在不同截面可能不同，需要采用局部分析方法来处理。

空间变系数回归模型（Spatial Varying－Coefficient Regression Model）

中的地理加权回归模型（Geographical Weighted Regression，GWR）就是一种局域空间分析的方法。变系数地理加权回归模型的核心思想是离经济体近的观测值比离经济体远的观测值对经济体的参数估计影响更大。考虑如下经典全域回归模型：

$$y_i = \beta_0 + \sum_k \beta_k X_{ik} + \varepsilon_i, i = 1,2,\cdots,n$$

为能进行局部的参数估计，我们假定模型的参数是位置 i 的函数，则扩展后的模型 GWR 为：

$$y_i = \beta_0(u_i,v_i) + \sum_k \beta_k(u_i,v_i) X_{ik} + \varepsilon_i, i = 1,2,\cdots,n$$

式中，$(u_i,\ v_i)$ 是第 i 个区域的空间坐标；$n \times 1$ 阶参数向量 $\beta_k(u_i,\ v_i)$ 是空间连续变化函数 $\beta_k(u,\ v)$ 在 i 点的值，随地理位置 $(u_i,\ v_i)$ 变化而变化，不再是假定的常数；ε_i 是第 i 个区域的随机误差项，满足球形扰动假定。

GWR 模型对每个观测值 i 可以估计出 k 个参数向量，得到的参数是局域（Local）而非全域的估计，能够探测数据的空间非平稳性。一般利用加权最小二乘法（WLS）来估计参数。将经典回归 OLS 估计的第二个前提条件改为 $Var(Y) = \delta^2 W_i^{-1}$，同理我们可得回归点 i 的参数估计向量如下：

$$\hat{\beta}(u_i,\ v_i) = (X'W(u_i,\ v_i)X)^{-1} X'W(u_i,\ v_i)Y$$

其中，$W(u_i,\ v_i)$ 为 $n \times n$ 阶加权矩阵函数，其对角线上的每个元素都是关于观测值所在位置 j 与回归点 i 之间距离的函数，其作用是权衡不同空间位置 j（$j = 1,\ 2,\ \cdots,\ n$）的观测值对于回归点 i 参数估计的影响程度，非对角元素则为 0。$W(u_i,\ v_i)$ 可表示为如下形式：

$$W(u_i,\ v_i) = \begin{pmatrix} W_{i1} & & & \\ & W_{i2} & & \\ & & \ddots & \\ & & & W_{in} \end{pmatrix}$$，记作 $W_i = diag(W_{i1},\ W_{i2},\ \cdots,\ W_{in})$

权函数 W_i 的选择应优先考虑较近观测值的影响，通常选择 Gauss 距离形式：

$$W_{ij}=\exp(-\lambda d_{ij}^2)$$

式中，d_{ij}是区域 i 和区域 j 中心的距离，λ 是窗宽，即距离衰减参数。W_{ij}是关于 d_{ij}的连续单调递减函数，当 $d_{ij}=0$ 时，$W_{ij}=1$。参数向量 β_k 的 GWR 估计值也随空间权值矩阵 W_{ij}的变化而变化，因此 W_{ij}的选择至关重要。

3.2 空间面板数据模型

空间面板数据模型考虑了空间和时间二维混合特征的相关性，包括固定效应、随机效应模型的空间滞后面板模型和空间误差面板模型。

空间滞后面板模型（SAR）：

$$y=\rho(I_T\otimes W_N)y+X\beta+\varepsilon\Leftrightarrow y_{NT\times 1}=\rho(I_T\otimes W_N)y+X_{NK\times K}\beta_{K\times 1}+\varepsilon_{NT\times 1}$$

空间误差面板模型（SLM）：

$$y=X\beta+\mu,\ \mu=\lambda(I_T\otimes W_N)\mu+\varepsilon$$

式中，y 为因变量，X 为自变量（包括常数项），β 为自变量待估参数，ρ 和 λ 分别为空间自回归系数和空间自相关系数；I_T 为 T 维单位时间矩阵，W_N 为 $N\times N$ 的空间权重矩阵（N 为地区数）；ε 为误差成分，根据 ε 分解的不同分为固定效应或随机效应。空间（时间）固定效应代表随时间（区位）变化，但不随区位（时间）变化的背景变量对稳态水平的影响。

定义空间滞后因变量 $Wy=W_{NT}y=(I_T\otimes W_N)y$，空间滞后扰动项 $W\mu=W_{NT}\mu=(I_T\otimes W_N)\mu$，$W_{NT}=diag(W_N,\ W_N,\ \cdots,\ W_N)_{NT\times NT}=I_T\otimes W_N$，$t$ 为时间维度，则空间滞后固定效应模型：

$$y_t=\rho Wy_t+X_t\beta+\mu+\varepsilon_t,\ E(\varepsilon_t)=0,\ E(\varepsilon_t\varepsilon_t^T)=\sigma^2I_N,\ t=(1,\ \cdots,\ T)$$

空间滞后随机效应模型：

$$y=\rho(I_T\otimes W_N)y+X\beta+v$$

空间误差固定效应模型：

$y_t = X_t\beta + \mu + \phi_t$，$\phi_t = \lambda W\phi_t + \varepsilon_t$，$\varepsilon_t \sim N(0, \sigma^2 I_N)$

空间误差随机效应模型：

$y = X\beta + v$，$v = (t_T \otimes I_N)\mu + (I_T \otimes B^{-1})\varepsilon$，其中，$t_T = (1, \cdots, 1)_T'$，$B = I_N - \lambda W$

Moran's I、LMerr、LMsar、Lratios、Walds 等空间相关性检验都是针对单个截面回归模型的，不能直接用于面板数据模型。用分块对角矩阵 $C = I_T \otimes W_N$ 代替 Moran's I 等统计量中的空间权重矩阵，就能把这些检验扩展到面板数据。

假设 $\varepsilon \sim N(0, \sigma_\varepsilon^2 I_{NT})$，则空间滞后面板模型的对数极大似然估计（MLE）函数为：

$$L = \ln|I_T \otimes (I_N - \rho W_N)| - \frac{NT}{2}\ln\sigma_\varepsilon^2 - \frac{1}{2\sigma_\varepsilon^2}\varepsilon'\varepsilon$$

若雅可比行列式 $|I_T \otimes (I_N - \rho W_N)|$ 对角结构一致，且进一步假设 $\varepsilon \sim N(0, \sum)$（球形扰动），则上式可简化为：

$$L = T\ln|I_N - \rho W_N| - \frac{1}{2}\ln|\sum| - \frac{1}{2}\varepsilon'\sum{}^{-1}\varepsilon$$，其中，$\sum = E(\varepsilon\varepsilon') = \sigma_u^2(t_T t'_T \otimes I_N) + \sigma_u I_{NT}$

对于空间误差面板模型，似然函数则可简化为：$L = -\frac{1}{2}\ln|\sum| - \frac{1}{2}\varepsilon'\sum{}^{-1}\varepsilon$。

附录2　与本书相关的研究成果

[1] 蔡武，吴国兵，朱荃．集聚空间外部性、城乡劳动力流动对收入差距的影响［J］．产业经济研究（CSSCI），2013（2）．（中国社会科学网、国研网、全球政务网转载）（已被引用50余次）

[2] 蔡武，陈广汉．异质型人力资本溢出、劳动力流动与城乡收入差距［J］．云南财经大学学报（CSSCI），2013（6）．

[3] 蔡武，程小军．城乡劳动力流动、城镇就业与收入差异［J］．经济与管理（CSSCI），2012（11）．（国研网转载）

[4] 蔡武．劳动力市场分割、劳动力流动与城乡收入差距［J］．首都经济贸易大学学报（CSSCI），2012（6）．

[5] 蔡武，陈望远．基于空间视角的城乡收入差距与产业集聚研究［J］．华东经济管理（CSSCI），2012（5）．

[6] 蔡武．非农就业、城镇化与城乡居民收入不均等［J］．产经评论（CSSCI），2012（2）．

[7] 蔡武，陈望远．中国城乡劳动力流动影响因素研究：模型与实证［J］．湖北经济学院学报，2012（2）．

[8] 蔡武，程小军．国内外典型区域发展模式的实践与启示［J］．现代管理科学（CSSCI），2012（9）．

[9] 蔡武．区域经济一体化与协调发展理论研究综述［J］．财经理论研究，2012（5）．

[10] 蔡武．中国区域经济发展格局的历史变迁与新趋势［J］．西部

经济管理论坛，2013（1）.

［11］蔡武，吴加广. 城乡收入差距的 ARMA 模型预测与分析［J］. 统计与咨询，2018（2）.

［12］蔡武. 中国区域经济发展政策的演变历程［J］. 经济界，2018（3）.

［13］蔡武. 城乡相对收入差距的发展趋势分析［J］. 青岛科技大学学报（社会科学版），2018（2）.

［14］蔡武. 农村劳动力流动缩小城乡收入差距的可行性研究［J］. 上海经济（CSSCI），2018（4）.（国研网转载）

［15］蔡武. 新经济地理学视阈下城市经济集聚最优规模研究［J］. 企业经济（CSSCI），2018（11）.

［16］蔡武，吴加广. 我国区域经济一体化与协调发展的战略选择［J］. 济宁学院学报，2018（6）.

［17］蔡武（副主编）. 珠三角区域一体化与协调发展研究［M］. 广州：广东人民出版社，2013.

［18］蔡武（参编）. 珠三角区域发展报告（2012）［M］. 北京：中国人民大学出版社，2012.

参考文献

[1] Kevin Honglin Zhang. Inequality in Income Distributions: Does Matter? [J]. Journal of Economic Issues, 2003 (2): 102 - 110.

[2] Terry Sicular. The Urban - Rural Income Gap and Inequality in China [J]. Review of Income and Wealth, 2007 (8): 93 - 126 .

[3] Ravi Kanbur, Xiaobo Zhang. Fifty Year of Regional Inequality in China: A Journey through Central Planning, Reform, and Openness [J]. Review of Development Economics, 2005, 9 (1): 87 - 106.

[4] Fang Cai, Dewen Wang, Yang Du. Regional Disparity and Economic Growth in China: The Impact of Labor Market Distortions [J]. China Economic Review, 2002, 13 (2): 197 - 212.

[5] Anselin L. Advances in Spatial Econometrics: Methodology, Tools and Applications [M]. Springer - Verlag, Berlin, 2004.

[6] Antonio C. Agglomeration - effects in Europe [J]. European Economic Review, 2008, 46 (2): 213 - 227.

[7] Diego R, Dennis Tao Yang, Xiaodong Zhu. Agriculture and Aggregate Productivity: A Quantitative Cross - Country Analysis [J]. Journal of Monetary Economics, 2008, 55 (2): 234 - 250.

[8] Elhorst J P. Specification and Estimation of Spatial Panel Data Models [J]. International Regional Science Review, 2003, 26 (3): 244 - 268.

[9] Baltagi, Badi H. Econometric Analysis of Panel Data [M]. (Second

Edition) . John Wiley & Sons, Chichester, United Kingdom, 2001.

[10] Shi, Xinzheng. Empirical Research on Urban – Rural Income Differentials: The Case of China. Unpublished manuscript, CCER, Beijing University, 2002.

[11] Juan Carlos Cordoba, Marla Ripoll. Agriculture and Aggregation [J]. Economics Letters, 2009 (105): 110 – 112.

[12] Belton Fleisher, Haizheng Li, Min Qiang Zhao. Human capital, Economic Growth, and Regional Inequality in China [J]. Journal of Development Economics, 2010, 92 (2): 215 – 231.

[13] Van Oort, F. G. Spatial and Sectoral Composition Effects of Agglomeration Economies in the Netherlands [J]. Regional Science, 2007, 86 (1): 5 – 30.

[14] Sandeep Mohapatra. The Rise of Self – Employment in Rural China: Development or Distress? [J]. World Development, 2007, 35 (1): 163 – 181.

[15] Dennis, Benjamin N, Iscan, Talan B. Migration costs, Partial Labor Mobility and Wage Gaps: A General – Equilibrium Appraisal with an Application to Farm out – Migration in United States. http: //myweb. dal. ca/, 2005.

[16] John Whalley, Shunming Zhang. Inequality Change in China and (Hukou) Labour Mobility Restrictions [J]. Journal of Development Economics, 2007, 83 (2): 392 – 410.

[17] Daniel A. Sumner, John M. Antle, Bruce L. Gardner. Contributions of D. Gale Johnson to the Economics of Agriculture [J]. Economic Development and Cultural Change, 2004, 52 (3): 659 – 679.

[18] Harberger, Arnold C. D. Gale Johnson: An Appreciation [J]. Economic Development and Cultural Change, 2004, 52 (3): 503 – 507.

[19] Knight John, Li Shi, Zhao Renwei. A Spatial Analysis of Wages and Incomes in Urban China [J]. Economics, 1999.

[20] Justin Y. Lin, Gewei Wang and Yaohui Zhao. Regional Inequality and

Labor Transfers in China [J]. Economic Development and Cultural Change, 2004, 52 (3): 587 -603.

[21] Xideas E. Modeling Migration under Uncertainty [Z]. Aegean Working Paper, 2003, Issue 1, December.

[22] Lucas R E. Life Earnings and Rural - Urban Migration [J]. Journal of Political Economy, 2004, 112 (1): 29 -59.

[23] Demurger, Sylvie, Jeffrey Sachs, Wing Thye Woo, Shuming Bao, Gene Chang and Andrew Mellinger. Geography, Economic Policy, and Regional Development in China [J]. Asian Economie Papers, 2002 (1): 146 - 197.

[24] Thijsten Raa, Haoran Pan. Competitive Pressures on China: Income Inequality and Migration [J]. Regional Seience and Urban Economies, 2005, 35 (6): 671 -699.

[25] Yang Du, Albert Park and Sangui Wang. Migration and Rural Poverty in China [J]. Journal of Comparative Economies, 2005, 33 (4): 688 -709.

[26] Barro R, Sala - i - Martin X. Economic Growth [M]. New - York : Mc Graw Hill Press, 1995.

[27] Khan A R, Riskin C. China's Household Income and Its Distribution, 1995 and 2002 [J]. The China Quarterly, 2005 (2): 356 -384.

[28] Taylor, J. Edward and Philip L. Martin. Human Capital: Migration and Rural Population Change [A] //Handbook of Agricultural Economics [M]. Eds. by L. G. Bruce and C. R. Gordon, 2001: 457 -511.

[29] Tabuchi, Takatoshi and Jacques - Franois Thisse. Taste Heterogeneity, Labor Mobility and Economic Geography [J]. Journal of Development Economics, 2002, 69 (1): 155 -177.

[30] Forslid, Rikard and Gianmarco I. P. Ottaviano. An Analytically Aolvable Core - Periphery Model [J]. Journal of Economic Geography, 2003, 3 (3): 229 -240.

[31] Murata, Yasusada. Product Diversity, Taste Heterogeneity, and Ge-

ographic Distribution of Economic Activities: Market Vs. Non – Market Interactions [J]. Journal of Urban Economics, 2003, 53 (1): 126 – 144.

[32] Pfluger, Michael and Jens Sudekum. A Synthesis of Footloose – Entrepreneur New Wconomic Geography Models: When Is Agglomeration Smooth and Easily Reversible? [J]. Journal of Economic Geography, 2008, 8 (1): 39 – 54.

[33] Russek, Stephan. Differential Labour Mobility and Agglomeration [J]. Papers in Regional Science, 2010, 89 (3): 587 – 606.

[34] Krugman, P. and Venables A J. Globalization and the Inequality of Nations [J]. Quarterly Journal of Economics, 1995, 110 (4): 857 – 880.

[35] Ciccone A, R E Hall. Productivity and Density of Economic Activity [J]. American Economic Review, 1996, 86 (1): 54 – 70.

[36] Duranton G, D Puga. Micro – Foundations of Urban Agglomeration Economies [A] //Handbook of Regional and Urban Economics [M]. Edited by J. Vernon Henderson and Jacques François Thisse, North – Holland, 2004 (4): 2063 – 2118.

[37] Elisabet V M. Agglomeration Economies and Industrial Location: City – level Evidence? [J]. Journal of Economic Geography, 2004, 4 (5): 565 – 582.

[38] Braunerhjelm P, Borgman B. Agglomeration, Diversity and Regional Growth [A]. CESIS Electronic Working Paper Series, Paper No. 71, 2006.

[39] Brulhart, M. and Mathys N. Sectoral Agglomeration Economies in a Panel of European Regions [EB/OL]. http: //www. hec. unil. ch/nmathys/brulhart – mathys. pdf. 2007.

[40] Gallo J L, Ertur C. Exploratory Spatial Data Analysis of the Distribution of Reiginal Per Capital GDP in Europe, 1980 – 1995 [J]. Regional Science, 2005, 82 (2): 175 – 201.

[41] Shujie Yao, Zongyi Zhang, Lucia Hanmer. Growing Inequality and

Poverty in China [J]. China Economic Review, 2004, 15 (2): 145 -163.

[42] Farmanesh A. Regional Dimensions of Economic Development in Iran: A New Economic Geography Approach [N]. MPRA Working Paper, 2009.

[43] Joanna Wolszczak - Derlacz. Does Migration Lead to Economic Convergence in an Enlarged European Market? [J]. www. bankikredyt. nbp. pl, Bank i Kredyt, 2009, 40 (4): 71 -87.

[44] Rice P. and A. J. Venables. Spatial Determinats of Productivity: Analysis for the Regions of Great Britain [R]. CEP Discussion Paper, 2004, 0642.

[45] Monasterio L M. Wages and Industrial Clusters in Rio Grande Do Sul (Brazil) [A]. ERSA Conference Papers, 2006.

[46] Martin P, Ottaviano G. I. P. Growth and Agglomeration [J]. International Economic Review, 2001, 42 (4): 947 -968.

[47] Yamamoto K. Agglomeration and Growth with Innovation in the Intermediate Goods Sector [J]. Regional Science and Urban Economics, 2003, 33 (3): 335 -360.

[48] Anselin L. Thirty Years of Spatial Econometrics [J]. Papers in Regional Science, 2010, 89 (1): 3 -25.

[49] Cabrer - Borras B. Innovation and R&D Spillover Effects in Spanish Regions: A Spatial Approch [J]. Research Policy, 2007, 36 (9): 1357 - 1371.

[50] Brulhart M, Mathys N A. Sectoral Agglomeration Economies in a Panel of European Regions [J]. Regional Science and Urban Economics, 2008, 38 (4): 348 -362.

[51] Duranton G. Urban Evolutions: The Fast, the Slow, and the Still [J]. American Economic Review, 2007, 97 (1): 197 -221.

[52] Elhorst J P. Matlab Software for Spatial Panels [C]. the Ⅳth World Conference of the Spatial Econometrics Association, 2010.

[53] Ellison G, Glaeser E L, Kerr W R. What Causes Industry Agglomer-

ation? Evidence From Coagglomeration Patterns [J]. American Economic Review, 2010, 100 (3): 1195 - 1213.

[54] Fujita M. Towards the New Economic Geography in the Brain Power Society [J]. Regional Science and Urban Economics, 2007, 37 (4): 482 - 490.

[55] Glaeser E L, Resseger M G. The Complementarity Between Cities and Skills [J]. Journal of Regional Science, 2010, 50 (1): 221 - 244.

[56] Ottaviano G I P, Pinelli D. Market Potential and Productivity: Evidence From Finnish Regions [J]. Regional Science and Urban Economics, 2006, 36 (5): 636 - 657.

[57] Tabuchi T, Thisse J. A New Economic Geography Model of Central Places [J]. Journal of Urban Economics, 2011, 69 (2): 240 - 252.

[58] Marshall Alfred. Principles of Economics [M]. London: Macmillan, 1961: 32 - 39.

[59] Sumon Majumdara, Anandi Maniand, Sharun W. Mukand. Polities, Information and the Urbanbias [J]. Journal of Development Economics, 2004, 75 (1): 137 - 165.

[60] Lu Ding. Rural - Urban Income Disparity: Impact of Growth, Allocative Efficiency and Local Growth Welfare [J]. China Economic Review, 2002, 13 (4): 419 - 429.

[61] Ying Ge. Regional Inequality, Industrial Agglomeration and Foreign Trade, the Case of China [J]. UNU - WIDER Research Paper, No. 105, 2006.

[62] Au C C. and Henderson J V. How Migration Restrictions Limit Agglomeration and Productivity in China [J]. Journal of Development Economics, 2006, 80 (2): 350 - 388.

[63] Bode E. Productivity Effects of Agglomeration Externalities[EB/OL]. http: //cournot2. u - strasbg. fr/sew/papers_ sew/Bode_ Eckhardt. pdf. 2004.

[64] Borck R. Social Agglomeration Externalities [R]. DIW Berlin: Working Paper, 2005.

[65] Gao T. Regional Industrial Growth: Evidence from Chinese Industries [J]. Regional Science and Urban Economics, 2004, 34 (1): 101 -124.

[66] Wen M. Relocation and Agglomeration of Chinese Industry [J]. Journal of Development Economics, 2004, 73 (1): 329 -347.

[67] Farmanesh A. Regional Dimensions of Economic Development in Iran: A New Economic Geography Approach [N]. MPRA Working Paper, 2009.

[68] Bronzini R, Piselli P. Determinants of Long - Run Regional Productivity with Geographical Spillovers: The Role of R&D, Human Capital and Public Infrastructure [J]. Regional Science and Urban Economics, 2009, 39 (2): 187 -199.

[69] LEE B, Gordon P. Urban Spatial Structure and Economic Growth in US Metropolitan Areas [C]. Western Regional Science Association 46th Annual Meeting, Newport Beach, California, 2007.

[70] Madariaga N, Poncet S. FDI in Chinese Cities: Spillovers and Impact On Growth [J]. World Economy, 2007, 30 (5): 837 -862.

[71] Martin P, Mayer T, Mayneris F. Spatial Concentration and Plant - Level Productivity in France [J]. Journal of Urban Economics, 2011, 69 (2): 182 -195.

[72] Meijers E, Burger M. Spatial Structure and Productivity in US Metropolitan Areas [J]. Environment and Planning A, 2010, 42 (6): 1383 - 1402.

[73] Meijers E. Summing Small Cities Does Not Make a Large City: Polycentric Urban Regions and the Provision of Cultural, Leisure and Sports Amenities [J]. Urban Studies, 2008, 45 (11): 2323 -2342.

[74] Moreno R, Paci R, Usai S. Spatial Spillovers and Innovation Activity in European Regions [J]. Environment and Planning A, 2005, 37 (10):

1793 - 1812.

[75] Partridge M D, Rickman D S, Ali K, et al. Do New Economic Geography Agglomeration Shadows Underlie Current Population Dynamics Across the Urban Hierarchy? [J]. Papers in Regional Science, 2009, 88 (2): 445 - 466.

[76] Ecward Feser, Andrew Isserman. Urban Spillovers and Rural Prosperity [J]. Work paper of University of Illinois, Urbana - Champaign, 2005 (7): 35 - 54.

[77] Li Xiumin, Liu Bing, Zhang Xiuying. On the Urban Agglomeration and Dispersion in China [J]. Work paper of Northeast Normal University, 2006 (3): 45 - 57.

[78] Combes P P, et al. Economic Geography - the Integration of Regions and Nations [M]. Princeton University Press, 2008.

[79] Fujita M. Thünen and the New Economic Geography [J]. Regional Science and Urban Economics, 2012, 42 (6): 907 - 912.

[80] Puga D. The Magnitude and Causes of Agglomeration Economies [J]. Journal of Regional Science, 2010, 50 (1): 203 - 219.

[81] Rosenthal S S. and W. Strange. The Attenuation of Human Capital Spillovers [J]. Journal of Urban Economics, 2008, 64 (2): 373 - 389.

[82] Chun - Chung Au and J. Vernon Henderson. Are Chinese Cities Too Small? [J]. The Review of Economic Studies, 2006, 73 (3): 549 - 576.

[83] Fredrik Andersson, Simon Burgess, Julia I. Lane. Cities, Matching and the Productivity Gains of Agglomeration [J]. Journal of Urban Economics, 2007, 61 (1): 112 - 128.

[84] Graham D J. Identifying Urbanisation and Localisation Externalities in Manufacturing and Services [J]. Papers in Regional Science, 2009, 88 (1): 63 - 84.

[85] Hirose K. and Yamamoto K. Knowledge Spillovers, Location of Indus-

try, and Endogenous Growth [J]. The Annals of Regional Science, 2007, 41 (1): 17 -30.

[86] Lourens Broersma and Jan Ooster haven. Regional Labor Productivity in the Netherlands: Evidence of Agglomeration and Congestion Effects [J]. Journal of Regional Science, 2009, 49 (3): 483 -451.

[87] Matthew L F. Job Hopping, Earnings Dynamics, and Industrial Agglomeration in the Software Publishing Industry [J]. Journal of Urban Economics, 2008, 64 (3): 590 -600.

[88] Maurice J G. Bun, Abderrahman El Makhloufi. Dynamic Externalities, Local Industrial Structure and Economic Development: Panel Data Evidence for Morocco [J]. Regional Studies, 2007, Volume 41, Issue 6: 823 - 837.

[89] Melo P C, D J Graham, et al. A Meta - analysis of Estimates of Urban Agglomeration Economies [J]. Regional Science and Urban Economics. 2009, 39 (3): 332 -342.

[90] Patricia Rice, Anthony J. Venables, Eleonora Patacchini. Spatial Determinants of Productivity: Analysis for the Regions of Great Britain [J]. Regional Science and Urban Economics, 2006, 36 (6): 727 -752.

[91] Raspe O. and F. G. van Oort. Firm Heterogeneity, Productivity and Spatially Bounded Knowledge Externalities [J]. Socio - Economic Planning Sciences, 2011, 45 (1): 38 -47.

[92] Richard A. Congestion Tolling with Agglomeration Externalities [J]. Journal of Urban Economics, 2007, 62 (2): 187 -203.

[93] Xiao Ping Zheng. A Cointegration Analysis of Dynamic Externalities [J]. Japan and the World Economy, 2010, 22 (2): 130 -140.

[94] Zhao W, L Liu, et al.. The Contribution of Outward Direct Investment to Productivity Changes within China, 1991 -2007 [J]. Journal of International Management, 2010, 16 (2): 121 -130.

[95] Cecilia, Turnovsky. Growth, Income Inequality, and Fiscal Policy: What Are the Relevant Trade - offs? [J]. Journal of Money, Credit and Banking, 2007, 39 (2): 1 -30.

[96] Yi Yao, Shenggen Fan. Evolution of Income and Fiscal Disparity in Rural China [C]. This paper is prepared for presentation at the International Association of Agricultural Economists Conference, Gold Coast, 2006, Australia, August 12 - 181.

[97] Wei Shang jin, Yi Wu . Globalization and Inequality: Evidence from within China [EB/OL] NBER Working Paper 2002, http: //www. nber. org/papers/w8611.

[98] Florence Jaumotte, Subir Lall, Chris Papageorgiou. Rising Income Inequality: Technology, or Trade and Financial Globalization [J]. IMF Working Paper, 2008, No. 185.

[99] Figini P, H Gong. Does Foreign Direct Investment Affect Wage Inequality? [A]. An Empirical Investigation, IZA Discussion Paper 2006, No. 2336.

[100] James B. Larriviere, Charles O. Kroncke. A Human Capital Approach to American Indian Earnings: the Effects of Place of Resi - dence and Migration [J]. The Social Science Journal, 2004, 41 (2): 55 -61.

[101] Combes P - P, Duranton G, L. Gobillon. Spatial Wage Disparities: Sorting Matters! [A]. CEPR Discussion Paper, No. 4240, 2004.

[102] Gao Ting. Regional Industrial Growth: Evidence from Chinese Industries [J]. Regional Science and Urban Economics, 2004 (1): 101 -124.

[103] Rice P. and A. J. Venables. Spatial Determinants of Productivity: Analysis for the Regions of Great Britain [A]. CEP Discussion Paper, 0642, 2004.

[104] Anselin, Luc and Le Gallo, Julie. Panel Data Spatial Econometrics with PySpace. Spatial Analysis Laboratory (SAL) [M]. Department of Agricul-

tural and Consumer Economics, University of Illinois, Urbana - Champaign, IL, 2004.

[105] Arellano, Manuel. Panel Data Econometrics [M]. Oxford University Press, Oxford, United Kingdom. 2003.

[106] Stephen Ross Yeaple. The Complex Integration Strategies of Multinationals and Cross Country Dependencies in the Structure of Foreign Direct Investment [J]. Journal of International Economics, 2003 (2): 293 - 314.

[107] Banerjee, Sudipto, Carlin, Bradley P, Gelfand, Alan E. Hierarchical Modeling and Analysis for Spatial Data [M]. Chapman & Hall/CRC, Boca Raton, FL. 2004.

[108] Hsiao, Cheng and Pesaran, M. Hashem. Random Coefficient Panel Data Models [N]. Working Paper, University of Cambridge, Cambridge, United Kingdom, 2004.

[109] Wu, Zhongmin and Yao, Shujie. Intermigration and Intramigration in China: A Theoretical and Empirical Analysis [J] . China Economic Review, 2003, 14 (4): 371 - 385.

[110] Sumon, Majumdara. Economic Growth and Social Equity in Developing Countries [M]. Stanford University Press, 2004.

[111] Meng, Xin and Zhang, Junsen. The Two - Tier Labor Market in Urban China: Occupational Segregation and Wage Differentials between Urban Residents and Rural Migrants in Shanghai [J]. Journal of Comparative Economic Review, 2001, 29 (3): 485 - 504.

[112] Midelfar K H. Does Agglomeration Explain Regional Income Inequalities, Mimeo [M]. Norwegian School of Economics and Business Administration and CEPR, 2004.

[113] Rosenthal S S. and W. C. Strange. Evidence on the Nature and Sources of Agglomeration Economies [M] //Henderson, V. and J. - F. Thisse (eds.) . Handbook of Regional and Urban Economics, Vol. 4, North - Hol-

land, Amsterdam, 2004.

[114] 曾国安. 论工业化过程中导致城乡居民收入差距扩大的自然因素与制度因素 [J]. 经济评论, 2007 (3): 41-47.

[115] 张嫘, 方天堃. 我国城乡收入差距变化与经济增长的协整及因果关系分析 [J]. 农业技术经济, 2007 (3): 38-43.

[116] 沈坤荣, 余吉祥. 农村劳动力流动对中国城镇居民收入的影响 [J]. 管理世界, 2011 (3): 58-65.

[117] 赵伟, 李芬. 异质性劳动力流动与区域收入差距: 新经济地理学模型的扩展分析 [J]. 中国人口科学, 2007 (1): 27-35.

[118] 王少国, 王镇. 中国城乡收入差距适度水平的经济效率分析 [J]. 南开经济研究, 2009 (6): 138-148.

[119] 龚六堂, 谢丹阳. 我国省份之间的要素流动和边际生产率的差异分析 [J]. 经济研究, 2004 (1): 45-53.

[120] 马斌, 张富饶. 城乡居民收入差距影响因素的实证分析 [J]. 中国农村经济, 2008 (2): 53-59.

[121] 范剑勇. 产业结构失衡、空间集聚与中国地区差距变化 [J]. 上海经济研究, 2008 (2): 3-13.

[122] 田新民, 王少国, 杨永恒. 城乡收入差距变动及其对经济效率的影响 [J]. 经济研究, 2009 (7): 107-118.

[123] 陆铭, 陈钊. 在集聚中走向平衡: 城乡和区域协调发展的第三条道路 [J]. 世界经济, 2008 (8): 57-61.

[124] 张文武, 梁琦. 劳动地理集中、产业空间与地区收入差距[J]. 经济学 (季刊), 2011 (2): 691-708.

[125] 许召元, 李善同. 区域间劳动力迁移对地区差距的影响 [J]. 经济学 (季刊), 2008 (1): 53-76.

[126] 蔡继明. 中国城乡比较生产力与相对收入差别 [J]. 经济研究, 1998 (1): 11-19.

[127] 阮杨, 陆铭, 陈钊. 经济转型中的就业重构与收入分配 [J].

管理世界，2002（11）：50－56.

［128］陆铭，陈钊．城市化、城市倾向的经济政策与城乡收入差距［J］．经济研究，2004（6）：50－58.

［129］程开明，李金昌．城市偏向、城市化与城乡收入差距的作用机制及动态分析［J］．数量经济技术经济研究，2007（7）：116－125.

［130］马晓河，蓝海涛，黄汉权．工业反哺农业的国际经验及我国的政策调整思路［J］．管理世界，2005（7）：55－63.

［131］洪银兴．工业和城市反哺农业农村的路径研究［J］．经济研究，2007（8）：13－20.

［132］刘晓光，张勋，方文全．基础设施的城乡收入分配效应：基于劳动力转移的视角［J］．世界经济，2015（3）：145－170.

［133］戴永安，张曙霄．城市经济效率演进的人口城市化中介机制研究［J］．中国人口科学，2010（6）：79－88.

［134］陈钊，陆铭．从分割到融合：城乡经济增长与社会和谐的政治经济学［J］．经济研究，2008（1）：21－32.

［135］林光彬．等级制度、市场经济与城乡收入差距扩大［J］．管理世界，2004（4）：30－40.

［136］谢冬水．农地转让权、劳动力迁移与城乡收入差距［J］．中国经济问题，2014（1）：149－159.

［137］张红宇．城乡居民收入差距的平抑机制：工业化中期阶段的经济增长与政府行为选择［J］．管理世界，2004（4）：9－21.

［138］肖卫，朱有志，肖琳子．二元经济结构、劳动力报酬差异与城乡统筹发展［J］．中国人口科学，2009（4）：23－31.

［139］万广华，朱翠萍．中国城市化面临的问题与思考：文献综述［J］．世界经济文汇，2010（6）：106－116.

［140］柯善咨，姚德龙．工业集聚与城市劳动生产率的因果关系和决定因素［J］．数量经济技术经济研究，2008（12）：3－12.

［141］万海远，李实．户籍歧视对城乡收入差距的影响［J］．经济研

究，2013（9）：43－55.

［142］孙宁华，堵溢，洪永淼．劳动力市场扭曲、效率差异与城乡收入差距［J］．管理世界，2009（9）：44－52.

［143］马忠东，张为民，梁在，崔红艳．劳动力流动：中国农村收入增长的新因素［J］．人口研究，2004（3）：2－10.

［144］姚枝仲，周素芳．劳动力流动与地区差距［J］．世界经济，2003（4）：35－44.

［145］钟笑寒．劳动力流动与工资差异［J］．中国社会科学，2006（1）：34－46.

［146］刘晓峰，陈钊，陆铭．社会融合与经济增长：城市化和城市发展的内生政策变迁［J］．世界经济，2010（6）：60－80.

［147］李实．中国农村劳动力流动与收入增长和分配［J］．中国社会科学，1999（2）：16－33.

［148］杨宝良．外部经济与产业地理集聚：一个基本理论逻辑及对我国工业经济的实证研究［J］．世界经济文汇，2003（6）：53－63.

［149］刘文勇．中国城乡收入差距扩大的程度、原因与政策调整［J］．农业经济问题，2004（3）：56－59.

［150］蔡昉，王美艳．为什么劳动力流动没有缩小城乡收入差距［J］．经济学动态，2009（8）：4－10.

［151］张启良，刘晓红，程敏．我国城乡收入差距持续扩大的模型解释［J］．统计研究，2010（12）：51－56.

［152］蔡昉，杨涛．城乡收入差距的政治经济学［J］．中国社会科学，2000（4）：11－22.

［153］蔡昉．城乡收入差距与制度变革的临界点［J］．中国社会科学，2003（5）：16－25.

［154］豆建民．区域经济理论与我国的区域经济发展战略［J］．外国经济与管理，2003（2）：2－7.

［155］范剑勇．市场一体化、地区专业化与产业集聚趋势——兼谈对

地区差距的影响［J］. 中国社会科学，2004（6）：39－51.

［156］金煜，陈钊，陆铭. 中国的地区工业集聚：经济地理、新经济地理与经济政策［J］. 经济研究，2006（4）：79－89.

［157］范剑勇. 产业积聚与地区间劳动生产率差异［J］. 经济研究，2006（11）：72－81.

［158］张艳，刘亮. 经济集聚与经济增长——基于中国城市数据的实证分析［J］. 世界经济文汇，2007（1）：48－56.

［159］曹裕，陈晓红，马跃如. 城市化、城乡收入差距与经济增长——基于我国省级面板数据的实证研究［J］. 统计研究，2010（3）：29－36.

［160］曾国平，王韧. 二元结构、经济开放与中国收入差距的变动趋势［J］. 数量经济技术经济研究，2006（10）：15－25.

［161］高帆. 论二元经济结构的转化趋向［J］. 经济研究，2005（9）：91－102.

［162］段均，杨俊. 劳动力跨部门配置与居民收入差距［J］. 数量经济技术经济研究，2011（8）：53－64.

［163］王德文，何宇鹏. 城乡差距的本质、多面性与政策含义［J］. 中国农村观察，2005（3）：25－37＋80.

［164］刘修岩，殷醒民. 空间外部性与地区工资差异：基于动态面板数据的实证研究［J］. 经济学（季刊），2008（1）：77－98.

［165］刘修岩，贺小海，殷醒民. 市场潜能与地区工资差距：基于中国地级面板数据的实证研究［J］. 管理世界，2007（9）：48－55.

［166］林毅夫，刘明兴. 中国的经济增长收敛与收入分配［J］. 世界经济，2003（8）：3－14.

［167］陈宗胜. 关于收入差别倒U曲线及两极分化研究中的几个方法问题［J］. 中国社会科学，2002（5）：78－82.

［168］郭剑雄. 人力资本、生育率与城乡收入差距的收敛［J］. 中国社会科学，2005（3）：27－37.

［169］李实，赵人伟. 中国居民收入分配再研究［J］. 经济研究，

1999（4）：3-17.

［170］陆铭，陈钊．因患寡，而患不均——中国的收入差距、投资、教育和增长的相互影响［J］．经济研究，2005（12）：4-14.

［171］沈坤荣，张璟．中国农村公共支出及其绩效分析——基于农民收入增长和城乡收入差距的经验研究［J］．管理世界，2007（1）：30-40.

［172］姚耀军．金融发展、城市化与城乡收入差距——协整分析及其Granger因果检验［J］．中国农村观察，2005（2）：2-8.

［173］赖德胜．中国居民收入分配研究的新进展［J］．经济研究，2008（12）：14-17.

［174］李实，魏众，丁赛．中国居民财产分布的不均等及其原因的经验分析［J］．经济研究，2005（6）：8-15.

［175］曾国安，胡晶晶．2000年以来中国城乡居民收入差距形成和扩大的原因：收入来源结构角度的分析［J］．财贸经济，2008（3）：53-58.

［176］刘文忻，陆云航．要素积累、政府政策与我国城乡收入差距［J］．经济理论与经济管理，2006（4）：13-20.

［177］钟甫宁．劳动力市场调节与城乡收入差距研究［J］．经济学动态，2010（4）：65-69.

［178］陈良文，杨开忠，沈体雁等．经济集聚密度与劳动生产率差异——基于北京市微观数据的实证研究［J］．经济学（季刊），2009（1）：99-114.

［179］柯善咨．中国城市与区域经济增长的扩散回流与市场区效应［J］．经济研究，2009（8）：85-98.

［180］柯善咨．扩散与回流：城市在中部崛起中的主导作用［J］．管理世界，2009（1）：61-71.

［181］刘修岩．集聚经济与劳动生产率：基于中国城市面板数据的实证研究［J］．数量经济技术经济研究，2009（7）：109-119.

[182] 陆铭，向虎宽，陈钊．中国的城市化和城市体系调整：基于文献的评论 [J]．世界经济，2011 (6)：3 - 25.

[183] 白雪梅．教育与收入不平等：中国的经验研究 [J]．管理世界，2004 (6)：53 - 58.

[184] 杨小凯．发展经济学：边际与超边际分析 [M]．北京：社会科学文献出版社，2003.

[185] 刘长全．中国产业集聚与生产率——理论框架及影响分析 [M]．北京：经济管理出版社，2010：167 - 179.

[186] 王小鲁，樊纲．中国收入差距的走势和影响因素分析 [J]．经济研究，2005 (10)：24 - 36.

[187] 张立军，湛泳．金融发展影响城乡收入差距的三大效应分析及其检验 [J]．数量经济技术经济研究，2006 (12)：74 - 80.

[188] 陈斌开，张鹏飞，杨汝岱．政府教育投入、人力资本投资与中国城乡收入差距 [J]．管理世界，2010 (1)：36 - 43.

[189] 杨小凯，张定胜．从交易成本的角度看贸易模式、经济发展和二元经济现象 [J]．武汉大学学报（人文社会科学版），2000 (1)：11 - 20.

[190] 吉昱华，蔡跃洲，杨克泉．中国城市集聚效益实证分析 [J]．管理世界，2004 (3)：67 - 74 + 94.

[191] 许政，陈钊，陆铭．中国城市体系的中心—外围模式 [J]．世界经济，2010 (7)：144 - 160.

[192] 朱希伟，陶永亮．经济集聚与区域协调 [J]．世界经济文汇，2011 (3)：1 - 25.

[193] 范剑勇，张雁．经济地理与地区间工资差异 [J]．经济研究，2009 (8)：73 - 84.

[194] 高鸿鹰，武康平．集聚效应、集聚效率与城市规模分布变化 [J]．统计研究，2007 (3)：43 - 47.

[195] 王韧．中国城乡收入差距变动的成因分析：兼论倒 U 假说的适

用性［J］. 统计研究，2006（4）：14－19.

［196］莫亚琳，张志超. 城市化进程、公共财政支出与社会收入分配［J］. 数量经济技术经济研究，2011（3）：79－89.

［197］陶然，刘明兴. 中国城乡收入差距、地方政府开支及财政自主［J］. 世界经济文汇，2007（2）：2－21.

［198］鲁晓东. 收入分配、有效要素禀赋与贸易开放度——基于中国省际面板数据的研究［J］. 数量经济技术经济研究，2008（4）：53－66.

［199］沈毅俊，潘申彪. 外商直接投资对地区收入差距影响的实证分析［J］. 国际贸易问题，2008（2）：100－104.

［200］朱长存，马敬芝. 农村人力资本的广义外溢性与城乡收入差距［J］. 中国农村观察，2009（4）：37－46.

［201］侯风云，张凤兵. 农村人力资本投资及外溢与城乡差距实证研究［J］. 财经研究，2007（8）：118－131.

［202］陈斌开，林毅夫. 重工业优先发展战略、城市化和城乡工资差距［J］. 南开经济研究，2010（1）：3－18.

［203］章奇，刘明兴，陶然等. 中国金融中介增长与城乡收入差距［J］. 中国金融学，2004（1）：71－79.

［204］蔡昉，万广华主编. 中国转轨时期收入差距与贫困［M］. 北京：社会科学文献出版社，2006：1－22.

［205］姚林如，李莉. 劳动力转移、产业集聚与地区差距［J］. 财经研究，2006（8）：135－143.

［206］陈宗胜，黎德福. 二元经济发展与中国的城乡收入差距［J］. CCER 学刊，2004（3）：95－110.

［207］城镇化进程中农村劳动力转移问题研究课题组. 城镇化进程中农村劳动力转移战略抉择和政策思路［J］. 中国农村经济，2011（6）：4－25.

［208］白南生，李靖. 城市化与中国农村劳动力流动问题研究［J］. 中国人口科学，2008（4）：2－10.

［209］姚先国，赖普清．中国劳资关系的城乡户籍差异［J］．经济研究，2004（7）：82－90.

［210］许海，王岳龙．我国城乡收入差距与全要素生产率［J］．金融研究，2010（10）：54－67.

［211］王少平，欧阳志刚．中国城乡收入差距对实际经济增长的阈值效应［J］．中国社会科学，2008（2）：54－66.

［212］樊士德，姜德波．劳动力流动与地区经济增长差距研究［J］．中国人口科学，2011（2）：27－38.

［213］贺秋硕．劳动力流动与收入收敛——一个改进的新古典增长模型及对中国的启示［J］．财经研究，2005（10）：137－144.

［214］许秀川，王钊．城市化、工业化与城乡收入差距互动关系的实证研究［J］．农业经济问题，2008（12）：65－71.

［215］李实．中国个人收入分配研究回顾与展望［J］．经济学（季刊），2003（2）：379－403.

［216］林毅夫，刘培林．中国的经济发展战略与地区收入差距［J］．经济研究，2003（3）：19－25.

［217］严浩坤，徐朝晖．农村劳动力流动与地区经济差距［J］．农业经济问题，2008（6）：52－57.

［218］黄国华．城乡居民收入差距影响因素分析［J］．上海经济研究，2009（10）：15－25.

［219］肖六亿．劳动力流动与地区经济差距［J］．经济体制改革，2007（3）：113－117.

［220］杨新铭．中国城乡收入差距形成的宏观机制分析［J］．当代经济科学，2012（1）：83－91.

［221］王德文．中国经济增长能消除城乡收入差距吗？［J］．经济社会体制比较，2005（4）：13－21.

［222］董先安．浅析中国地区收入差距［J］．经济研究，2004（9）：48－59.

[223] 蔡昉. 农村剩余劳动力流动的制度性障碍分析——解释流动与差距同时扩大的悖论 [J]. 经济学动态，2005 (1)：35 - 39 + 112.

[224] 许秀川，王钊. 重庆市城市化、剩余劳动力转移与城乡收入差距的系统动力学分析 [J]. 农业技术经济，2008 (1)：91 - 97.

[225] 王先柱，余吉祥. 人力资本积累与中国农村居民收入增长[J]. 农业技术经济，2012 (1)：74 - 82.

[226] 廖显浪. 我国农村劳动力流动与城乡收入差距研究 [J]. 人口与经济，2012 (6)：46 - 52.

[227] 都阳，朴之水. 劳动力迁移、收入转移与贫困变化 [J]. 中国农村观察，2003 (5)：2 - 9 + 17.

[228] 王春超. 收入差异、流动性与地区就业集聚——基于农村劳动力转移的实证研究 [J]. 中国农村观察，2005 (1)：10 - 17.

[229] 李宾，马九杰. 劳动力流动对城乡收入差距的影响：基于生命周期视角 [J]. 中国人口·资源与环境，2013 (11)：102 - 107.

[230] 朱云章. 我国城乡劳动力流动与收入差距关系研究 [D]. 厦门：厦门大学论文，2008.

[231] 黄国华. 长三角地区劳动力流转与城乡居民收入差距关系实证研究 [D]. 上海：上海社会科学院论文，2009.

[232] 宣迅. 城乡统筹论 [D]. 成都：西南财经大学论文，2005：211 - 212.

[233] 蔡昉，都阳，王美艳. 劳动力流动的政治经济学 [M]. 上海：上海人民出版社，2003.

[234] 王小鲁，樊纲. 中国地区差距：20 年变化趋势和影响因素 [M]. 北京：经济科学出版社，2004.

[235] 朱农. 中国劳动力流动与"三农"问题 [M]. 武汉：武汉大学出版社，2005.

[236] 李实. 经济转型的代价——中国城市失业、贫困、收入差距的经验分析 [M]. 北京：中国财政经济出版社，2004.

[237] 中国经济体制改革研究会联合专家组．收入分配与公共政策［M］．上海：上海远东出版社，2005：84-130.

[238] 国家测绘局．中华人民共和国地图［M］．北京：中国地图出版社，2004.

[239] 陈宗胜，黎德福．二元经济、城市化滞后与中国的城乡收入差距［M］//蔡昉，万广华．中国转轨时期收入差距与贫困．北京：社会科学文献出版社，2006：133-149.

[240] 高铁梅．计量经济分析方法与建模［M］．北京：清华大学出版社，2006.

[241] 邹薇．发展经济学：一种新古典政治经济学的研究框架［M］．北京：经济日报出版社，2007.

[242] 孙海燕．区域协调发展理论与实证研究［M］．北京：科学出版社，2008.

[243] 聂华林，马红翰．中国区域经济格局与发展战略［M］．北京：中国社会科学出版社，2009.

[244] 沈玉芳．区域经济协调发展的理论与实践［M］．北京：科学出版社，2009.

[245] 安虎森．新经济地理学原理（第二版）［M］．北京：经济科学出版社，2009.

[246] 刘贯春．金融结构影响城乡收入差距的传导机制［J］．财贸经济，2017（6）：98-114.

[247] 周少甫，亓寿伟，卢忠宝．地区差异、城市化与城乡收入差距［J］．中国人口·资源与环境，2010（8）：115-120.

[248] 余菊，刘新．城市化、社会保障支出与城乡收入差距［J］．经济地理，2014（3）：79-84.

[249] 沙勇，劳昕．劳动力异质、流动方向与城乡差距悖论［J］．人口与经济，2015（2）：60-67.

[250] 朱炎亮．劳动力流动、城乡区域协调发展的理论分析［J］．

经济科学，2016（2）：5－17.

［251］张永丽，王博．农村劳动力流动减贫效应的实证研究——基于甘肃省农户的调查［J］．人口学刊，2017（4）：60－70.

［252］陆学艺．研究社会流动的意义［J］．中国党政干部论坛，2004（8）：20－22.

［253］王建康，谷国锋，姚丽．城市化进程、空间溢出效应与城乡收入差距［J］．财经研究，2015（5）：55－66.

［254］李子叶，韩先锋，冯根福．中国城市化进程扩大了城乡收入差距吗——基于中国省级面板数据的经验分析［J］．经济学家，2016（2）：69－74.

［255］徐家鹏，孙养学．城市化进程对城乡居民收入差距的影响［J］．城市问题，2017（1）：95－103.

［256］丁焕峰，刘心怡．中国新型城镇化进程中城乡收入差距的影响研究［J］．当代经济科学，2017（2）：11－20.

［257］柯善咨，赵曜．产业结构、城市规模与中国城市生产率［J］．经济研究，2014（4）：76－88.

［258］孙三百，黄薇，洪俊杰．城市规模、幸福感与移民空间优化［J］．经济研究，2014（1）：97－111.

［259］王俊，李佐军．拥挤效应、经济增长与最优城市规模［J］．中国人口·资源与环境，2014（7）：45－51.

［260］张自然．中国最优与最大城市规模探讨——基于 264 个城市的规模成本—收益法分析［J］．金融评论，2015（5）：18－30＋122.

［261］丁鸿君，周玉龙，孙久文．中国小城市的最优规模［J］．城市问题，2017（9）：13－18.